第4次産業革命と法律実務

《クラウド・IoT・ビッグデータ・AI》に関する論点と保護対策

阿部・井窪・片山法律事務所

弁護士 服部　　誠

弁理士 中村　佳正　　著

弁護士 柴山　吉報

弁護士 大西 ひとみ

発行　民事法研究会

推薦の辞

　データと AI 技術の法的論点を整理・検討するため、AI・データ契約ガイドライン検討会と同作業部会を経済産業省が設置したのは2017年12月であった。当時はまだ一般に実務の蓄積がなく、暗闇の中の荒野のような状況の中を、議論に加わった各人の個別の経験やそれに基づく洞察、法律実務家らしい論理の構築力、あるべき将来を支えるという強い意志をもって、激しく議論を交わしながら一歩ずつ前へ進めた検討の成果が、翌2018年６月に公表され、本書にも引用される「AI・データ契約ガイドライン」である。

　その検討の過程で、またそれから１年足らずの社会の動静から自ずと明らかとなったことは、コンピューティングリソースの増加や、センサー・ネットワーク性能の向上、アルゴリズムに関する研究の進展等に代表される技術の進歩とそれを背景としたビジネスの動きは（法律実務家が想定する以上に）速く、こうした変化に耐えるスピード感をもった実務対応のアップデートが継続的に求められていくという現実である。また、新しい技術やビジネスモデルの社会への浸透とともに、従前は靄がかかっていた実務上の課題の輪郭もとらえられるようになってきている。

　本書では、アップデートされた近時の実務の動向がわかりやすく整理されている。著作権法や意匠法、不正競争防止法といった知的財産法制の改正はこのところ相次ぎ、また社会的なトライアルを進めるための「規制のサンドボックス」のような各種制度の充実が図られているが、こうした必ずしも把握が容易ではない動きの全体像を本書でつかむことができる。さらに、実務上混乱や迷いが生じがちなポイント、たとえば特許法と著作権法によるプログラムやデータの保護範囲の違いといった点について、本書は明快な説明を与えてくれる。

　私たち法律実務家は、既存の知見や経験がそのまま通用するかが一見して明白ではない領域であっても、持ち前の法的な思考力や、手持ちの概念・制度の理解を駆使して確かな足掛かりを一つずつ築き、前へ歩を進めて視野を

開いていかなければならない。本書はいわば、そのような領域に立てられた最も新しい道標であり、読者に適切な実務対応の指針を示唆するものとなるだろう。

2019年4月

経済産業省 AI・データ契約ガイドライン検討会委員

株式会社メルカリ 弁護士

齊藤　友紀

はしがき

第4次産業革命とは、18世紀末以降の水力や蒸気機関による工場の機械化を指す第1次産業革命、20世紀初頭の分業に基づく、電力を用いた大量生産を指す第2次産業革命、1970年代初頭からの電子工学や情報技術を用いた一層のオートメーション化を指す第3次産業革命に続く、IoT（Internet of Things）、ビッグデータ、AI（人工知能）、ロボットなどのコアとなる技術革新を指すといわれています。IoTやビッグデータの利用によって、さまざまな情報がデータ化されることになりますが、それらをネットワークでつないで統合し、解析・利用することで、新たな付加価値が生まれています。また、AIを利用することにより、コンピュータ自らが学習し、一定の判断を行うことも可能となりつつあります。こうした第4次産業革命の進展により、生産や消費といった経済活動だけでなく、働き方などのライフスタイルも含めて、経済社会のあり方が大きく変化しようとしているのです。

ここで、たとえば、個人情報を収集してビッグデータを生成し利用しようとする際、個人情報保護規制との関係で、どういった場合にどのような態様で個人の同意を取得する必要があるのか、ビッグデータやAIが生成した付加価値ある情報は誰に帰属するのか、AIを搭載した自動車が事故をおこした場合、メーカーと運転手の責任割合はどうなるのか等といった、これまでに存在しなかった新たな法律上の論点が生じることになります。

第4次産業革命のメリットを最大限に引き出し、生産性の上昇と国民生活の豊かさの向上に円滑に役立てるためには、それを支える法的インフラの整備と、その社会への浸透が欠かせません。かかる視点に立って、ビッグデータやAIにかかわる法律実務や特許出願業務に日常的にかかわる弁護士、弁理士である筆者らが、「第4次産業革命とのかかわりにおいて留意すべき法律実務とは何か」を議論し、1冊の本にまとめたのが本書です。

第1章『第4次産業革命とは何か』では、第4次産業革命の意味や世界各国および日本政府の第4次産業革命に対する取組みをわかりやすく解説しま

した。

第2章『クラウド、IoT、ビッグデータ、AI 等に関する技術動向』では、クラウド等のそれぞれの技術的意味や社会生活への影響等を、日本および諸外国における個々の取組みを紹介しつつ、説明を加えました。

第3章『各種法規制と留意事項』では、第4次産業革命に関連する現行のさまざまな法律について、その概要を解説し、IoT や AI 等にかかわるビジネスを行ううえで留意すべき点を概観しました。具体的には、個人情報保護法、知的財産権法、不正競争防止法、独占禁止法、製造物責任法、その他（電気用品安全法、家庭用品品質表示法、電波法、産業標準化法）について解説しました。

第4章『技術や情報を守るための対策』では、進展する第4次産業革命の中で技術や情報を守るために、法律や契約上、どのような対策をとりうるかを整理しました。まず、「1. 契約による保護と対策」では、平成30年6月に公表された経済産業省の「AI・データの利用に関する契約ガイドライン」を参照しつつ、特に留意すべき点を解説しました。「2. 特許・意匠等の権利出願による保護と対策」では、IoT、AI 等にかかわる技術やデザイン、ブランドを特許出願等により保護するための留意点を豊富な実例をあげて解説しました。「3. 著作権法による保護と対策」では、AI による生成物やビッグデータ等が著作権法上保護されるかを整理したうえ、著作権者の許諾を得ずに著作物の利用を可能とする要件（権利制限規定）に関する平成30年改正について解説しました。「4. 不正競争防止法による保護と対策」では、ビッグデータ等の営業秘密による保護のほか、平成30年改正により導入された「限定提供データ」に関する法規制について説明しました。「5. 独占禁止法による保護と対策」では、ビッグデータに関して独占禁止法上、問題となりうる行為などを最新の議論を踏まえて解説しました。「6. その他」では、グレーゾーン解消制度やプロジェクト型サンドボックス制度などについて解説を加えました。

本書が、第4次産業革命とかかわり合いをもつ方々のお役に少しでも立て

れば幸いに存じます。

　最後に、本書の出版にあたっては、民事法研究会の編集部の皆さまに大変お世話になりました。ここに深く感謝の意を表します。

令和元年5月

弁護士　服　部　　　誠

弁理士　中　村　佳　正

弁護士　柴　山　吉　報

弁護士　大　西　ひとみ

目　次

「第 4 次産業革命と法律実務」

目　次

第 1 章　第 4 次産業革命とは何か

I　第 4 次産業革命の始まり　／2

II　第 4 次産業革命とは何か　／2

III　世界の政策動向と日本の取組み　／3

　1．世界の政策動向　／3
　　(1)　米　国　／3
　　(2)　ドイツ　／5
　　(3)　イギリス　／6
　　(4)　中　国　／6
　2．日本における取組み　／7

第 2 章　クラウド、IoT、ビッグデータ、AI 等に関する技術動向

I　クラウド　／12

　1．クラウドの概要　／12
　2．クラウドサービスの提供の形態　／13
　3．クラウドサービスを利用するメリット　／14

II　IoT、ビッグデータ　／15

1．IoT とは　／15

2．IoT の技術　／16

III　AI　／17

1．情報を分析する手段としての AI　／17

2．AI の歴史　／18

3．AI の基礎知識　／19

4．AI と倫理　／21

　(1)　AI に関する倫理の問題　／21

　(2)　AI と倫理の問題についての各国の動向　／22

IV　クラウド、IoT、ビッグデータ、AI 等を活用した技術の動向　／26

1．自動走行・モビリティサービス　／27

〔図表1〕　自動運転のレベルの分類　／28

2．ものづくり・ロボティクス　／29

第3章　各種法規制と留意事項

I　個人情報保護法　／32

1．規制の対象となる「個人情報」、「個人データ」　／32

2．より慎重な取扱いが求められる「要配慮個人情報」　／34

3．個人情報の取得・利用　／34

4．個人データの管理　／34

５．個人データの第三者提供　／35

　　(1)　総　　論　／35

　　(2)　外国にある第三者へ個人データを提供する場合　／35

　　(3)　外国にある者から個人データの提供を受ける場合　／36

６．匿名加工情報　／36

７．一般データ保護規則（GDPR）　／37

　　(1)　総　　論　／37

　　(2)　個人データの域外移転　／38

　　(3)　プロファイリングを含む自動処理にのみ基づく決定　／39

Ⅱ　知的財産権法（著作権法、特許法、実用新案法、商標法、意匠法）　／39

１．著作権法　／39

　　(1)　制度の概要　／39

　　(2)　第４次産業革命と著作権法　／41

２．特許法　／43

　　(1)　制度の概要　／43

　　(2)　第４次産業革命と特許法　／44

３．実用新案法　／46

　　(1)　制度の概要　／46

　　(2)　第４次産業革命と実用新案法　／47

４．商標法　／47

　　(1)　制度の概要　／47

　　(2)　第４次産業革命と商標法　／48

５．意匠法　／49

　　(1)　制度の概要　／49

　　(2)　第４次産業革命と意匠法　／50

目　次

Ⅲ　不正競争防止法　／50

１．不正競争防止法の法目的と概要　／50

２．第４次産業革命と不正競争防止法　／52

(1)　営業秘密に関する不正競争行為　／52

(2)　限定提供データに関する不正競争行為　／53

(3)　技術的制限手段に関する不正競争行為　／54

Ⅳ　独占禁止法　／55

１．独占禁止法の規制内容　／55

(1)　私的独占の禁止　／56

(2)　不当な取引制限の禁止　／56

(3)　不公正な取引方法の禁止　／56

〔図表２〕　不公正な取引方法の類型（独禁２条９項）　／57

〔図表３〕　一般指定に該当する行為類型　／59

(4)　企業結合　／59

２．独占禁止法に違反した場合　／59

３．各種ガイドライン　／60

４．下請法　／61

(1)　規制対象となる取引　／61

(2)　資本関係　／62

(3)　親事業者の義務　／62

(4)　親事業者の禁止事項　／62

(5)　下請法違反の罰則　／63

５．データの収集・利用と独占禁止法　／63

Ⅴ　製造物責任法　／63

１．製造物責任法の概要　／63

9

２．製造物責任法の適用対象となる「製造物」 ／65

３．「欠陥」の判断 ／66

(1) 「欠陥」とは ／66

(2) 「欠陥」の判断のための考慮要素 ／66

(3) 欠陥の立証 ／67

４．開発危険の抗弁 ／68

Ⅵ　その他 ／69

１．電気用品安全法 ／70

(1) 電気用品安全法の概要 ／70

(2) 電気用品安全法が適用される「電気用品」 ／71

〔図表４〕 電気用品、特定電気用品、特定電気用品以外の電気用品の関係 ／71

(3) 事業届出（電気用品安全法３条、同法施行令２条、３条、４条）／72

(4) 基準適合義務、適合性検査（電気用品安全法８条、９条）／72

(5) 表示（電気用品安全法10条、12条）／72

〔図表５〕 PSEマーク ／73

(6) 販売の制限（電気用品安全法27条）／73

(7) 長期使用製品安全表示制度（電気用品の技術上の基準を定める省令20条）／73

〔図表６〕 長期使用製品安全表示 ／74

(8) 遠隔操作機能 ／74

２．家庭用品品質表示法 ／75

(1) 家庭用品品質表示法の概要 ／75

(2) 「家庭用品」および表示が必要な事項 ／76

〔図表７〕 「電気機械器具」として政令で定められている品目および表示項目 ／76

3．電波法 ／78

(1) 電波法の概要 ／78

(2) 無線局の開設および免許の取得 ／78

(3) 免許が不要とされる場合 ／78

〔図表8〕 ロボットで利用されている主な無線通信システム ／79

(4) その他 IoT 等の技術に関連する法制度 ／79

4．産業標準化法 ／80

(1) 改正法の概要 ／80

(2) データ等の対象拡大 ／81

〔図表9〕 産業標準化法における標準化の対象 ／81

(3) その他の改正内容 ／81

〔図表10〕 JIS 制定手続 ／81

第4章　技術や情報を守るための対策

I　契約による保護と対策 ／84

1．AI 技術を利用したソフトウェアの開発・利用に関する契約 ／84

(1) 契約締結の必要性 ／84

(2) AI ガイドラインの概要 ／85

〔図表11〕 AI 技術を利用したソフトウェアの実用化の過程①──学習
段階 ／87

〔図表12〕 AI 技術を利用したソフトウェアの実用化の過程②──利用
段階 ／88

〔図表13〕 AI ガイドラインのモデル契約 ／90

(3) アセスメント段階の秘密保持契約書 ／91

【条項例1】 秘密情報の定義 ／92

11

【条項例2】 情報の保証 ／93

【条項例3】 個人情報の取扱い ／94

【条項例4】 知的財産権の取扱いについて、協議により定めるとする場合 ／95

【条項例5】 知的財産権の取扱いについて、発明者主義とする場合 ／95

【条項例6】 ベンダ作成の報告書等のユーザへの利用許諾や利用条件 ／96

⑷ PoC段階の導入検証契約書 ／97

【条項例7】 ベンダの義務 ／98

【条項例8】 ユーザがベンダに提供するデータ等 ／98

【条項例9】 成果物の知的財産権侵害の非保証 ／99

【条項例10】 ユーザから提供されたデータ等に係る知的財産権の取扱い ／99

【条項例11】 成果物等の著作権 ／100

【条項例12】 共同発明等に係る特許権等の権利帰属を協議のうえ定める場合 ／101

【条項例13】 共同発明等に係る特許権等の権利帰属を共有とする場合 ／101

【条項例14】 対象データの管理 ／102

⑸ 開発段階のソフトウェア開発契約書 ／103

【条項例15】 定義規定（ソフトウェア開発契約） ／104

【条項例16】 ユーザ提供データの利用・管理 ／106

【条項例17】 成果物等の著作権①──ベンダに著作権を帰属させる場合 ／108

【条項例18】 成果物等の著作権②──ユーザに著作権を帰属させる場合 ／108

【条項例19】　成果物等の著作権③──ユーザ・ベンダの共有とする場合
　　　　　　　／109

【条項例20】　成果物等の特許権等　／109

【条項例21】　成果物等の利用条件①──原則型　／110

【条項例22】　成果物等の利用条件②──ベンダ著作権帰属型（【条項例
　　　　　　　17】）の場合のシンプルな規定　／110

【条項例23】　成果物等の利用条件③──ユーザ著作権帰属型（【条項例
　　　　　　　18】）の場合のシンプルな規定　／110

2．データの取扱いに関する契約　／111

　⑴　契約締結の必要性　／111

　⑵　データガイドラインの概要　／112

　⑶　データ提供型・データ創出型の契約書　／113

【条項例24】　提供データの利用許諾　／114

【条項例25】　データの利用権限の配分　／115

【条項例26】　データ提供者が、派生データの利用権限および提供データ
　　　　　　　に基づいて生じた知的財産権を有さない場合　／116

【条項例27】　データ受領者だけでなく、データ提供者も、派生データの
　　　　　　　利用権限および提供データに基づいて生じた知的財産権の
　　　　　　　利用権限を有する場合　／116

【条項例28】　派生データの利用権限の有無および提供データに基づいて
　　　　　　　生じた知的財産権の帰属を協議で定める場合　／117

【条項例29】　データの加工等および派生データの利用権限　／117

【条項例30】　提供データに対する責任に関する条項①──提供データの
　　　　　　　非保証　／118

【条項例31】　提供データに対する責任に関する条項②──責任の制限
　　　　　　　［案１］　／119

【条項例32】　提供データに対する責任に関する条項③──責任の制限
　　　　　　　［案２］　／119

【条項例33】 提供データに対する責任に関する条項④──対象データ等
の非保証 ／120

【条項例34】 提供データに対する責任に関する条項⑤──個人情報の取
扱い ／120

(4) データ共用型の利用規約 ／121

II 特許・意匠等の権利出願による保護と対策 ／126

1．特許出願による保護 ／127

(1) 特許制度の概観 ／128

(2) 発明該当性 ／128

(3) 新規性 ／133

(4) 進歩性 ／135

(5) 記載要件 ／136

(6) AI 関連発明の審査課題 ／138

2．意匠登録出願による保護 ／141

(1) 意匠制度の概観 ／144

(2) 第4次産業革命に関連しうる登録事例 ／144

(3) 意匠制度の改正に向けた議論 ／152

3．実用新案登録出願による保護 ／153

(1) 実用新案制度の概観 ／155

(2) 第4次産業革命に関連する登録事例 ／156

4．商標登録出願による保護 ／157

(1) 商標制度の概観 ／159

(2) 「新しいタイプの商標」の登録事例 ／159

(3) 立体商標登録事例 ／162

III 著作権法による保護と対策 ／164

1．著作権法による保護対象としての「プログラム」 ／165

(1) 著作権法における「プログラム」とは　／**165**

(2) 諸処の論点　／**167**

２．著作権法による保護対象としての「データベース」　／**174**

(1) 著作権法における「データベース」とは　／**174**

(2) 諸処の論点　／**175**

３．柔軟な権利制限規定の整備（平成30年改正法）　／**179**

(1) 概　要　／**179**

(2) 権利制限規定に関する３つの「層」　／**180**

(3) 平成30年改正で著作権者の許諾を要せず利用が可能となった類型　／**181**

(4) 平成30年改正による条文の再構成と各条文の概要　／**182**

〔図表14〕　平成30年改正著作権法と改正前著作権法との関係　／**182**

４．今後の課題　／**185**

Ⅳ　不正競争防止法による保護と対策　／**186**

１．営業秘密による保護　／**186**

(1) 「営業秘密」の意義　／**187**

〈資料〉　営業秘密に係る不正競争防止法の改正経緯　／**188**

(2) 「秘密管理性」要件　／**188**

〔図表15〕　新指針による媒体別の典型的な管理方法　／**192**

〔参考〕　秘密情報の保護ハンドブック図表３(1)５つの対策の目的　／**196**

(3) 「有用性」要件　／**198**

(4) 「非公知性」要件　／**198**

(5) 営業秘密侵害行為の各類型（民事）　／**200**

〔図表16〕　営業秘密侵害行為類型（民事）　／**201**

(6) 救済手段（民事）　／**202**

(7) 営業秘密侵害行為の各類型（刑事）　／**204**

〔図表17〕　営業秘密侵害罪の各類型　／**206**

15

２．平成30年改正法によるデータの保護　／207

　(1)　データ保護に関する新たな「不正競争行為」の導入　／208

〔図表18〕　「限定提供データ」のイメージ　／209

〔図表19〕　データの不正取得等に対する差止め　／212

〔図表20〕　データ不正取得規制対象行為　／212

〔図表21〕　〔図表20〕の規制対象行為の例示　／213

３．平成30年改正による技術的制限手段の保護強化　／215

　(1)　技術的制限手段による保護対象に「データ」が追加　／216

　(2)　技術的制限手段の対象の明確化　／216

　(3)　技術的制限手段を無効化するサービスの提供行為　／216

〔図表22〕　不正競争行為として規制を受けるサービス　／217

　(4)　技術的制限手段を無効化する情報の提供行為　／217

V　独占禁止法による保護と対策　／218

１．ビッグデータに関する独占禁止法による保護と対策　／218

　(1)　議論の状況　／218

　(2)　問題状況　／219

　(3)　独占禁止法上問題となりうる行為　／221

２．知的財産権と独占禁止法　／225

VI　その他　／227

１．新規事業と規制等　／227

２．制度の概要　／227

　(1)　新規事業等の法令の適合性を確認する制度　／227

　(2)　新規事業等の実施を認める制度　／228

３．グレーゾーン解消制度　／229

　(1)　産業競争力強化法の概要　／229

　(2)　グレーゾーン解消制度および新事業特例制度　／230

〔図表23〕　グレーゾーン解消制度・照会手続　／230

(3)　新事業特例制度　／232

〔図表24〕　新事業特例制度の手続の概要　／233

４．プロジェクト型サンドボックス制度　／235

(1)　生産性向上特別措置法の概要　／235

(2)　プロジェクト型サンドボックス制度の概要　／235

〔図表25〕　プロジェクト型サンドボックス制度の概要　／236

(3)　計画の提出　／237

(4)　計画の認定、モニタリング、フォローアップ等　／237

５．地域限定型サンドボックス制度　／238

(1)　国家戦略特別区域法の概要　／238

(2)　国家戦略特別区域法の改正と地域限定型規制のサンドボックス制度
　　／239

・事項索引　／240

・執筆者一覧　／245

凡　例

個人情報保護法／個人情報

個人情報の保護に関する法律（平成27年法律第65号の全面施行（平成29年5月30日施行）は「改正個人情報保護法」ともいう）

個人情報保護法施行規則

個人情報の保護に関する法律施行規則

不正アクセス禁止法

不正アクセス行為の禁止等に関する法律

刑訴

刑事訴訟法

民

民法

民訴

民事訴訟法

独占禁止法／独禁

私的独占の禁止及び公正取引の確保に関する法律

一般指定

不公正な取引方法（昭和57年6月18日公正取引委員会告示第15号）

下請法／下請

下請代金支払遅延等防止法

不正競争

不正競争防止法（平成30年法律第33号（平成30年5月30日公布）は、「平成30年改正法」ともいう）

産業競争力強化法

平成30年法律第26号（平成30年7月9日施行）は「産業競争力強化法等の一部を改正する法律」ともいう（平成30年7月9日施行以前のもの（平成25年法律第98号）は「改正前産業競争力強化法」ともいう）

製造物

製造物責任法

特許

特許法

新案

実用新案法

意匠

意匠法（令和元年法律第 3 号（令和元年 5 月17日公布）は、「改正法」
ともいう）

商標

商標法

著作

著作権法（平成30年法律第72号（平成30年12月30日施行）は「改正著作
権法」、平成30年法律第30号（平成31年 1 月 1 日施行）は「平成30年改
正（著作権）法」あるいは「平成30年改正」、平成30年改正前の著作権
法（平成26年法律第35号）は「改正前著作権法」ともいう）

次世代医療基盤法

医療分野の研究開発に資するための匿名加工医療情報に関する法律

個人情報保護法ガイドライン（通則編）

個人情報保護委員会「個人情報の保護に関する法律についてのガイドラ
イン（通則編）」（平成28年11月・平成31年 1 月一部改正）

個人情報保護法ガイドライン（匿名加工情報編）

個人情報保護委員会「個人情報の保護に関する法律についてのガイドラ
イン（匿名加工情報編）」（平成28年11月・平成29年 3 月一部改正）

個人情報保護法ガイドライン（外国にある第三者への提供編）

個人情報保護委員会「個人情報の保護に関する法律についてのガイドラ
イン（外国にある第三者への提供編）」（平成28年11月・平成31年 1 月一
部改正）

凡 例

AI ガイドライン

経済産業省「AI・データの利用に関する契約ガイドライン― AI編―」（平成30年 6 月）

データガイドライン

経済産業省「AI・データの利用に関する契約ガイドライン―データ編―」（平成30年 6 月）

審査基準

特許・実用新案審査基準

審査ハンドブック

特許・実用新案審査ハンドブック

新指針

経済産業省「営業秘密管理指針」（平成15年 1 月30日・最終改訂平成31年 1 月23日）（平成27年 1 月28日改訂の同指針は「旧指針」ともいう）

指針

経済産業省「限定提供データに関する指針」（平成31年 1 月23日）

知的財産ガイドライン

公正取引委員会「知的財産の利用に関する独占禁止法上の指針」（平成19年 9 月28日・最終改正平成28年 1 月21日）

GDPR（General Data Protection Regulation）

個人データの取扱いに係る自然人の保護及び当該データの自由な移転並びに指令 95/46/EC の廃止に関する欧州議会及び欧州理事会規則（EU一般データ保護規則）

ISMS 認証基準 Ver.2.0

情報セキュリティマネジメントシステム認証基準（Ver.2.0）

民集

　　最高裁判所民事判例集

判時

　　判例時報

裁判所ウェブサイト

　　裁判所トップページ→裁判例情報〈http://www.courts.go.jp/app/
　　hanrei_jp/search1〉

※本文中の URL は令和元年 5 月31日現在のものです

第 **1** 章

chapter 1

第4次産業革命とは何か

第1章　第4次産業革命とは何か

Ⅰ　第4次産業革命の始まり

　近年、情報通信技術（ICT）の発達により、さまざまなモノをネットワークにつないで多様なデータを取得し、得られたビッグデータを集約したうえで分析・活用することにより、新たな経済的価値を生み出す試みがなされている。とりわけ、大量のデータであるがゆえに人間では分析が困難なものについて、AIの技術を用いることにより高速に分析することが可能になりつつある。

　このようなAI等の技術の進歩を受け、2011年、ドイツにおいて国家プロジェクトとして「Industrie 4.0」（英語表記：Industry 4.0）が打ち出され、とりわけ製造業の分野において、IoTの導入を通じて、産業機械・設備や生産プロセス自体のネットワーク化を推進する方針が表明された。かかる取組みは世界に波及し、第4次産業革命とよばれるようになった。

Ⅱ　第4次産業革命とは何か

　第4次産業革命とは、18世紀末以降の水力や蒸気機関による工場の機械化である第1次産業革命、20世紀初頭の分業に基づく電力を用いた大量生産である第2次産業革命、1970年代初頭からの電子工学や情報技術を用いた一層のオートメーション化である第3次産業革命に続く、IoTおよびビッグデータさらにはAIのような、いくつかのコアとなる技術革新を指すとされている[1]。

　こうした技術革新により、①大量生産・画一的サービス提供から個々にカスタマイズされた生産・サービスの提供、②すでに存在している資源・資産の効率的な活用、③AIやロボットによる、従来人間によって行われていた

1　内閣府政策統括官（経済財政分析担当）「日本経済2016-2017—好循環の拡大に向けた展望—」（平成29年1月）〈http://www5.cao.go.jp/keizai3/2016/0117nk/pdf/n16_2_1.pdf〉72頁。

Ⅲ　世界の政策動向と日本の取組み

労働の補助・代替等が可能となる。企業などの生産者側からみれば、これまでの財・サービスの生産・提供のあり方が大きく変化し、生産の効率性が飛躍的に向上する可能性があるほか、消費者側からみれば、既存の財・サービスを今までよりも低価格で好きな時に適量購入できるだけでなく、潜在的に欲していた新しい財・サービスをも享受できることが期待される。

Ⅲ　世界の政策動向と日本の取組み

1. 世界の政策動向

2011年にドイツにおいて「Industrie 4.0」が打ち出されたが、以下のとおり、その前後において、世界の主要国において、以下のとおり、第4次産業革命に関連するさまざまな取組みがなされている。

⑴　米　国

2013年に始まった Smart America Challenge 等を皮切りに、CPS（Cyber Physical System）[2]の社会実装に向けた取組みが進められてきた。[3]

2016年には、AI 技術の研究開発の必要性等を示した"PREPARING FOR THE FUTURE OF ARTIFICIAL INTELLIGENCE"[4]、AI の社会実装に向けた課題を整理した"THE NATIONAL ARTIFICIAL INTELIGENCE RESEARCH AND DEVELOPMENT STRATEGIC PLAN"[5]、AI の技術が雇

2　実世界のデータをセンサにより収集・観測し、クラウド等のサイバー空間にてデータの処理・分析を行い、その結果得られた価値を実世界に還元すること。IoT とほぼ同義で使われており、Smart America Challenge のホームページ〈http://smartamerica.org/〉では Cyber-Physical Systems（the Internet of Things）と記述されている。

3　総務省「平成29年版　情報通信白書」〈http://www.soumu.go.jp/johotsusintokei/whitepaper/ja/h29/pdf/29honpen.pdf〉108頁。

4　PREPARING FOR THE FUTURE OF ARTIFICIAL INTELLIGENCE〈https://obamawhitehouse.archives.gov/sites/default/files/whitehouse_files/microsites/ostp/NSTC/preparing_for_the_future_of_ai.pdf〉.

5　THE NATIONAL ARTIFICIAL INTELIGENCE RESEARCH AND DEVELOPMENT STRATEGIC PLAN〈https://www.nitrd.gov/PUBS/national_ai_rd_strategic_plan.pdf〉.

3

用等に与える影響を整理した "ARTIFICIAL INTELLIGENCE, AUTOMATION, AND THE ECONOMY"[6] が相次いで発表された。また、2018年5月に Summit on Artificial Intelligence for American Industry（米国産業のための AI サミット）を開催し[7]、同日付で、AI 研究開発への投資を優先的に行うことなどを記載した "Artificial Intelligence for the American People" を発表した[8]。

　加えて、このような政府による取組みだけでなく、官民共同の取組みも推進されており、2014年3月には、AT&T、Cisco、GE、IBM、Intel が米国国立標準技術研究所（NIST）の協力を得て、IoT の高度化をめざすコンソーシアムである Industrial Internet Consortium（IIC）が立ち上げられた。米国は第4次産業革命の先端を走るといわれており、ICT やハイテク企業の積極的な活動がみられる[9]。

　たとえば、Industrial Internet Consortium の立上げに加わった GE は、他の企業に先駆けて先端技術を用いた事業を開始し、成果をあげている。すなわち、産業用機器の販売や修理等の事業を行っていた GE は、2011年に GE Software（現 GE Digital）を設立し、産業用機器のユーザに、当該機器の最適な運用方法を提供するための共通プラットフォームとしての基本ソフトウェア「プレディックス（Predix）」およびビッグデータを収集保管するデータベース「データレイク（DataLake）」を開発した。これは、同社が顧客に販売した機器にセンサを取り付けてビッグデータの収集・解析を行うことで機器の使用を最適化するものであり[10]、これにより、航空機のメンテナンスや

6　ARTIFICIAL INTELLIGENCE, AUTOMATION, AND THE ECONOMY 〈https://obamawhitehouse. archives.gov/sites/whitehouse.gov/files/documents/Artificial-Intelligence-Automation-Economy.PDF〉.

7　ホワイトハウスのホームページ 〈https://www.whitehouse.gov/articles/white-house-hosts-summit-artificial-intelligence-american-industry/〉参照。

8　ホワイトハウスのホームページ 〈https://www.whitehouse.gov/briefings-statements/artificial-intelligence-american-people/〉参照。

9　総務省・前掲白書（注3）108頁。

10　岩本晃一『インダストリー4.0　ドイツ第4次産業革命が与えるインパクト』（日刊工業新聞社・2015年）57頁。

4

Ⅲ　世界の政策動向と日本の取組み

運航の最適化を図り、メンテナンス費用や燃費を削減すること等が可能になった。かかる取組みは、同社のビジネスを、産業用機器の製造業から、ソフトウェア制御によってメンテナンスや稼働率が最適化された産業用機器を利用できるサービスを提供するというサービス業へ転換するものであり、IoTの技術によりビジネスモデル自体が大きく転換しうることを示している[11]。

(2)　ドイツ

　ドイツの官民連携プロジェクト「Industrie 4.0」では、製造業へのIoTの導入を通じて、産業機械・設備や生産プロセス自体のネットワーク化により、企業内のサプライチェーン等の垂直的な統合、製品の製造等にかかわる複数の企業間における水平的な統合、および製品の発注・製造・販売・消費者の意向を反映した改良といった製造の全工程にわたるエンジニアリングの統合（End-to-End Integration）をめざしている[12]。このような取組みには、ドイツ国内の機械業界主要3団体に加え、ボッシュ、シーメンス、ドイツテレコム、フォルクスワーゲン等多くの企業が参加している[13]。

　2017年には、ドイツの連邦教育研究省より、「AIによるイノベーションの推進」と題するプレスリリースが発表され、「Industrie 4.0」に続く、産官学の有機的な連携を促すプラットフォームとして、"Learning Systems Platform"[14] の構築に向けたプロジェクトを進めることが公表された[15]。また、ドイツ連邦政府は、2018年7月にAI戦略の骨子、同年11月にはかかる骨子を基にして、ドイツおよび欧州がAI技術のグローバルリーダーになること

11　大野治『IoTで激変する日本型製造業ビジネスモデル』（日刊工業新聞社・2016年）25頁等。

12　「Recommendations for implementing the strategic initiative INDUSTRIE 4.0. Final report of the Industrie 4.0 Working Group」6 頁、「Plattform Indutrie 4.0」ホームページ〈https://www. plattform-i40. de/I40/Navigation/EN/Industrie40/WhatIsIndustrie40/what-is-industrie40. html〉参照。

13　総務省・前掲白書（注3）108頁。

14　Lernende Systeme ホームページ〈https://www. plattform-lernende-systeme. de/about-the-platform.html〉参照。

15　独立行政法人情報処理推進機構編『AI白書2019　企業を変えるAI 世界と日本の選択』（角川アスキー総合研究所・2019年）432頁。

5

等を目標に掲げた AI 戦略の詳細を発表している。[16]

（3）**イギリス**

　イギリスでは、IoT に関する取組みの中で、生活インフラ等を効率的に管理・運営するための「スマートシティ」や電力の流れを最適化するための「スマートグリッド」など、生活関連・エネルギー関連を中心とした、消費者向けの産業分野に注力している。そして、製造業の復権に向け、国家イノベーション政策として「ハイ・バリュー・マニュファクチャリング（HVM、高価値製造）」が推進され、2011年より、製造業分野における研究開発の推進を目的とした Catapult Center（カタパルト・センター）が各地で設置されている。また、2017年に策定されたイギリス経済の成長を実現するための産業戦略である "Industrial Strategy : building a Britain fit for the future"[17] に基づき、2018年4月、"Artificial Intelligence Sector Deal"[18] が発表された。"Artificial Intelligence Sector Deal" では、Ideas（アイデア）、People（人材）、Infrastrucuture（インフラ）、Buisiness environment（ビジネス環境）、Places（場所）の5つの観点から、国内外の優秀な人材や企業をイギリスに呼び込み、イノベーションの中心地とすること等を目的として、10億ポンド以上の投資を行うこと等が記載されている。[19]

（4）**中　国**

　中国は、2014年、ドイツとの間で「独中でのインダストリー4.0に関する協力文書」を発表し、独中がインダストリー4.0の分野において協力することを合意した。

　また、中国政府は、2015年5月、国務院通達の形で「中国製造2025

16　ドイツ経済技術省ホームページ〈https://www.bmwi.de/Redaktion/EN/Pressemitteilungen/2018/20181116-federal-government-adopts-artificial-intelligence-strategy.html〉参照。

17　イギリス政府ホームページ〈https://www.gov.uk/government/publications/industrial-strategy-building-a-britain-fit-for-the-future〉参照。

18　イギリス政府ホームページ〈https://www.gov.uk/government/publications/artificial-intelligence-sector-deal〉参照。

19　独立行政法人情報処理推進機構編・前掲書（注15）431頁。

（Made in China 2025)」を公布した。本通達は、2049年の中華人民共和国建国100周年までに「世界の製造大国」としての地位を築くことを目標に掲げており、いわば中国版インダストリー4.0である。「中国製造2025」では、特に工業化と情報化の結合、IT技術と製造業の融合促進をはじめ、工業基礎能力の強化、品質とブランドの強化、環境に配慮したものづくりの推進、製造業の構造調整、サービス型製造業とサービス業の発展、製造業の国際化水準の向上などが強調されている。また、現状の中国における製造業に存在する問題点への対策として、「イノベーションによる駆動」、「品質優先」、「グリーン発展」、「構造の最適化」、「人材が中心」という5つの方針が掲げられ、その改善を喚起している[20]。そのうえで、「次世代情報技術（IT）」、「ハイクラスデジタル制御工作機械とロボット」といった10大重点分野を指定し、社会の各種資源の集積を誘導して、これらの分野の飛躍・発展の推進に力を入れていくことを明らかにしている[21]。

　さらに、中国政府は、2017年7月、2030年までに3段階で人工知能技術の発展をする計画を定めた「次世代人工知能発展計画」[22]を発表し、同年12月には「次世代人工知能産業の発展促進に関する三カ年計画」[23]を発表するなど、政府主導でのAI産業の発展のための施策を講じている。

２．日本における取組み

　このように、第4次産業革命は世界各国で広がりをみせており、日本においても、クラウド、IoT、ビッグデータ、AIといった分野について、さまざまな取組みがなされている。

　まず、2016年6月に閣議決定された「日本再興戦略2016」、「経済財政運営

20　総務省・前掲白書（注3）109頁。
21　人民網日本語版2015年5月20日、岩本・前掲書（注10）61頁。
22　中国政府ホームページ〈http://www.gov.cn/zhengce/content/2017-07/20/content_5211996.htm〉参照。
23　中国政府ホームページ〈http://www.miit.gov.cn/n1146295/n1652858/n1652930/n3757016/c5960820/content.html〉参照。

7

と改革の基本方針」（骨太方針）、「ニッポン一億総活躍プラン」などにおいて、「第4次産業革命」が成長戦略の中核として着目され、第4次産業革命に関連する分野を伸ばすことで、約30兆〜40兆円の付加価値をつくり出すとされている。より具体的な構想としては、①狩猟社会、②農耕社会、③工業社会、④情報社会に続く、人類史上5番目の新しい社会、いわば「Society 5.0」（超スマート社会）を、世界に先駆けて実現していくことをめざしている。すなわち、企業サイドの第4次産業革命と個人のライフスタイル変革によって、生産・流通・販売、交通、健康医療、金融、公共サービスなど、あらゆる場面で快適で豊かに生活できる社会を実現することをめざしている。「Society 5.0」は、「課題解決」から「未来創造」までを幅広く視野に入れたうえで、革新技術の開発と多様なデータの利活用によって政府、産業、社会のデジタル化を進めるものであり、ドイツが進める「インダストリー4.0」の概念も包含しているとされている。[24]内閣府の未来投資会議においても、未来投資戦略2017および未来投資戦略2018の中で「Society 5.0」の実現に向けた諸施策が打ち出されている。

　また、2017年3月にドイツで開催された国際情報通信技術見本市（CeBIT2017）において、安倍晋三首相より、さまざまなつながりにより新たな付加価値が創出される産業社会を表す「Connected Industries」という考えが示された。これを受けて、経済産業省より「『Connected Industries』東京イニシアティブ2017」が発表された。

　「『Connected Industries』東京イニシアティブ2017」は、さまざまな業種、企業、人、機械、データなどがつながって、AI等によって新たな付加価値や製品・サービスの創出、生産性の向上等を実現し、これらを通じて産業競争力を強化し、もって国民生活の向上・国民経済の健全な発展を実現しようとするものである。

　経済産業省の「『Connected Industries』東京イニシアティブ2017」にお

24　総務省・前掲白書（注3）109頁。

Ⅲ　世界の政策動向と日本の取組み

いては、①自動走行・モビリティサービス、②ものづくり・ロボティクス、③バイオ・素材、④プラント・インフラ保安、⑤スマートライフの５つの分野を重点取組分野とすることが明らかにされている。これらの重点的取組分野については、各分野に共通する横断的な課題として、協調領域を含むデータ共有・利活用、トップ人材育成の抜本的強化、AIシステムのさらなる開発支援・海外展開、AIをめぐる法務事項に関する検討の具体化（AI責任論等）など多岐にわたる課題があげられ、課題に対する検討を進めている。

　たとえば、①自動走行・モビリティサービスの分野については、自動車部品やソフトウェア等について欧米勢の取組みが極めて活発であるとの認識の下、交通事故の削減、交通渋滞の緩和、環境負荷の低減、運転の快適性向上および物流も含む移動サービスの拡大といった課題が設定され、自動走行ビジネス検討会が発足し、課題に対する検討を行っている。具体的には、地図データや国が収集した走行映像データの利活用、共有データの最大化、AIシステム開発のあり方についての検討等が進められている。

　また、④プラント・インフラ保安において、ビッグデータの活用の事例として、中部電力において、自社の火力発電所に係る高度な運転保守技術と、NECが保有するデータ分析技術を組み合わせた運転支援システムを開発し、これにより大量のプラントデータから状態変化、異常等の予兆をとらえ、早期対処により最適運転（高効率、高稼働）の維持および故障の未然防止を実現した事例が、すでに導入された技術として、紹介されている。また、AI活用の事例として、三菱日立パワーシステムズが開発したAIを活用した石炭焚きボイラー燃焼調整の自動化システムが紹介されている。かかるシステムは、ベテラン技師による石炭焚きボイラー燃焼調整の精度を実現するもので、すでに台湾公営の台湾電力林口火力発電所に導入され、商業運転を開始している。

9

第 **2** 章

chapter 2

クラウド、IoT、ビッグデータ、AI 等に関する技術動向

第2章　クラウド、IoT、ビッグデータ、AI 等に関する技術動向

　第4次産業革命において根源となるのが大量の「データ」であり、これを収集・活用するために中心となる技術が IoT、AI およびクラウドである。そこで、本章では、クラウド、IoT、ビッグデータ、AI 等に係る領域の技術の概要およびこれらの技術の動向等について解説する。

$\boxed{\text{I}}$　クラウド

1．クラウドの概要

　クラウドとは、クラウドコンピューティングの略称であり、データセンターに大量のサーバを集約し、ネットワークを通じてそのコンピュータリソースを活用するものである。

　今やスマートフォン等の端末を用いて、メールやゲームをすることは当たり前になっている。しかし、これらのアプリケーションは、スマートフォンや携帯電話上だけで動作しているのではない。ネットワークでつながるデータセンターとよぶ大規模施設に置かれたサーバやストレージ、各種のソフトウェアなどと連携することで、情報漏洩対策や誤送信対策が強化された電子メールサービスやストリーミング配信型のゲームサービスといったサービスが実現されているのである。ネットワークにつながったパソコンやスマートフォン、携帯電話などにサービスを提供しているコンピュータ環境がクラウドである[1]。

　クラウドのサービスを提供する際には、データセンターに集約されたサーバを、ネットワークを通じて多数のユーザに利用させることが予定されているが、かかるサービスの提供にあたっては、物理的なコンピュータ機器を疑似的に分割・統合する技術である仮想化技術が重要になる。仮想化技術によって、たとえば、1台の物理的なサーバ上で、それぞれの仮想サーバごとに、

　1　総務省「平成29年版 情報通信白書」〈http://www.soumu.go.jp/johotsusintokei/whitepaper/ja/h29/pdf/29honpen.pdf〉290頁。

12

物理サーバと同様に個々の OS やアプリケーションを動作させることができる。これにより、1台の物理サーバ上で、複数のユーザの利用が可能になり、かつ、ユーザは、必要に応じて、利用するコンピュータ資源を増減させることができるのである。

仮想化技術は、コンピュータの物理的リソースを抽象化する技術であり、近年では、単一の物理リソース（サーバ、OS、補助記憶装置）を複数の論理リソースにみせかけるにとどまらず、複数の物理リソース（サーバ群、補助記憶装置群）を単一の論理リソースにみせかける実装も多い（SNS ゲームなど）。

2．クラウドサービスの提供の形態

クラウドサービスの提供の形態は、大きく分けて、① IaaS、② PaaS、③ SaaS の 3 つに分類することができる。

① IaaS とは、Infrastructure as a Service の略称で、事業者が、コンピュータサーバやストレージ、ネットワークなどのハードウェアが提供するインフラ機能を提供するサービスである。ユーザは、サーバを利用する際に必要なハードウェアのスペックや OS を自身で自由に選定してネットワーク越しに利用することができる。Compute Engine（Google）や Elastic Compute Cloud（Amazon）が代表的なサービスである。

② PaaS とは、Platform as a Service の略称で、事業者が、データベースやアプリケーションサーバなどのミドルウェア（プラットフォーム）を、ネットワークを介して提供するサービスである。後述する SaaS が決まったソフトウェアをサービスとして提供するのに対し、PaaS は自ら開発したアプリケーションを事業者から提供を受けたプラットフォーム上で稼働させることができるので、アプリケーション活用の自由度が高いことが特徴である。アプリケーションの開発やテストの実施に大きな処理能力を必要とする場合にクラウド上のプラットフォームを利用するときや、自社で運用中のアプリケーションのピーク時の負荷を分散するような場合に、PaaS が利用される

13

第2章　クラウド、IoT、ビッグデータ、AI 等に関する技術動向

ことが多い。App Engine（Google）や Azure（Microsoft）が代表的なサービスとしてあげられる。

③ SaaS とは、Software as a Service の略称で、事業者が、ソフトウェア・プログラムがもつ機能を提供するサービスである。ソフトウェアはサーバ側で稼働しており、クライアント側はインターネット等のネットワーク経由でその機能を利用する。Twitter などの SNS、Gmail や Apps などの Google アプリケーションのほか、顧客関係管理サービスを提供する Salesforce などが代表的なサービスとしてあげられる。

以上のような 3 つの類型に加え、近年では、次世代の交通サービスに関連して MaaS[2]といった用語も登場している。MaaS は、Mobility as a Service の略称で、事業者が、複数の交通手段を乗り継いで移動する際の検索、予約、支払いまでをスマートフォンなどの利用者端末から一度に行えるような機能を提供するサービスである（交通のクラウド化）。MaaS の実現および提供には、スマートフォンやデジタルインフラの整備・普及のほか、鉄道やバスの運行情報、タクシーの位置情報、道路の交通情報などの移動・交通に関する大規模なデータをオープン化し、整備・連携することが必要となる。

3．クラウドサービスを利用するメリット

平成28年時点の総務省の調査によれば、一部でもクラウドサービスを利用している、と回答した企業は46.9％に上っている。[3]企業がクラウドサービスを使用するメリットには、以下のようなものがあるとされている。[4]

①　システム構築の迅速さ、拡張の容易さ

クラウドサービスを利用することで、ハードウェアを調達する必要がなくなるとともに、利用容量に応じて自動的にリソースを割り当て課金

2　概要は、総務省ホームページ〈http://www.soumu.go.jp/menu_news/s-news/02tsushin02_04000045.html〉を参照。

3　総務省・前掲白書（注 1 ）290頁。

4　総務省「ICT によるイノベーションと新たなエコノミー形成に関する調査研究」（2018年 3 月）80頁。

14

するしくみが存在するため、システムを構築したり、容量を拡張する際の迅速性や拡張性にすぐれる。クラウド上のサービスを利用することで、機能の充実も容易である。

② 初期費用、運用費用の削減

自社で情報システムを資産として保有しないことにより、初期費用や減価償却コストが削減される。また、システムの保守運用をクラウド事業者に委託することができるため人件費を削減できる可能性がある。

③ 可用性の向上

セキュリティ対策（システムの最新化を含む）やシステムの冗長化・バックアップについてはクラウド事業者が行うため、自社にて自社サーバのみで運用する場合に比べると、システムの継続稼働が可能になるという可用性の向上が実現できる。

④ 利便性の向上

インターネット環境さえあれば場所や利用する端末によらず業務システムを利用することが可能になり、従業員からみた業務システムの利便性が向上する。

Ⅱ IoT、ビッグデータ

1. IoT とは

IoT とは、Internet of Things の略で、「モノのインターネット」と訳されることが多い。また、機械同士が通信するという意味で、M2M（Machine to Machine）という用語が用いられることもある。これらの用語は、具体的には、モノにセンサを取り付けるなどしてモノの情報を収集し、これを分析するなどして利用することを指すことが多い。「IoT」という用語は20年ほど前から存在していたといわれているものの、近年になってようやく技術が実用化し、IoT という用語が広く用いられるようになった。IoT の進歩の背景

にはいくつかの要因があるが、最も大きな要因の1つとして、クラウドの普及をあげることができる。すなわち、IoT の技術の実用化には、モノから得られる大量のデータ（ビッグデータ）を収集し、これを高速で処理することが必要不可欠であるところ、クラウドの普及により、IoT の技術を利用する者が自らサーバ等の設備を保有することなく、ビッグデータを保存・処理することが可能になったことが、IoT の実用化に大きく貢献したのである。

2．IoT の技術

IoT は、以下の8つの階層の技術により成り立っているといわれている。[5]

① モノ

② コネクティビティ

③ クラウド

④ プラットフォーム

⑤ アナリティクスソフトウェア

⑥ アプリケーションソフトウェア

⑦ 導入サービス

⑧ 運用サービス

まず、最下層の①モノにセンサが取り付けられ、多数のモノがリアルタイムにビッグデータを発信し続けることが出発点である。たとえば、GPS により位置情報、加速度センサにより動き（加速度）、ジャイロセンサにより回転する動き（角速度）、照度センサにより明るさ、近接センサにより物体の接近といった情報を取得することができる。[6]

モノから発信されたこれらのビッグデータは、ネットワークを介してクラウドに収集される。ビッグデータをクラウドに収集するための有線および無

5　大野治『俯瞰図から見える IoT で激変する日本型製造業ビジネスモデル』（日刊工業新聞社・2016年）32頁以降。

6　八子知礼ほか『IoT の基本・仕組み・重要事項が全部わかる教科書』（SB Creative・2017年）77頁。

16

線のネットワークが②コネクティビティである。そして、ビッグデータを収集し、保存するのが③クラウドである。クラウドに収集されたビッグデータは、これをリアルタイムに円滑に処理し、分析する必要があり、それに耐えうる基盤（④プラットフォーム）が求められる。プラットフォーム上で処理されたビッグデータは高速で分析しなければならないが、大量のデータを高速で分析することは、人間には困難である。そこで、AI等の技術を用いた⑤アナリティクスソフトウェアが必要になる。さらに、アナリティクスソフトウェアを産業別に応用するために、産業分野別に開発された⑥アプリケーションソフトウェアが必要である。また、このような一連のIoTのシステムは、一般的なシステムと同様、導入に際し整備すべき事項が多々あるため、導入に際して⑦導入サービスを利用することが多い。加えて、これらのIoTサービスを継続的に提供するためには⑧運用サービスが必要となることが多い。

　このように、IoTサービスの利用にあたっては、8つの階層の技術が必要である。IoTサービスにおいては、多数のモノがつながってビッグデータが生まれ、このビッグデータを高速で収集・分析しなければならないことから、クラウド、ネットワークやAI等のさまざまな分野の技術が必要とされるのである。

$$\boxed{\text{III}}\quad \textbf{AI}$$

1.　情報を分析する手段としてのAI

　以上のように、クラウド、IoTといった技術の発達により、収集できるデータの量が飛躍的に増大した。かかるデータは極めて利用価値の高いものであるが、データが巨大であるがゆえに、人が分析するのは困難を伴うことも多い。

　このような、人の手では分析が困難な大量のデータを分析するための技術

第2章　クラウド、IoT、ビッグデータ、AI 等に関する技術動向

として、AI が注目されている。

2．AI の歴史

　AI という言葉がはじめて用いられたのは、1950年代であり、そこから今日に至るまで、３度の AI ブームが起こったといわれている。第１次 AI ブームが起こった1950年代に登場した AI は、推論や探索を行うことができ、迷路やパズルを人よりも早く解くことができるものであったが、簡単な問題を解くことができるにとどまったため、実用化には至らず、ブームは終焉した。

　第２次 AI ブームは、エキスパートシステムとよばれる、専門的な知識をコンピュータに蓄積し、それに基づいて自動的に判断するシステムが登場したことがきっかけとして起こった。エキスパートシステムは、医療診断などの分野に用いられたが、判断の精度を上げるための知識のインプットや知識のメンテナンスに多大な手間を要することから、限られた範囲で実用化されるにとどまった。

　第３次 AI ブームは現在進行中の AI ブームで、後述するディープラーニングにより非常に高い精度で画像認識が可能になったことなどから起こったものである。ディープラーニングが注目されるようになったきっかけは、2012年、ILSVRC（ImageNet Large Scale Visual Recognition Challenge）という画像認識のコンテストにおいて、初参加のトロント大学が開発したSuperVision が圧倒的な勝利をおさめたという出来事である。このコンテストは、世界の名だたる研究機関が参加して行われているものであるが、それまで、画像認識のエラー率が25〜26％台で競い合っていたこのコンテストにおいて、SuperVision はエラー率15％台という驚異的な数値で優勝した。この SuperVision に使われていた技術がディープラーニングであった。また、これと同じ年に、Google 社は、ディープラーニングの技術を用いて、「人が教えることなく、AI が自発的に猫を認識することに成功した」と発表した。[7]この発表で注目すべきは、人が「猫」という概念を AI に教えたわけではな

18

く、1000万枚の猫の画像を見せられた AI が、自ら猫を判別できるように学習した、という点である。このような、ディープラーニング等を用いた AI の技術の発展等の要因により、今日の第 3 次 AI ブームが形成されたのである。

3．AI の基礎知識

「AI」という用語は多義的に用いられており、必ずしも確立した定義があるわけではないが、「人工的に作られた人間のような知能、ないしはそれを作る技術」などと定義されている[8]。なお、平成30年 6 月に経済産業省より公表された「AI・データの利用に関する契約ガイドライン― AI 編―」（AI ガイドライン）においては、AI を①人間の知能そのものをもつ機械をつくろうとする立場からの汎用的な AI（「強い AI」）と、②人間が知能を使ってすることを機械にさせようとする立場からの AI（「弱い AI」）とに大別する立場をとったうえで、現在実用化が進められているのは「弱い AI」であるという認識の下、「AI」という言葉を、「弱い AI」、中でも特に機械学習に関する学問分野（研究課題）を意味するものとして説明を行っている[9]。

AI ガイドラインでも念頭におかれているように、近年、研究開発が進んでいるのは、機械学習に関する学問分野である。機械学習とは、あるデータの中から一定の規則を発見し、その規則に基づいて未知のデータに対する推測・予測等を実現する学習手法の 1 つである[10]。

機械学習を用いたソフトウェア開発にはさまざまなアプローチがあるが、代表的なアプローチとしては、①教師あり学習、②教師なし学習といったものがある。

7　Google 社オフィシャルブログ〈https://googleblog.blogspot.com/2012/06/using-large-scale-brain-simulations-for.html〉。
8　松尾豊『人工知能は人間を超えるか　ディープラーニングの先にあるもの』（株式会社KADOKAWA・2015年）45頁。
9　AI ガイドライン10頁。
10　AI ガイドライン 9 頁。

第2章　クラウド、IoT、ビッグデータ、AI等に関する技術動向

　①教師あり学習とは、機械学習の手法の1つであり、ある入力に対して望まれる出力（正解）が事前に与えられたデータセット（学習用データセット）から一般化した法則を導き出すために利用される学習手法である[11]。つまり、あらかじめ「正解」のデータを示し、そこからルールやパターンを自動で学習させる方法である。

　②教師なし学習とは、機械学習の手法の1つであり、事前に正解が与えられていない学習用データセットから一般化した法則を導き出すために利用される学習手法である[12]。データをグループ化するクラスタリングという手法がこれに該当する。

　このようなアプローチにより行われる機械学習には、従前より用いられてきたさまざまな技法があるが、近年は、ニューラルネットワークを応用した[13]ディープラーニングという技術が注目されている。ディープラーニングは、ニューラルネット（脳の情報処理を模して開発された機械学習の一手法）を多層において実行することで、より精度の高い推論をめざした手法である。ディープラーニングが他の機械学習の技法と決定的に異なるのは、特徴量を人間の手で設計する必要がなく、コンピュータ自ら獲得しうる点である。特徴量とは、機械学習の入力に使う変数のことで、その値が対象の特徴を定量的に表す。「特徴量を人間の手で設計する必要がある」とは、「世界からどの特徴に注目して情報を取り出すべきか」を人間が指定する必要があることを意味する。たとえば、機械学習の技法を用いて人の年収を予測するシステムをつくろうとした場合、年収を予測するにあたってどのような特徴を考慮するかが重要になる（人の特徴には多様なものがあるところ、たとえば、「年齢」、

11　AIガイドライン10頁。

12　AIガイドライン10頁。

13　ニューラルネットワークとは、脳内の神経細胞間に形成されるシナプス結合および学習による結合強度変化を模倣した人工的な神経回路網（人工ニューロン）の数理モデル全般を指す。原始モデルは、Warren Sturgis McCulloch と Walter J. Pitts が1943年に発表した形式ニューロンとされ、1958年に Frank Rosenblatt が第一次AIブームをけん引するパーセプトロンに関する論文（*"The Perceptron: A Probabilistic Model for Information Storage and Organization in the Brain"*. Psychological Review 65 (6): 386-408）を発表した。

「性別」および「居住地域」といった要素は年収に影響を与えると思われるが、「身長」や「好きな色」といった要素は必ずしも関連性が高くないと思われる）。このような考慮要素を特徴量といい、これまでの機械学習の技法においては、かかる特徴量を人間が手作業で設計する必要があった。他方、ディープラーニングは、このような特徴量を人間が設計するのではなく、コンピュータ自らが獲得しうるのである。[14] したがって、ディープラーニングは、人間の手で特徴量を設計することが難しかった分野（いわゆる非構造データとよばれる、画像、映像、音声等の解析を行う分野）において、特に重要な意義を有する。[15]

4．AI と倫理

(1) AI に関する倫理の問題

　AI は、人間のような知能を人工的につくり出すものであり、その性質上、人間の本質に近いところについて人間の代替になりうるものであることから、倫理的な問題が生じる。[16] 近年では、自動運転技術を用いた車の事故や、人材採用 AI の差別的な採用判断等のニュースに際して、AI と倫理の問題が世間を賑わすことも多い。

　AI に関する倫理の問題は、大別して次の４つに分類できるとされている。[17]

　１つ目は、AI 自身のもつリスクまたは AI に対する人々の感じ方に関する問題である。AI が人間の制御を超えて「暴走」するといった、AI が想定外のリスクを引き起こす等の問題は、（実際にこのような問題が生じうるかは別として）この類型に含まれる問題である。

　２つ目は、AI を利用または研究開発する人間の倫理に関する問題である。

14　松尾・前掲書（注8）135頁以降。

15　なお、ディープラーニングは、特徴量を自ら獲得しうるという点で画期的であるが、他方において、どのような特徴量を獲得したのか（どのような要素に基づいて判断を行ったのか）という点が、現在の技術では基本的に解明が難しい（したがって判断過程がブラックボックス化している）という欠点を有している。

16　独立行政法人情報処理推進機構『AI白書2017　人工知能がもたらす技術革新と社会の変貌』（角川アスキー総合研究所・2017年）362頁。

17　松尾豊ほか「人工知能と倫理」人工知能31巻5号（2016年）636頁。

AI の軍事利用の可否等の問題がこの類型に含まれる。

　３つ目は、AI の導入に伴う職業と教育などへの社会的インパクトの問題である。AI による雇用への影響等の問題がこの類型に含まれる。

　４つ目は、AI に関する知的財産や権利などの法律、または倫理規範や社会のあり方に関する問題である。たとえば、自動運転技術を用いた車両の走行時に、車両を直進させれば歩行者をはねてしまう状況に陥ったが、これを避けるため回避行動をとった場合には別の歩行者をはねてしまう、というケースを想定したときに、どのように対応する AI に設計すべきか、AI に人の命の軽重を判断させてよいのか、といった問題が生じうるが、かかる問題はこの類型に含まれる。

(2)　**AI と倫理の問題についての各国の動向**

　AI と倫理の問題については、世界各国でさまざまな取組みがなされているが、大きく分けて、政府機関による取組みと民間企業および学術機関等による取組みとに分けることができる。

　㋐　各国政府の主な取組み

　(A)　**日本政府の主な取組み**

　日本では、平成28年、総合科学技術・イノベーション会議の「人工知能と人間社会に関する懇談会」が設置され、当該懇談会の論点整理において倫理的な論点が指摘された。[18]

　また、同年、総務省は「AI ネットワーク推進会議」の開催を決定し、平成29年には、「報告書2017 ─ AI ネットワーク化に関する国際的な議論の推進に向けて─[19]」を公表し、同報告書の中で、「国際的な議論のための AI 開発ガイドライン案[20]」をあわせて公表した[21]。かかるガイドライン案は、人間中心の社会の実現等の５つの基本理念[22]および透明性の原則等の９つの開発原則[23]

18　人工知能と人間社会に関する懇談会「『人工知能と人間社会に関する懇談会』報告書」（平成29年３月24日）〈https://www8.cao.go.jp/cstp/tyousakai/ai/summary/aisociety_jp.pdf〉13頁。

19　総務省・AI ネットワーク推進会議報告書2017（平成29年７月28日）〈http://www.soumu.go.jp/main_content/000499624.pdf〉。

20　総務省ホームページ〈http://www.soumu.go.jp/main_content/000499625.pdf〉。

で構成されている。同会議は、平成30年には、「報告書2018 ─ AI の利活用の促進及び AI ネットワーク化の健全な進展に向けて─」[24]を公表した。同報告書では、AI の利活用について10の AI 利活用原則案を提唱している。[25]

さらに、AI をより良い形で社会実装し共有するための基本原則を策定し、策定した原則を G7 および OECD 等における国際的な議論に供するため、平成30年、内閣府、総務省、文部科学省、経済産業省および国土交通省が合同で開催する「人間中心の AI 社会原則検討会議」において「人間中心の社会原則（案）」が公表され、平成31年３月29日、統合イノベーション戦略推進会議において同原則が決定された。[26]同原則（案）は、①人間の尊厳が尊重される社会、②多様な背景をもつ人々が多様な幸せを追求できる社会、③持続性ある社会という３つの基本理念の下、「AI-Ready な社会」というビジョンをうち出し、かかるビジョンに基づき、人間中心の AI 社会原則を定めている。

---

21 情報法の分野では、1980年に OECD が採択した「プライバシー保護と個人データの国際流通についてのガイドライン」が国際的なスタンダードとして受け入れられ、日本の個人情報保護法も同ガイドラインを踏まえて制定された経緯があることから、AI 開発ガイドライン案も同じような狙いで、AI の研究開発についての国際的な議論のたたき台として議論された（宍戸常寿「ロボット・AI と法をめぐる動き」弥永真生＝宍戸常寿編『ロボット・AI と法』（有斐閣・2018年）19頁）。

22 ①人間中心の社会の実現、②ステークホルダ間における指針やそのベストプラクティスの国際的共有、③便益とリスクの適正なバランスの確保、④技術的中立性の確保および開発者にとっての過度な負担とならないことへの留意、⑤ガイドラインの不断の見直しおよび必要に応じた改定を基本理念とする。

23 ①連携の原則、②透明性の原則、③制御可能性の原則、④安全の原則、⑤セキュリティの原則、⑥プライバシーの原則、⑦倫理の原則、⑧利用者支援の原則、⑨アカウンタビリティの原則を原則とする。

24 総務省・AI ネットワーク推進会議報告書2018（平成30年７月17日）〈http://www.soumu.go.jp/main_content/000564147.pdf〉。

25 ①適正利用の原則、②適正学習の原則、③連携の原則、④安全の原則、⑤セキュリティの原則、⑥プライバシーの原則、⑦尊厳・自律の原則、⑧公平性の原則、⑨透明性の原則、⑩アカウンタビリティの原則を内容とする。

26 第４回統合イノベーション戦略推進会議議事録〈https://www.kantei.go.jp/jp/singi/tougou-innovation/dai4/giji4.pdf〉参照。

第 2 章　クラウド、IoT、ビッグデータ、AI 等に関する技術動向

(B)　海外の政府の主な取組み

　米国では、政府より 2016 年に公表された"PREPARING FOR THE FUTURE OF ARTIFICIAL INTELLIGENCE"において、AI 対応システムについて、制御可能であることや透明性等が求められており[27]、また、同年に公表された"THE NATIONAL ARTIFICIAL INTELIGENCE RESEARCH AND DEVELOPMENT STRATEGIC PLAN"においても AI の開発における透明性の確保の必要性について述べられている[28]。さらに、同じく 2016 年に公表された"ARTIFICIAL INTELLIGENCE, AUTOMATION, AND THE ECONOMY"では、AI の実用化により雇用等に与える影響に言及されるなど、政府による AI の倫理的な問題に対する検討が進められている[29]。

　イギリスでは、下院の科学技術委員会が、2016 年に"Robotics and artificial intelligence Fifth Report of Session 2016-17"[30]、2018 年に"Algorithms in decisionmaking Fourth Report of Session 2017-19"[31]を公表し、また、上院の AI 特別委員会が 2018 年に"AI in the UK：ready, willing and able?"[32]を公表しており、いずれも AI の倫理上の問題についても検討されている。また、イギリス政府は、2017 年、AI 等における安全で倫理的かつ画期的なイノベーションを可能にすることを目的とした「データ倫理イノベーションセンター（Center for Data Ethics and Innovation）」を設立することを発表した[33]。

27　PREPARING FOR THE FUTURE OF ARTIFICIAL INTELLIGENCE〈https://obamawhitehouse. archives.gov/sites/default/files/whitehouse_files/microsites/ostp/NSTC/preparing_for_the_future_of_ai.pdf〉.

28　THE NATIONAL ARTIFICIAL INTELIGENCE RESEARCH AND DEVELOPMENT STRATEGIC PLAN〈https://www.nitrd.gov/PUBS/national_ai_rd_strategic_plan.pdf〉.

29　ARTIFICIAL INTELLIGENCE, AUTOMATION, AND THE ECONOMY〈https://obamawhitehouse. archives.gov/sites/whitehouse.gov/files/documents/Artificial-Intelligence-Automation-Economy.PDF〉.

30　Robotics and artificial intelligence Fifth Report of Session 2016-17〈https://publications. parliament.uk/pa/cm201617/cmselect/cmsctech/145/145.pdf〉.

31　Algorithms in decisionmaking Fourth Report of Session 2017-19〈https://publications. parliament.uk/pa/cm201719/cmselect/cmsctech/351/351.pdf〉.

32　AI in the UK: ready, willing and able?〈https://publications. parliament. uk/pa/ld201719/ldselect/ldai/100/100.pdf〉.

33　〈https://www.gov.uk/government/groups/centre-for-data-ethics-and-innovation-cdei〉.

欧州では、2014年という比較的早い段階で、欧州委員会の財政的支援を受けて開始された Robotlaw プロジェクトにおいて「Guidelines on Regulating Robotics」（ロボティクス規制に関するガイドライン[34]）が公表されたことに加え、欧州議会において、2017年、「with recommendations to the Commission on Civil Law Rules on Robotics」（ロボティクスに係る民事法的規則に関する欧州委員会への提言[35]）を採択するなどの取組みがなされている。提言では、AI の倫理指針の枠組みは、恩恵、無害、自律および正義の原則並びに人間の尊厳など欧州連合条約2条および欧州連合基本権憲章に定められた原則・価値に依拠すべきであるとされている。[36] かかる提言は、EU がロボット・AI の開発・設計・利用における倫理原則を策定するうえで不可欠な役割を果たすべく策定されたものである。

中国では、中国共産党中央委員会・国務院が、2017年に公開した「次世代人工知能発展計画」[37]において、2030年には、AI 分野において、技術面だけでなく倫理・法政策面でも世界で主導的地位に立つとの目標を掲げている。[38]

(イ)　民間企業および学術機関等の主な取組み

日本では、平成29年、人工知能学会倫理委員会が「人工知能学会倫理指針」[39]を公表した。同指針は、①人類への貢献、②法規制の遵守、③他者のプライバシーの尊重、④公共性、⑤安全性、⑥誠実な振る舞い、⑦社会に対する責任、⑧社会との対話と自己研鑽、⑨人工知能への倫理遵守の要請という9つの要素をその内容とする。人工知能学会は、同指針の意図が「今後の人

34　Guidelines on Regulating Robotics〈http: //www. robolaw. eu/RoboLaw_files/documents/robolaw_d6.2_guidelinesregulatingrobotics_20140922.pdf〉.

35　with recommendations to the Commission on Civil Law Rules on Robotics〈http://www.europarl.europa.eu/sides/getDoc.do?pubRef =-//EP//NONSGML+REPORT+A8-2017-0005+0+DOC+PDF+V0//EN〉.

36　AI ネットワーク推進会議・前掲報告書（注19）19頁。

37　中国政府ホームページ〈http://www.gov.cn/zhengce/content/2017-07/20/content_5211996.htm〉.

38　工藤郁子「ロボット・AI と法政策の国際動向」弥永＝宍戸・前掲書（注21）37頁。

39　人工知能学会倫理指針〈http://ai-elsi.org/wp-content/uploads/2017/02/人工知能学会倫理指針.pdf〉.

第2章　クラウド、IoT、ビッグデータ、AI等に関する技術動向

工知能学会と社会との対話に向けた大まかな方針になるものをまず掲げること」にあるとしており、同指針に基づく今後の議論の発展が望まれる。[40]

　海外では、米国人工知能学会（AAAI：Association for the Advancement of Artificial Intelligence）、スタンフォード AI100（One Hundred Year Study on Artificial Intelligence）、電気・電子工学に関する学会である IEEE（Institute of Electrical and Electronics Engineers）、テスラ・モーターズの CEO である イーロン・マスクが支援しており、MIT やハーバード大学の研究者等も参加する FLI（Future of Life Insititute）、イーロン・マスク等が創設した非営利研究機関であるオープン AI、Amazon、Google、Facebook、IBM および マイクロソフトが設立したパートナーシップオン AI といった米国の団体や、オックスフォード大学に設置された FHI（Future of Humanity Insititute）、ケンブリッジ大学に設立された CSER（Centre for the Sutudy of Existential Risk）や、同じくケンブリッジ大学に設置されオックスフォード大学等と連携している CFI（Leverhulme Centre for the Future of Intelligence）といったイギリスの団体等において人工知能の倫理面について議論がなされている状況である。[41]

Ⅳ　クラウド、IoT、ビッグデータ、AI 等を活用した技術の動向

　第1章において述べたとおり、日本では、「『Connected Industries』東京イニシアティブ2017」において、「Connected Industries」の取組みの方向性として、①自動走行・モビリティサービス、②ものづくり・ロボティクス、③バイオ・素材、④プラント・インフラ保安、⑤スマートライフという5つの重点取組分野を定め、取組みの加速化と政策資源の集中投下を図る、という方向性が打ち出されている。そこで、クラウド、IoT、ビッグデータ、AI

40　人工知能学会ホームページ〈http://ai-elsi.org/archives/471〉。
41　工藤・前掲論文（注38）47頁以下参照。

■ Ⅳ　クラウド、IoT、ビッグデータ、AI等を活用した技術の動向

等を活用した技術の動向の例として、これらの分野のうち、①自動走行・モビリティサービス、②ものづくり・ロボティクスにおける技術の動向を例をあげて解説する。

1. 自動走行・モビリティサービス

　自動車には、さまざまなソフトウェアやセンサが搭載されている。たとえば、車輪速度を計測する車速センサ、油圧や水圧を感知する圧力センサ、スロットル開度などを計測するスロットルポジションセンサ、排ガスの残存酸素を検出する O2 センサ、排気温度を計測する排気温度センサ、吸入空気量や吸入空気温度を測定するエアフローメーターや吸気温度センサ、エンジンの冷却水温を測定する水温センサなどである。車種によっては、1時間の走行で1テラバイトほどの情報が生み出されるともいわれている。自動運転車両には、さらにカメラやミリ波レーダー等のさまざまな設備が搭載されるため、通常の車両の数十倍のデータを生成する可能性もある。[42]

　このようにして得られたデータを収集し、AI の技術を用いて分析することで、自動運転車両の開発が進められている。自動運転のレベルについては、〔図表1〕のような分類がされることが一般的である。[43]

　レベル1およびレベル2は、安全運転に係る監視を運転者が行う必要があるが、レベル3以降は、かかる監視を人ではなくシステムが行うことになる。現時点では、レベル1およびレベル2相当の技術がすでに導入されている。すなわち、レベル1相当の機能として、衝突被害軽減ブレーキや定速走行・車間距離制御装置（ACC：Adaptive Cruise Control）が多くの市販車に装着されている。また、レベル2相当の機能として、車線中央を走行するように維持する自動ステアリング操舵機能付きの ACC が実装されている。[44]

42　八子ほか・前掲書（注6）92頁、95頁。

43　高度情報通信ネットワーク社会推進戦略本部・官民データ活用推進戦略会議「官民 ITS 構想・ロードマップ2018」（平成30年6月15日）5頁より引用。

44　杉浦孝明「自動運転技術の現況」藤田友敬編『自動運転と法』（有斐閣・2018年）8頁。

第2章　クラウド、IoT、ビッグデータ、AI 等に関する技術動向

〔図表1〕　自動運転のレベルの分類

レベル	概　要	安全運転に係る監視、対応主体
運転者が一部又は全ての動的運転タスクを実行		
レベル0 運転自動化なし	・運転者が全ての動的運転タスクを実行	運転者
レベル1 運転支援	・システムが縦方向又は横方向のいずれかの車両運動制御のサブタスクを限定領域において実行	運転者
レベル2 部分運転自動化	・システムが縦方向及び横方向両方の車両運動制御のサブタスクを限定において実行	運転者
自動運転システムが（作動時は）全ての動的運転タスクを実行		
レベル3 条件付運転自動化	・システムが全ての動的運転タスクを限定域において実行 ・作動継続が困難な場合は、システムの介入要求等に適切に応答	システム（作動継続が困難な場合は運転者）
レベル4 高度運転自動化	・システムが全ての動的運動タスク及び作動継続が困難な場合への応答を限定領域において実行	システム
レベル5 完全運転自動化	・システムが全ての動的運転タスク及び作動継続が困難な場合への応答を無制限に（すなわち、限定領域内ではない）実行	システム

　さらに、平成29年には、自動車メーカーのアウディが、欧州で販売する新型 Audi A8 に一定の条件を満たした場合、60km/h 以下の渋滞時に、ドライバーが監視義務のない同一車線内の自動運転を行うという「トラフィック

ジャム　パイロット」を搭載予定であると発表した（もっとも、自動運転の法整備が十分でないため、現時点で「トラフィック　ジャム　パイロット」を搭載した車両は市販されていないようである）。これは、〔図表1〕の分類においてレベル3に分類されるもので、一定の条件下において、ドライバーは運転の状況を監視することから解放される。アウディは、同年、さらに、限定された場所においてドライバーの支援や介入を必要としないレベル4の自動運転を実現するEVコンセプトカー「Audi Elaine」を発表している。

　自動運転の実現に向けた法制度の整備も進んでいる。令和元年5月17日に道路運送車両法の一部を改正する法律、同月28日に道路交通法の一部を改正する法律が成立した。車検時などの保安基準の対象装置に「自動運行装置」が加えられ（改正道路運送車両法41条1項20号）、また、一定の要件を具備した自動運転により運転する場合に携帯電話の使用が認められる（改正道路交通法71条の4の2第2項）など、レベル3以上の自動運転を想定した法制度の整備がなされている。なお、これらの法律は、公布の日から起算して1年を超えない範囲内において政令で定める日から施行することとされている。

2. ものづくり・ロボティクス

　ロボットは、人の代わりに作業をさせる機械として、古くから産業用・軍事用の観点から研究されており、近年では、家庭用ロボットやエンターテインメント用ロボットが普及しつつありその能力も第4次産業革命にあって飛躍的に向上した。これらロボットの能力が飛躍的に向上した技術的背景の1つに、ロボットに「眼」がついたことがあげられる。部分的には人間の眼の能力をも凌ぐロボットの「眼」の機能は、3次元距離計測等のセンシング技術や画像認識技術（パターン認識技術）に下支えされており、特にパターン認識においてはAI技術との関連も深い[45]。

　ものづくり分野では、工場において、画像解析による外観検査・検品、工

---

[45]　I/O編集部編『ロボット技術ガイドブック』（株式会社工学社・2016年）120頁以下。

第2章　クラウド、IoT、ビッグデータ、AI等に関する技術動向

場内の作業監視によるミスの防止、製造設備のセンシングデータを分析した異常検知などの AI 活用事例がある[46]

　加えて、生産工程のうち、検品の工程について AI の画像認識技術を用いて自動化するサービスも現れている[47]。

　ロボティクスの分野では、ロボットの自律走行や監視が実用レベルに達しており、これには、AI による「眼」も貢献している。また、飛行ロボット（ドローン）の発達も目覚ましく、たとえば、複数のドローンに、互いに連携を取り合わせながら自律的に共同作業を行わせる可能性についての研究も行われている[48]。

46　独立行政法人情報処理推進機構・前掲書（注16）225頁、岡田陽介『AI をビジネスに実装する方法』（日本実業出版社・2018年）136頁参照。

47　岡田・前掲書（注46）136頁参照。

48　日経産業新聞編『ロボディクス最前線』（日本経済新聞出版社・2016年）56頁以下。ここで紹介されているスイス連邦工科大学チューリッヒ校・ラファエロ・ダンドレア教授の研究は有名である。

30

第 **3** 章

chapter 3

各種法規制と留意事項

第3章　各種法規制と留意事項

　本章においては、第4次産業革命に関連する法規制として、個人情報保護法、知的財産権法、不正競争防止法、独占禁止法、製造物責任法、その他の法令について、その概要を解説し、IoTやAI等のビジネスを行ううえで留意すべき点を概観する。

Ⅰ　個人情報保護法

　IoTやAI等のビジネスにおいて取り扱われるデータの中に、個人情報の保護に関する法律（個人情報保護法）の定める「個人情報」が含まれる場合は、その取得、管理、提供等について、同法の規制を受けることになる。個人情報保護法は、個人情報の有用性に配慮しながら、個人情報を保護することを目的とした法律であり、改正法が平成29年5月30日に全面施行されたことや、近年は特に個人情報の漏洩等に関する報道が多いこともあって、企業においても個人においても、個人情報に対する意識は高まっていると思われる。

　また、日本以外の国または地域との間で個人情報の移転を行う場合などには、日本の企業であっても、EUの一般データ保護規則（GDPR）を含む諸外国の法令に留意する必要がある。

　本項においては、AIやビッグデータ等の関連で特に留意すべき法令の内容について解説する。その他の個人情報保護法の規定等については、同法の具体的な指針として定められている個人情報保護委員会「個人情報の保護に関する法律についてのガイドライン」（個人情報保護法ガイドライン）等を参照されたい。

1.　規制の対象となる「個人情報」、「個人データ」

　個人情報保護法の定める「個人情報」とは、①生存している個人に関する情報のうち、②ⓐ特定の個人を識別することができるもの（他の情報と容易に照合することができ、それによって特定の個人を識別することができるものを

含む)、または⑥個人識別符号が含まれるものをいう(同法2条1項)。個人情報データベース等(同条4項)を構成する個人情報は「個人データ」という(同条6項)。

AIやビッグデータ等のビジネスにおいて用いられることのある「統計情報」は、複数人の情報から共通要素に係る項目を抽出して同じ分類ごとに集計して得られるデータであり、集団の傾向または性質などを数量的に把握するものであるから、特定の個人との対応関係が排斥されている限りにおいては、「個人情報」に該当しない[1]。たとえば、ドライブレコーダー等の自動車に備え付けられた機器を経由して取得される車両情報、運転情報、位置情報等の情報が、その運転者の情報(運転者ID等)と結びついて特定の個人を識別できる情報であれば、「個人情報」、「個人データ」に該当し得る一方、その情報を集計し、個人との関係を排斥して、交通事故が発生しやすい場所や交通渋滞が発生しやすい場所等を特定し、その情報をまとめた場合は、このような情報は「統計情報」にあたり、個人情報保護法に基づく規制に沿った対応は不要になるものと考えられる[2]。

もっとも、いかなる情報が法令上保護の対象となる「個人情報」に該当するかは、国または地域における個人情報保護法制によって異なるため、日本の個人情報保護法上は個人情報に該当しない情報であっても、日本以外の国または地域においては個人情報保護法制の対象となる可能性があることに留意が必要である。

また、個人情報に該当しない場合であっても、データの性質や利用態様によっては、個人のプライバシー権等を侵害すると判断され、民法709条に基づく損害賠償請求の対象になることもあり得る[3]。

なお、現行法上の定義はないが、個人の属性情報、移動・行動・購買履歴、ウェアラブル機器から収集された個人情報を含み、特定の個人を識別できな

---

1 個人情報保護法ガイドライン(匿名加工情報編)4〜5頁。
2 データガイドライン42頁。
3 AIガイドライン3頁参照。

第3章　各種法規制と留意事項

いように加工された情報も含まれるものとして、「パーソナルデータ」という言葉もある。[4]

2．より慎重な取扱いが求められる「要配慮個人情報」

　改正個人情報保護法で新たに定められた、「要配慮個人情報」とは、不当な差別や偏見その他の不利益が生じないようにその取扱いに特に配慮を要するものとして、人種、信条、社会的身分、病歴、犯罪の経歴等の法令に定められる事項の記述等が含まれる個人情報をいう（同法2条3項）。

　要配慮個人情報については、その取得に原則として本人の同意が必要であり[5]（同法17条2項）、後述のオプトアウトによる第三者提供が認められていない（同法23条2項）。

3．個人情報の取得・利用

　個人情報の取得にあたっては、その利用目的の公表または通知等が必要である（個人情報18条）。個人情報の取扱いは、利用目的の達成に必要な範囲を超えてはならない（同法16条1項）。

4．個人データの管理

　個人データの管理にあたっては、その漏洩、滅失、き損の防止その他の個人データの安全管理のために必要かつ適切な措置（安全管理措置）を講じなければならない（個人情報20条）。講ずべき安全管理措置の内容については、「個人情報保護法ガイドライン（通則編）」86～98頁等を参照されたい。

　4　総務省「平成29年版 情報通信白書」〈http://www.soumu.go.jp/johotsusintokei/whitepaper/ja/h29/pdf/29honpen.pdf〉53～54頁。

　5　後述の次世代医療基盤法の下では、医療機関等は、本人が提供を拒否しない場合、認定事業者に対して、個別の同意なく医療情報を提供することができる。

I　個人情報保護法

5．個人データの第三者提供

⑴　総　論

　個人データを第三者に提供する際には、原則として、あらかじめ本人の同意を得ることが必要とされている（個人情報23条1項）。

　ただし、個人データの移転が、①委託による場合、②事業承継による場合、③共同利用による場合は、当該受領者は「第三者」にあたらない（同条5項1号～3号）。また、要配慮個人情報を除く個人データは、オプトアウトの方式による第三者提供が認められている（同条2項）。

⑵　外国にある第三者へ個人データを提供する場合

　事業者が個人データを外国にある第三者に提供する場合には、原則として、「外国にある第三者への個人データの提供を認める」という本人の同意を取得しなければならない（個人情報24条）。この規定は、委託、事業承継または共同利用に伴って提供する場合も適用される。

　「外国にある第三者」にあたるか否かについては、法人格を基準にするため、日本企業が、外国の子会社に対して個人データを提供することは「外国にある第三者」への個人データの提供にあたるが、日本企業が、外国の事業所や支店など同一法人格内で個人データを提供することは「外国にある第三者」への個人データの提供にあたらない。また、外国の法令に準拠して設立され外国に住所を有する外国法人であっても、当該外国法人が、個人情報保護法の定める「個人情報取扱事業者」に該当する場合には、「外国にある第三者」には該当しない。そのため、たとえば、日本企業が外資系企業の東京支店に個人データを提供する場合、当該外資系企業の東京支店は、個人情報保護法の定める「個人情報取扱事業者」に該当する場合が多いと考えられ、その場合は「外国にある第三者」にあたらないことになる。[6]

　6　個人情報保護法ガイドライン（外国にある第三者への提供編）5～6頁。

35

第 3 章　各種法規制と留意事項

(3)　外国にある者から個人データの提供を受ける場合

　外国にある者から個人データの提供を受ける場合には、当該国の法令が適用されるため、当該国の法令、特に個人データの越境移転に関する規制に沿った対応が必要となる。そのため、たとえば、ある機械を販売して、その機械に取り付けたセンサから個人情報を含む機械の稼働情報を取得する場合において、当該機械が外国に販売され、当該外国に設置された機械のセンサから個人情報を含む機械の稼働情報を直接取得するような際には、その機械が設置された当該外国の個人情報に関する法制度について留意が必要である[7]。

　諸外国の法令における個人データの越境移転の規制内容の概要については、経済産業省「AI・データの利用に関する契約ガイドライン―データ編―」（データガイドライン）33～39頁に整理されているため、参考にされたい。

6．匿名加工情報

　改正個人情報保護法では、情報の利活用の観点から、新たに「匿名加工情報」に関する規定が定められた。「匿名加工情報」とは、個人情報を、その区分に応じて定められた措置を講じて特定の個人を識別することができないように加工して得られる個人に関する情報であって、当該個人情報を復元して特定の個人を再識別することができないようにしたものをいう（個人情報2条9項）。

　匿名加工情報を作成するときは、個人情報保護法施行規則19条各号の定める基準に従って個人情報を加工しなければならない（個人情報36条1項）。個人情報保護法ガイドライン（匿名加工情報編）には、具体的な加工手法の例が記載されており、参考になるが[8]、匿名加工の方法やその程度には事案ごとの判断が要求される点にも留意が必要である。たとえば、購買履歴、位置に

---

[7]　データガイドライン44～45頁。

[8]　このほか、個人情報保護委員会事務局「匿名加工情報パーソナルデータの利活用促進と消費者の信頼性確保の両立に向けて」（2017年2月）〈https://www.ppc.go.jp/files/pdf/report_office.pdf〉も参考になる。

36

関する情報等を含む個人情報データベース等において反復して行われる行動に関する情報が含まれる場合には、これが蓄積されることにより、個人の行動習慣がわかるようなことがあり得るから、その情報単体では特定の個人が識別できるとはいえないものであっても、蓄積されたこと等によって特定の個人の識別や元の個人情報の復元につながるおそれがある[9]。適切な加工がされていない場合には、匿名加工情報であることを前提としたデータの取扱いについて、それが個人情報保護法上の匿名加工情報と認められないために、同法違反となってしまう可能性があることを考えると、特に慎重に対応する必要があるだろう。

匿名加工情報を作成したときは、安全管理のための措置を講じなければならず（個人情報36条2項、同規則20条）、また、作成後遅滞なく、当該匿名加工情報に含まれる個人に関する情報の項目を公表しなければならない（個人情報36条3項、同規則21条）。

さらに、匿名加工情報を第三者に提供するときは、あらかじめ第三者に提供される匿名加工情報に含まれる個人に関する情報の項目およびその提供の方法について公表するとともに、提供先の第三者に対して、提供された情報が匿名加工情報であることを明示しなければならない（個人情報36条4項、37条、同規則22条、23条）。

なお、匿名加工された医療情報については、「医療分野の研究開発に資するための匿名加工医療情報に関する法律」（次世代医療基盤法）が平成30年5月11日に施行されている。

7．一般データ保護規則（GDPR）

(1) 総　論

一般データ保護規則（以下、「GDPR」という）は、EU において2018年5月25日に施行された、個人情報の保護に関する規則である。日本の企業にと

9　個人情報保護法ガイドライン（匿名加工情報編）13〜14頁。

っても無視できないものであり、実際に多くの会社が対応について検討していると思われるが、その理由としては、大きく以下の3点があげられる。

まず、①日本法人であっても、たとえばEU域内に子会社等を有している場合（EU域内に拠点を有している場合）や、そうでなくても、EU域内に所在する個人に対し商品またはサービスを提供する場合等には、GDPRの規定が全般的に適用されうる（GDPR 3条）。② GDPRが適用される場合には、日本の個人情報保護法には定められていない義務が課されることになるうえ（たとえば、処理活動の記録の作成・保存義務（GDPR 30条）、データ保護責任者（DPO）の選任義務（GDPR 37条）、漏洩時の当局への72時間以内の通知義務（GDPR 33条）等が課されうる）、そもそもGDPRの保護対象である「個人データ」は、識別されたまたは識別可能な自然人に関するあらゆる情報をいい（GDPR 4条1号）、日本の個人情報保護法上の「個人情報」よりも広い概念である。そして、③ GDPRが適用される場合にGDPRの定める義務に違反すると、高額な制裁金（企業の全世界の年間売上高の4％（または2％）、または2000万ユーロ（または1000万ユーロ）の高いほう）が課されるおそれがある（GDPR 83条）。

GDPRの内容は抽象的なものが多く、「29条データ保護作業委員会」によるガイドラインが重要な解釈指針となる（個人情報保護委員会のウェブページにおいては、これらの仮訳が掲載されている）。特にAIやビッグデータ等との関係で重要と考えられる規制としては、以下のものがある。

(2) 個人データの域外移転

EU域内からEU域外に個人データを移転する場合には、GDPRの全般的な適用は受けない企業であっても、域外移転の点に関してGDPRの遵守が必要となる。

そのため、たとえばEU域内の企業と提携し、EU域外に個人データを含むデータを移転させる場合には、GDPR上それを適法に行えるよう、個人データの移転元と移転先との間で標準データ保護条項を含む契約を締結するなどの保護措置を講じる必要がある（GDPR 46条）。もっとも、EU域内から

Ⅱ　知的財産権法（著作権法、特許法、実用新案法、商標法、意匠法）

日本国内への個人データの移転については、欧州委員会が、2019年1月23日付けで、日本に対する十分性認定（GDPR 45条）を決定したことから、保護措置が不要となった。十分性認定に基づき移転を受けた個人データの取扱いに関しては、「補完的ルール[10]」を遵守する必要がある。

(3)　プロファイリングを含む自動処理にのみ基づく決定

GDPR は、データ主体（個人）が、「同人に法的効果を生じさせるかまたは同様の重大な影響を及ぼす、プロファイリングを含む自動処理にのみ基づく決定の対象とならない権利」を有することを定めている（GDPR22条）。そのため、AI の学習済みモデル[11]の処理結果のみに依拠して、サービス利用者に関する決定を行う場合（たとえば、人為的な判断を伴わない、与信申込みの自動的な拒否や電子的なリクルート活動など）には、上記の効果または影響を及ぼす自動処理にのみ基づく決定を行っているとして、GDPR 違反と判断される可能性があるため、留意が必要である[12]。

Ⅱ　知的財産権法（著作権法、特許法、実用新案法、商標法、意匠法）

1.　著作権法

(1)　制度の概要

著作権法による保護の対象とされる「著作物」は、「思想又は感情を創作的に表現したものであって、文芸、学術、美術又は音楽の範囲に属するもの」をいう（著作2条1項1号）。「著作物」の範囲は広く考えられているが、単なる事実やデータは「思想又は感情」を含まないため、ありふれた表現は

10　個人情報保護委員会「個人情報の保護に関する法律に係る EU 域内から十分性認定により移転を受けた個人データの取扱いに関する補完的ルール」（平成30年9月）〈https://www.ppc.go.jp/files/pdf/Supplementary_Rules.pdf〉。
11　「学習済みモデル」の意義については、後掲第4章Ⅰ参照。
12　データガイドライン76頁。

第3章　各種法規制と留意事項

「創作」性がないため、思想や感情それ自体は「表現したもの」でないため、それぞれ著作物性が認められない。ソフトウェアやデータベースも、著作物性の要件を満たすものは、著作権法の保護対象となりうる。

「著作権」は、1つの権利ではなく複合的な権利（権利の束）であり、著作者は、狭義の著作権（財産権としての著作権。著作21条〜27条）と著作者人格権（同法18条〜20条）とを、登録などの方式を履行することなく、創作時に自動的に取得する（同法17条2項）。

著作権の保護期間は、平成30年12月30日施行の改正著作権法により、原則として著作者の生存年間およびその死後70年間とされた（同法51条）[13]。

ある表現が著作物として著作権法により保護される場合には、原則として著作権者以外[14]は自由にそれを利用することができない。ただし、著作権法には、一定の場合に著作権等を制限して、著作権者等に許諾を得ることなく著作物を利用できることが定められている（権利制限規定）。平成30年改正著作権法において、デジタル化・ネットワーク化の進展に対応し著作物の利用ニーズへの柔軟な対応を図るため、権利制限規定が整備されており、IoT、ビッグデータ、AI等のビジネスにおいて著作物を利用する際にはそれらの権利制限規定が適用される可能性がある（第4章Ⅲ参照）。

著作権者の許諾なく、かつ法令上の根拠なく著作物を利用することは、複製権、翻案権、公衆送信権等の狭義の著作権（財産権としての著作権）の侵害や、同一性保持権、氏名表示権、公表権等の著作者人格権の侵害にあたりうる。ただし、著作権侵害にあたるためには、原作品に依拠していることが必要とされている（最一小判昭和53・9・7民集32巻6号1145頁〔ワン・レイニー・ナイト・イン・トーキョー事件〕）。また、既存の著作物に依拠して創作さ

13　改正法施行日である平成30年12月30日の前日において著作権等が消滅していない著作物等についてのみ、保護期間が延長される。

14　著作物を創作する者を「著作者」といい（著作2条1項2号）、著作者には、狭義の著作権（財産権としての著作権）と著作者人格権が原始帰属する。狭義の著作権は、第三者に譲渡等がなされることがあり、狭義の著作権を有する者を「著作権者」という。著作者人格権は著作者の一身に専属し、譲渡することができない（同法59条）。

40

れた著作物が、思想、感情もしくはアイデア、事実もしくは事件など表現そ
れ自体でない部分または表現上の創作性がない部分について、既存の著作物
と同一性を有するにすぎない場合には、既存の著作物の複製や翻案にあたら
ない（最一小判平成13・6・28民集55巻4号837頁〔江差追分事件〕）。

著作権を侵害する者に対しては、差止請求や損害賠償請求をすることがで
きる（著作112条、114条、民709条）。また、著作権等を侵害した者は、民事責
任のみならず、刑事責任を問われうる（著作119条～124条）。

(2) 第4次産業革命と著作権法

AIやビッグデータ等のビジネスにおいては、第三者の著作権侵害が生じ
ないようにしなければならないとともに、ビジネスにとって重要となる開発
製品等が著作権法の保護対象となるか、その権利帰属についてどう考えるか、
という点が非常に重要になる。

AIに関するデータ・プログラムが著作権法の保護の対象である著作物に
該当するかについては、以下のように考えることができる（各用語・概念の
意義については、第4章Ⅰ参照）。

(ア) 生データ、入力データ

記事・論文、写真、音楽などについては、著作物にあたる可能性が高いと
いえる。一方、測定データや社会的な事実自体は、創作性を欠き、著作物に
あたらない。

(イ) 学習用データセット

情報が体系的に構成されており、情報の選択や体系的な構成に創作性があ
る場合には、「データベース著作物」（著作12条の2第1項）として保護され
るが、創作性のない、単なるデータの集積物は、著作物に該当しない（上述
のとおり、データベースを構成する個々のデータについて著作物性が認められ
ることはありうる）。ビッグデータは、一般に、機械的・網羅的に情報が収集さ
れるため、そのような一般的なビッグデータについては、データベースとし
ての著作物性が否定されやすいと考えられる[15]。なお、データベース著作物で
あっても、保護されるのは、情報の選択または体系的構成という観点から創

41

作性があると認められる範囲に限られるため、たとえば、体系的な構成を模倣せず、データだけを抽出して自己の体系を構築して利用する場合には、著作権侵害にはあたらない。[16]

(ウ)　プログラム

　学習用プログラムや推論プログラムは、「電子計算機を機能させて一の結果を得ることができるようにこれに対する指令を組み合わせたものとして表現したもの」（著作2条1項10号の2）であって、「思想又は感情を創作的に表現したもの」（同項1号）であれば「プログラムの著作物」として保護される。なお、単純な解法であるアルゴリズム自体は、著作権法の保護の対象外とされているが（同法10条3項3号）、学習用プログラムや推論プログラムはそれより複雑な構造をもったものが大半であり、それらは著作物にあたるといわれている。[17]

(エ)　学習済みパラメータ

　学習済みパラメータが組み込まれた推論プログラム（学習済みモデル）については、上述のとおり、「プログラムの著作物」として保護される可能性があるが、パラメータだけで著作物性を認めることができるか、すなわち、パラメータをプログラムと切り離して利用する行為が著作権侵害を構成し得るかという点を考えると、パラメータは単なる数字の羅列や関数、行列等の形で表現されることも少なくないことから、そもそも「思想又は感情」を含まず、または思想や感情を「表現したもの」でないとして、著作物性が認められない場合が多いと思われる。[18]また、パラメータ自体には、コンピュータへの動作指令が含まれているとはいえないことから、プログラム（著作2条

15　福井健策「人工知能コンテンツ——それはビジネスと知的財産権をどう変革するか」知財管理67巻4号（2017年）480頁。

16　中山信弘『著作権法〔第2版〕』（有斐閣・2014年）146頁。

17　福井・前掲論文（注15）480頁。

18　松下外「AIビジネスが直面しうる法的問題」LES JAPAN NEWS58巻3号（2017年）41頁参照、ソフトウェア委員会第2小委員会「AIにおける知財戦略に関する調査・研究」知財管理68巻8号（2018年）1019頁。

Ⅱ　知的財産権法（著作権法、特許法、実用新案法、商標法、意匠法）

１項10号の２）に該当しない可能性が高く、さらに、パラメータ自体を参照する目的で体系的に整序されていることは考えにくいことから、データベース（同項10号の３）にも該当しない可能性が高い[19]。そのため、パラメータが著作物として認められる可能性は低いと思われる。

　　㋔　AI生成物

　著作権は人間の知的創作活動を奨励するために付与されるものであることから、著作権の保護対象となる著作物は、人間の知的創作活動の成果でなければならないとされている。そのため、AIが自動的に作成した生成物には著作物性は認められないとの見解がある[20]。

2．特許法

(1)　制度の概要

　特許法は「発明」を保護の対象として独占的な権利を付与するものである。「発明」とは、「自然法則を利用した技術的思想の創作のうち高度のもの」をいう（特許２条１項）。

　特許を受けることができるのは、特許法２条１項の定める「発明」に該当し、①産業上の利用可能性があること、②新規性があること（公知、公用、刊行物記載のものでないこと）、③進歩性があること（容易に考えつくものでないこと）という条件を満たす場合であって（同法29条）、特許請求の範囲に記載する特許を受けようとする発明は、明細書の発明の詳細な説明に記載されているものでなくてはならず（同法36条６項１号）、明確でなければならない（同項２号）。特許庁に対して出願手続を行った後、これらの特許要件を具備しているか否かの審査を経て、特許権の設定登録がされることで初めて特許

19　福岡真之介『IoT・AIの法律と戦略』（商事法務・2017年）209頁。

20　知的財産戦略本部検証・評価・企画委員会次世代知財システム検討委員会「次世代知財システム検討委員会報告書─デジタル・ネットワーク化に対応する次世代知財システム構築に向けて」（平成28年４月）〈https://www.kantei.go.jp/jp/singi/titeki2/tyousakai/kensho_hyoka_kikaku/2016/jisedai_tizai/hokokusho.pdf〉22頁脚注33、23頁、ソフトウェア委員会第２小委員会・前掲論文（注18）1019頁。

43

第3章　各種法規制と留意事項

権が発生する（同法66条1項）。

　特許権の存続期間は、出願日から20年である（特許権の存続期間の延長登録がなされた場合を除く（同法67条））。なお、出願から1年6か月が経過すると、設定登録に至らない場合であっても出願内容が公開される（同法64条）。

　特許権者は、業として特許発明の実施をする権利である特許権を専有するとされている（同法68条）。

　特許法は、権利を侵害する者に対しては差止請求や損害賠償請求を認めている（同法100条、102条、103条、民709条）。特許権は、物権的権利であって誰に対しても主張可能であり、著作権と異なり、偶然の一致の場合にも、権利を主張できる絶対的な排他権である。特許権の侵害の成否は、対象物または対象方法が、特許請求の範囲の請求項に記載された発明の構成要件をすべて充足するか否かによって判断され、構成要件をすべて充足する場合に侵害が成立する。その他、間接侵害（特許101条）[21]、均等侵害[22]がある。

(2)　第4次産業革命と特許法

　AIやビッグデータ等にかかわるビジネスにおいては、第三者の特許権侵害が生じないようにしなければならないとともに、ビジネスにとって重要となる開発製品等が特許法の保護対象となるか、その権利帰属についてどう考えるか、という点がとても重要になる。

21　特許法101条は、特許請求の範囲に記載された要件の一部しか実施していない場合であっても、特許権侵害の準備的・幇助的行為を侵害行為とみなす行為として規定し、特許権の実効性を確保している。

22　対象製品の構成の一部が特許発明の構成要件の一部と異なっている場合であっても、以下の5要件が認められる場合には、これらは実質的同一と評価され、均等侵害が認められるとされている（最三小判平成10・2・24民集52巻1号113頁〔ボールスプライン軸受事件〕）。

　　①　置換された要件が特許発明の本質的部分でない。

　　②　この要件を置換しても特許発明の目的を達し、作用効果も同一である（置換可能性）。

　　③　侵害時において当業者にとってこの要件の置換が容易想到である（置換容易性）。

　　④　対象製品が特許発明の出願時において公知技術と同一または当業者に容易に推考できたものでない。

　　⑤　対象製品が特許発明の出願手続で特許請求の範囲から意識的に除外されたものであるなどの特段の事情がない。

44

Ⅱ　知的財産権法（著作権法、特許法、実用新案法、商標法、意匠法）

　AIに関するデータ・プログラムが特許法の保護の対象になり得るかについては、以下のように考えることができる（各用語・概念の意義については、第4章Ⅰ参照）。

　　⑺　生データ、入力データ

　データは、特許法上、「電子計算機による処理の用に供する情報であってプログラムに準ずるもの」（特許2条4項）として保護の対象となる可能性があるものの、データそのものは「自然法則を利用した」ものといえないことが多いのではないかと思われる。

　　⑻　学習用データセット

　⑺と同様、特許法上、「電子計算機による処理の用に供する情報であってプログラムに準ずるもの」（特許2条4項）として保護の対象となる可能性がある。学習用データセットについては、そのつくり方が方法の発明として保護される可能性も考えられるが[23]、学習用データセットそのものが、より良いAIを生成できる等の効果を有するとして、物の発明として保護される場合もあり得ると思われる[24]。

　　⑼　プログラム

　物ないし方法の発明あるいは「電子計算機による処理の用に供する情報であってプログラムに準ずるもの」（特許2条4項）として保護の対象となり得る[25]。

　なお、特許庁での出願審査の判断基準とされている特許・実用新案審査基準において、ソフトウェア関連発明が発明と認められるためには、ハードウェア資源を用いた技術的思想の創作であることが必要とされており（審査基

23　ソフトウェア委員会第2小委員会・前掲論文（注18）1019頁。

24　発明は、「物の発明」と「方法の発明」に分類される。方法の発明は、さらに、「物を生産する方法」の発明と、それ以外の「単純方法」の発明に分類される。どのような行為が特許発明の実施にあたるかは、発明の種類ごとに定義されている（特許2条3項）。

25　知的財産戦略本部検証・評価・企画委員会新たな情報財検討委員会「新たな情報財検討委員会報告書——データ・人工知能（AI）の利活用促進による産業競争力強化の基盤となる知財システムの構築に向けて」（平成29年3月）〈https://www.kantei.go.jp/jp/singi/titeki2/tyousakai/kensho_hyoka_kikaku/2017/johozai/houkokusho.pdf〉29頁。

第3章　各種法規制と留意事項

準第Ⅲ部第1章2.2(2))、データそのものではこの基準を満たさないが、ハードウェア資源を用いていれば、発明該当性は比較的容易に認められるといえる。

　㈓　学習済みパラメータ

「電子計算機による処理の用に供する情報であってプログラムに準ずるもの」(特許2条4項)に該当するとして保護されることも考えられるが、パラメータ単体としての数字の羅列や関数、行列等には発明は成立しないとの見解もある。[26]

なお、機械学習の手法については、特許法の要件を満たせば、方法の発明等として保護されると考えられる。[27]

　㈕　AI生成物

AI生成物は、AIが自律的に生成するものであって、発明の主体が「産業上利用することができる発明をした者」(特許29条)にいう自然人ではないことから、原則として特許権の対象にならないと考えられている。[28]

もっとも、「AI生成物(特に学習済みモデルから出力される何らかの判定・判断・提案結果)を用いたサービス」の提供方法については、いわゆるビジネス関連発明として特許権による保護の可能性があるとの指摘もある。[29]

3．実用新案法

(1)　制度の概要

実用新案制度は、特許権の保護を受けることはできない小発明(考案)について、簡易な保護を与えることで、小発明を奨励する制度である。以下では、特許制度と相違する点について概観する。

実用新案法によって保護される「考案」は、「自然法則を利用した技術的

26　福岡・前掲書(注19)209頁。

27　知的財産戦略本部新たな情報財検討委員会・前掲報告書(注25)30頁。

28　知的財産戦略本部次世代知財システム検討委員会・前掲報告書(注20)22頁脚注33。

29　知的財産戦略本部新たな情報財検討委員会・前掲報告書(注25)35頁。

Ⅱ　知的財産権法（著作権法、特許法、実用新案法、商標法、意匠法）

思想の創作」であって、「物品の形状、構造又は組合せに係るもの」をいう（同法１条～３条）。方法の考案や物を生産する方法の考案は登録要件を欠く。

考案は、「きわめて容易に考案をすることができたとき」に進歩性がないとされる（同法３条２項）。実用新案登録においては、新規性や進歩性等の実体的な登録要件については審査することなく、登録がなされる（同法14条２項）。

実用新案権の存続期間は、平成17年４月１日以降の出願については、出願日から10年である（同法15条）。

実用新案権者は、特許庁長官に対して技術評価を請求し、その報告書である実用新案技術評価書（同法12条）を提示して警告した後でなければ、権利行使をすることができない（同法29条の２）。

(2)　**第４次産業革命と実用新案法**

AIやビッグデータ等を利用して提供される商品やサービスに関しては、デバイスの形状・構造等について、実用新案登録出願を行い、その形状・構造等の保護を図ることはビジネス上有効な手段となりうる。また、第三者の実用新案権侵害が生じないよう留意する必要がある。

4．商標法

(1)　制度の概要

商標法によって保護される「商標」は、事業者が、自己の取り扱う商品・サービスを他人のものと区別するために使用するマーク（識別標識）である。

商標権は、特許庁に商標登録出願がなされ、登録査定となった後、登録料が納付されることで発生する（商標18条１項）。商標には、文字、図形、記号、立体的形状やこれらを組み合わせたものなどのタイプがあり、平成27年４月からは、動き商標、ホログラム商標、色彩のみからなる商標、音商標および位置商標についても商標登録ができるようになった（「新しいタイプ」の商標（同法２条１項））。

商標権は、マークとそのマークを使用する商品・サービスの組合せで１つ

第3章　各種法規制と留意事項

の権利となっているため、商標登録出願を行う際には、「商標登録を受けようとする商標」とともに、その商標を使用する「商品」または「サービス」（役務）を指定する（指定した商品を「指定商品」、指定した役務を「指定役務」という（同法5条1項3号））。そして、この指定商品・指定役務によって、権利の範囲が決まることになる。

　商標権の存続期間は、設定登録の日から10年で終了するが、商標は事業者の営業活動によって蓄積された信用を保護することを目的としているため、必要な場合には、存続期間の更新登録の申請によって10年の存続期間を何度でも更新することができる（同法19条）。

　商標権者は、指定商品または指定役務について登録商標を独占的に使用することができ（同法25条）、第三者が指定商品または指定役務と同一の商品または役務に自己の登録商標と類似する商標を使用することや、第三者が指定商品または指定役務と類似する商品または役務に自己の登録商標と同一または類似の商標を使用することを排除することができる（同法37条）。

　商標法は、権利を侵害する者に対しては差止請求や損害賠償請求を認めている（同法36条、38条、39条、民709条）。商標権の侵害の成否は、商標が同一または類似か、および商品・役務が同一または類似かによって判断され、商標が同一または類似であり、かつ、商品・役務も同一または類似である場合には商標権侵害が成立する。商標の類否の判断は、商標の見た目（外観）、読み方（称呼）、想起されるイメージ（観念）の観点から類似性が検討され、あわせて、取引の実情を考慮し、総合的に出所混同のおそれがあるかどうかを取引者や一般の需要者が商品購入時に通常払うであろう注意の程度を基準として判断される。商品・役務の類否判断は、一般的に、取引の実情を考慮し、商品・役務に標章を付した場合に出所の混同が生じるか否かによって判断される。

(2)　第4次産業革命と商標法

　AIやビッグデータ等を利用して提供される商品やサービスに関しては、商標登録出願を行い、ブランドとしての保護を図ることはビジネス上有効な

48

Ⅱ　知的財産権法（著作権法、特許法、実用新案法、商標法、意匠法）

手段となりうる。また、第三者の商標権侵害が生じないよう留意する必要がある。

5．意匠法

(1)　制度の概要

　現行の意匠法によって保護される「意匠」は、「物品（物品の部分を含む。）の形状、模様若しくは色彩又はこれらの結合であって、視覚を通じて美感を起こさせるもの」をいう（同法2条1項）。セットになった物品（組物）や、バリエーションの意匠（関連意匠）についても保護を受けることができる。特許法における発明や実用新案法における考案が自然法則を利用した技術的思想の創作であり、特許法・実用新案法はその側面からの保護をしているのに対し、意匠法は、美感の面から創作を把握し、これを保護しようとするものである。

　意匠法は、優良な顧客体験が競争力の源泉として重要性が高まっていること等を踏まえて、デジタル技術を活用したデザイン等の保護やブランド構築のため、意匠制度を強化するための改正が行われ、令和元年5月17日に公布された。改正により、物品に記録・表示されていない画像や、建築物の外観・内装のデザインが新たに意匠法の保護対象とされ、また、関連意匠制度も拡充された（改正法の詳細については、第4章Ⅱ2参照）。

　意匠権は、特許庁に意匠登録出願がなされ、登録査定となった後、登録料が納付されることで発生する（意匠20条）。

　意匠権の存続期間については、出願日から25年をもって終了すると改正された（改正法21条。平成19年4月1日以後、改正法の施行日より前の意匠登録出願については、設定登録日から20年をもって、平成19年3月31日以前の意匠登録出願については、設定登録日から15年をもって、存続期間を終了する）。

　意匠権者は、登録された意匠と同一およびこれに類似する意匠について効力を有し、登録意匠の実施をする権利を専有することができる（意匠23条）。

　意匠法は、権利を侵害する者に対しては差止請求や損害賠償請求を認めて

49

いる（同法37条、39条、40条、民709条）。意匠権の侵害の成否は、意匠権に係る意匠および物品と対象意匠および物品とが同一または類似であるかに否かによって判断され、意匠が同一または類似であって、かつ、物品も同一または類似の場合には意匠権が侵害される。意匠の類否判断にあたっては、両意匠の全体的な構成態様と具体的な構成態様、および両意匠の要部（創作が特徴的な部分、その物品の使用時によく目につく部分等）を認定したうえで、両意匠を対比した結果、両意匠の要部の態様が共通している場合や、要部に差異があってもそれが微差であったり、周知のありふれた態様であったりする場合には、両意匠は類似すると判断される。

(2) 第4次産業革命と意匠法

AIやビッグデータ等を利用して提供される商品やサービスに関しては、ユーザデバイスの形状やコンピュータ端末等の画面デザイン等について、意匠登録出願を行い、デザインの保護を図ることはビジネス上有効な手段になりうる。また、第三者の意匠権侵害が生じないよう留意する必要がある。

たとえば、意匠登録された家具の3Dデータを3Dプリンタに入力し家具を製造する行為には、意匠権侵害が成立し得る。もっとも、意匠登録された家具の3Dデータを用いてパソコン上でどのような家具なのかをシミュレートする行為については、有体物が生成されていないため、「物品」の「製造」とはいいがたく、意匠権侵害は成立しないと考えられる[30]。

Ⅲ 不正競争防止法

1. 不正競争防止法の法目的と概要

わが国は、特許権、実用新案権、意匠権、商標権、著作権などの排他的な支配権を付与することにより知的財産の保護を図っており、知的生産活動か

---

[30] データガイドライン90頁。

ら生じた成果の多くは、これらの権利として保護される。またかかる権利保護を通じて、産業の発達ないし文化の発展をめざす社会における経済秩序維持に寄与している。しかし、それぞれの知的財産権法は保護要件を定めており、知的生産活動の成果のすべてが知的財産の保護対象になるわけではない。また、産業財産権については、保護対象となりうるものであっても、出願されなければ権利として保護されない。さらに知的財産権は、更新が認められている商標権を除いて保護期間は有限である。そこで、これらの知的財産権とは別個に知的生産活動から生じた成果を不正競争行為から保護することにより自由かつ公正な競争原理に基づく経済秩序の維持を図るための法規範が必要となり、そこに、不正競争防止法の存在意義がある。[31]

　不正競争防止法は、「事業者間の公正な競争及びこれに関する国際約束の的確な実施を確保するため、不正競争の防止及び不正競争に係る損害賠償に関する措置等を講じ、もって国民経済の健全な発展に寄与する」（同法1条）との法目的に照らし、禁止の対象とする不正競争行為を限定列挙している。なお、現代の経済取引社会において、不正競争行為は極めて広範囲に及ぶものであり、これを規制する法律としては、不正競争防止法に限らず、独占禁止法等の経済法規が存在する。

　不正競争防止法は、不正競争行為について、保護される法益、行為の類似性、関連性から、①商品・営業主体混同行為（同法2条1項1号）、②著名表示不正使用行為（同項2号）、③商品形態模倣行為（同項3号）、④営業秘密に関する不正競争行為（同項4号ないし10号）、⑤限定提供データに関する不正競争行為（同項11号ないし16号）、⑥技術的制限手段に関する不正競争行為（同項17号・18号）、⑦ドメイン名に関する不正競争行為（同項19号）、⑧原産地・質量等誤認惹起行為（同項20号）、⑨営業信用侵害行為（同項21号）、⑩代理人等の商標不正使用行為（同項22号）、⑪外国国旗等類似記章の使用行為（同法16条）、⑫国際機関類似標章の使用行為（同法17条）、⑬外国公務員

31　竹田稔＝服部誠『知的財産権訴訟要論（不正競業・商標編）〔第4版〕』（発明推進協会・2018年）18頁以下。

51

第3章　各種法規制と留意事項

に対する不正の利益の供与等（同法18条）に類型化している。

　不正競争防止法は、不正競争によって営業上の利益を侵害された者に対する民事救済として、侵害行為の停止または予防を求める差止請求権を付与するとともに（同法3条）、故意または過失により不正競争を行った者に対する損害賠償請求権を規定している（同法4条）。さらに、同法は、不正競争行為のうち特に違法性の高い行為について、刑事罰を科す旨を規定している（同法21条、22条）。

2．第4次産業革命と不正競争防止法

　第4次産業革命を背景に、ビッグデータやAI生成物に係るデータ等は企業の競争力の源泉としての価値を増している。それらのデータが共有・利活用されることで、新たなビジネスが生まれ、経済全体を牽引する高い付加価値が生み出される。このように、多種多様なデータがつながることにより新たな付加価値が創出される産業社会「Connected Industries」の実現に向けては、データの創出、収集、分析、管理等の投資に見合った適正な対価回収が可能な法的環境が必要不可欠といえる。

　不正競争防止法においては、営業秘密に関する不正競争行為（同法2条1項4号ないし10号）、限定提供データに関する不正競争行為（同項11号ないし16号）、および、技術的制限手段に関する不正競争行為（同項17号・18号）が、かかる法的環境として機能することが期待されている。このうち、営業秘密に関する不正競争行為と技術的制限手段に関する不正競争行為については、刑事罰規定も存在する（同法21条、22条）。

　以下に、3つの不正競争行為の概要を示す。なお、詳細については第4章において解説する。

(1)　営業秘密に関する不正競争行為

　一定の価値ある情報に関する不正な取得、使用、開示行為を規制する規律として、営業秘密に関する不正競争行為の規律が存在する。ビッグデータやAIの生成した情報等が、「営業秘密」に該当する場合、その不正競争行為か

らの保護を図ることが可能である。「営業秘密」とは、「秘密として管理されている生産方法、販売方法その他の事業活動に有用な技術上又は営業上の情報であって、公然と知られていないもの」をいう。すなわち、①秘密として管理されていること（秘密管理性）、②生産方法、販売方法その他の事業活動に有用な技術上または営業上の情報であること（有用性）、および、③公然と知られていないこと（非公知性）という3要件を満たせば、技術上または営業上の情報が広く「営業秘密」として同法上の保護の対象となる。ここで、「有用性」の要件は、公序良俗に反する内容の情報（たとえば、脱税や有害物質の垂れ流し等の反社会的な情報）など、秘密として法律上保護されることに正当な利益が乏しい情報を営業秘密の範囲から除外したうえで、広い意味で商業的価値が認められる情報を保護することに主眼があるといわれている。[32] したがって、事業者が収集したビッグデータやその分析結果、AI生成物等は、有用性を肯定されるものがほとんどであり、後は、秘密管理性と非公知性の要件を満たせば、「営業秘密」に該当することになる。

(2) **限定提供データに関する不正競争行為**（令和元年7月1日施行）

多数の者に提供されていることが予定されている情報（データ）には、「秘密として管理されている」とはいえず、秘密管理性の要件を満たさないため、「営業秘密」には該当しないことがありうる。しかし、利活用が期待されるデータは複製が容易であり、いったん不正取得されると一気に拡散して投資回収の機会を失ってしまうおそれがあるため、営業秘密に該当せずとも、法律上、保護する必要性があるとの指摘がなされていた。そこで、商品として広く提供されるデータや、コンソーシアム内で共有されるデータなど、事業者等が取引等を通じて第三者に提供するデータを念頭に、平成30年改正法によって、「限定提供データ」（同法2条7項）に係る不正取得、使用、開示行為が不正競争行為として規律されることになった（同条1項11号ないし16号）。

32　経済産業省知的財産政策室編「不正競争防止法逐条解説〔平成30年11月29日施行版〕」〈https://www.meti.go.jp/policy/economy/chizai/chiteki/pdf/20181129chikujyokaisetsur.pdf〉46頁。

第3章　各種法規制と留意事項

「限定提供データ」とは、「業として特定の者に提供する情報として電磁的方法により相当量蓄積され、管理されている技術上又は営業上の情報（秘密として管理されているものを除く。）」と定義されており、秘密管理されている情報は、「限定提供データ」に該当しない旨が規定上明らかにされている。

(3) 技術的制限手段に関する不正競争行為

不正競争防止法は、不正競争行為の一つとして、デジタルコンテンツに設定された技術的制限手段[33]の機能を阻害する機器の提供等を不正競争行為として禁止している。

すなわち、平成30年改正前は、①技術的制限手段により制限されている影像／音の視聴・プログラムの実行または映像／音／プログラムの記録を、当該技術的制限手段の効果を妨げることにより可能とする機能を有する装置を記録した記録媒体／機器を譲渡等する行為、および、②他人が特定の者以外の者に影像もしくは音の視聴もしくはプログラムの実行または影像、音もしくはプログラムの記録をさせないために技術的制限手段により制限されている影像／音の視聴・プログラムの実行または影像／音／プログラムの記録を当該技術的制限手段の効果を妨げることにより可能とする機能を有する装置／プログラムを記録した記録媒体／機器を当該特定の者以外の者に譲渡等する行為が、不正競争行為として規定されていた。

平成30年改正法は、ビッグデータ等の情報に設定された技術的手段（コピー防止手段）を回避する行為等を、不正競争行為として禁止するため、技術的制限手段に関する不正競争行為の範囲を拡張した[34]。すなわち、従前は、技術的制限手段の保護対象はコンテンツに限定されていたが、平成30年改正に

33　技術的制限手段とは、電磁的方法により影像もしくは音の視聴、プログラムの実行もしくは情報の処理または影像、音、プログラムその他の情報の記録を制限する手段であって、視聴等機器（影像もしくは音の視聴、プログラムの実行もしくは情報の処理または影像、音、プログラムその他の情報の記録のために用いられる機器をいう）が特定の反応をする信号を記録媒体に記録し、もしくは送信する方式または視聴等機器が特定の変換を必要とするよう影像、音、プログラムその他の情報を変換して記録媒体に記録し、もしくは送信する方式によるものをいう（不正競争2条8項）。

54

より、データ全般に保護対象が拡大された。また、不正競争行為について、技術的制限手段を解除する装置やプログラムの提供行為に限定されていたものが、平成30年改正により、技術的制限手段を無効化するサービスの提供行為や、技術的制限手段を無効化する情報の提供行為も、規制の対象となった。

Ⅳ 独占禁止法

私的独占の禁止及び公正取引の確保に関する法律（独占禁止法）は、「公正且つ自由な競争を促進し、事業者の創意を発揮させ、事業活動を盛んにし、雇傭及び国民実所得の水準を高め、以て、一般消費者の利益を確保するとともに、国民経済の民主的で健全な発達を促進すること」を法目的とする（同法１条）。公正かつ自由な競争が確保される市場においては、事業者は、競争を勝ち抜くため、創意工夫によって安くてすぐれた商品を提供しようとし、その結果、市場には豊富な商品が提供され、消費者はそれらの中から、より自分の欲しいものを選べるようになる。このように、市場メカニズムが正しく機能していれば、事業者間の競争によって、消費者の利益が確保されることになる。同法は、このような市場メカニズムの機能を歪めることにつながる一定の行為を規制の対象とする。また、同法の補完法として、下請事業者に対する親事業者の不当な取扱いを規制する下請法がある。

1．独占禁止法の規制内容

独占禁止法の規制には、(1)私的独占の禁止、(2)不当な取引制限（カルテル・入札談合）の禁止、(3)不公正な取引方法の禁止、(4)企業結合の規制がある。以下に概要を説明する。

34　なお、第三者が不正ログインやセキュリティ・ホールを攻撃することによって、データを取得した場合、不正アクセス禁止法違反として、刑事罰の対象になる（同法２条４項各号、３条、11条）。

第3章　各種法規制と留意事項

(1)　私的独占の禁止

私的独占は、「事業者が、単独に、又は他の事業者と結合し、若しくは通謀し、その他いかなる方法をもつてするかを問わず、他の事業者の事業活動を排除し、又は支配することにより、公共の利益に反して、一定の取引分野における競争を実質的に制限すること」をいう（独禁2条5項）。「排除」とは、競争者の事業活動の継続を困難にさせたり、新規参入者の事業開始を困難にさせたりすることを意味し、「支配」とは、株式の取得や役員の派遣を通じて、あるいは、市場における地位を利用するなどして、他の企業の事業活動に制約を加えることを意味する。

(2)　不当な取引制限の禁止

不当な取引制限とは、「事業者が、契約、協定その他何らの名義をもってするかを問わず、他の事業者と共同して対価を決定し、維持し、若しくは引き上げ、又は数量、技術、製品、設備若しくは取引の相手方を制限する等相互にその事業活動を拘束し、又は遂行することにより、公共の利益に反して、一定の取引分野における競争を実質的に制限すること」をいい（独禁2条6項）、カルテルや入札談合等があたる。「カルテル」とは、事業者または事業者団体の構成事業者が相互に連絡をとり合い、本来、各事業者が自主的に決めるべき商品の価格や販売・生産数量などを共同で取り決め、競争を制限する行為をいう。カルテルは、商品の価格を不当につり上げると同時に、非効率な事業者を温存し、経済を停滞させるため、厳しく規制されている。

(3)　不公正な取引方法の禁止

不公正な取引方法とは、独占禁止法2条9項1号から5号に該当する行為（法定5類型）のほか、同項6号イからへに定められた類型のいずれかに該当する行為であって、公正な競争を阻害するおそれがあるもののうち、公正取引委員会が指定するものをいう。[35] 不公正な取引方法は、次の3つのグループ

35　公正取引委員会は、「一般指定」とよばれる業種横断的に適用される指定と「特殊指定」とよばれる特定の事業分野（現在は、新聞業・大規模小売業・物流業）に適用される指定を行っている。

に分けることができるとされている。

① 自由な競争が制限されるおそれがあるような行為（取引拒絶、差別価格、不当廉売、再販売価格拘束など）

② 競争手段そのものが公正とはいえない行為（欺瞞的な方法や不当な利益による顧客誘引など）

③ 自由な競争の基盤を侵害するおそれがあるような行為（優越的地位の濫用など）

　不公正な取引方法が禁止されているのは、私的独占および不当な取引制限の禁止を補完するとともに、それらの行為を未然に防止するためと理解されているが、欺瞞的な方法による顧客誘因や優越的地位の濫用など、私的独占や不当な取引制限との関係が直接的とはいいがたい類型についても、規制対象とされている。[36]

〔図表２〕 不公正な取引方法の類型（独禁２条９項）

1号	正当な理由がないのに、競争者と共同して、次のいずれかに該当する行為をすること【共同の取引拒絶】 イ　ある事業者に対し、供給を拒絶し、または供給に係る商品もしくは役務の数量もしくは内容を制限すること。【取引拒絶】 ロ　他の事業者に、ある事業者に対する供給を拒絶させ、または供給に係る商品もしくは役務の数量もしくは内容を制限させること。
2号	不当に、地域または相手方により差別的な対価をもって、商品または役務を継続して供給することであって、他の事業者の事業活動を困難にさせるおそれがあるもの【差別対価】
3号	正当な理由がないのに、商品または役務をその供給に要する費用を著しく下回る対価で継続して供給することであって、他の事業者の事業活動を困難にさせるおそれがあるもの【不当廉売】
4号	自己の供給する商品を購入する相手方に、正当な理由がないのに、次のいずれかに掲げる拘束の条件を付けて、当該商品を供給すること【再販価格の拘束】 イ　相手方に対しその販売する当該商品の販売価格を定めてこれを維持さ

36　菅久修一編著『独占禁止法〔第3版〕』（商事法務・2018年）112頁。

第3章　各種法規制と留意事項

	せることその他相手方の当該商品の販売価格の自由な決定を拘束すること。 ロ　相手方の販売する当該商品を購入する事業者の当該商品の販売価格を定めて相手方をして当該事業者にこれを維持させることその他相手方をして当該事業者の当該商品の販売価格の自由な決定を拘束させること。
5号	自己の取引上の地位が相手方に優越していることを利用して、正常な商慣習に照らして不当に、次のいずれかに該当する行為をすること【優越的地位の濫用】 イ　継続して取引する相手方（新たに継続して取引しようとする相手方を含む。ロにおいて同じ）に対して、当該取引に係る商品または役務以外の商品または役務を購入させること。 ロ　継続して取引する相手方に対して、自己のために金銭、役務その他の経済上の利益を提供させること。 ハ　取引の相手方からの取引に係る商品の受領を拒み、取引の相手方から取引に係る商品を受領した後当該商品を当該取引の相手方に引き取らせ、取引の相手方に対して取引の対価の支払いを遅らせ、もしくはその額を減じ、その他取引の相手方に不利益となるように取引の条件を設定し、もしくは変更し、または取引を実施すること。
6号	前各号に掲げるもののほか、次のいずれかに該当する行為であって、公正な競争を阻害するおそれがあるもののうち、公正取引委員会が指定するもの イ　不当に他の事業者を差別的に取り扱うこと。 ロ　不当な対価をもって取引すること。 ハ　不当に競争者の顧客を自己と取引するように誘引し、または強制すること。 ニ　相手方の事業活動を不当に拘束する条件をもって取引すること。 ホ　自己の取引上の地位を不当に利用して相手方と取引すること。 ヘ　自己または自己が株主もしくは役員である会社と国内において競争関係にある他の事業者とその取引の相手方との取引を不当に妨害し、または当該事業者が会社である場合において、その会社の株主もしくは役員をその会社の不利益となる行為をするように、不当に誘引し、唆し、もしくは強制すること。

IV　独占禁止法

〔図表3〕　一般指定に該当する行為類型

1号　共同の取引拒絶	9号　不当な利益による顧客誘引
2号　その他の取引拒絶	10号　抱き合わせ販売等
3号　差別対価	11号　排他条件付取引
4号　取引条件等の差別取扱い	12号　拘束条件付取引
5号　事業者団体における差別取扱い等	13号　取引の相手方の役員選任への不当干渉
6号　不当廉売	14号　競争者に対する取引妨害
7号　不当高価購入	15号　競争会社に対する内部干渉
8号　欺瞞的顧客誘引	

⑷　**企業結合**

　独占禁止法は、株式保有や合併等の企業結合により、それまで独立して活動を行っていた企業間に結合関係が生まれ、当該企業結合を行った会社グループが単独で、または他の会社と協調的行動をとることによって、競争を実質的に制限することとなる場合、当該企業結合を禁止している。そして、一定の要件[37]に該当する企業結合を行う場合、公正取引委員会に届出・報告を行うこととされている。

2．独占禁止法に違反した場合

　公正取引委員会は、違反行為をした者に対して、その違反行為を除くために必要な措置（排除措置命令）を講じる。排除措置命令では、たとえば、価格カルテルの場合には、価格引上げ等の決定の破棄とその周知、再発防止のための対策などを命ずる。

37　事前届出基準は、合併の場合は、いずれか1社に係る国内売上高合計額が200億円を超え、かつ、他のいずれか1社に係る国内売上高合計額が50億円を超える場合とされ、いずれも、売上高ベースでの基準となっている。

59

第3章　各種法規制と留意事項

　また、私的独占、カルテルおよび一定の不公正な取引方法については、違反事業者に対して課徴金が課される（課徴金納付命令。独禁7条の2、20条の2ないし20条の6）。なお、事業者が自ら関与したカルテル・入札談合について、違反内容を公正取引委員会に自主的に報告した場合、課徴金が減免される（課徴金減免制度）。公正取引委員会が調査を開始する前に他の事業者よりも早期に報告すれば、課徴金の減額率が大きくなるしくみとされており、公正取引委員会の調査開始日前と調査開始日以後とであわせて最大5社（ただし、調査開始日以後は最大3社）に適用される。

　さらに、カルテル、私的独占、不公正な取引方法を行った企業に対して、被害者は、損害賠償を請求することができる。この場合、加害企業は、故意・過失の有無を問わず責任を免れることができない（無過失損害賠償責任）。

　加えて、独占禁止法は、カルテル、私的独占などを行った企業や業界団体の役員に対する罰則を定めている。

　公正取引委員会は、独占禁止法違反被疑事件のうち、犯則事件（同法89条、90条、91条の罪に係る事件）を調査するため必要があるときには、裁判官の発する許可状により、臨検、捜索または差押えを行うことができる（犯則調査権限。同法102条1項・2項）。そして、犯則調査により犯則の心証を得たときは、検事総長に告発を行う（同法74条1項）。

3．各種ガイドライン

　公正取引委員会は、具体的にどのような行為が独占禁止法上の規制の対象となるのかを明らかにするために、「排除型私的独占に係る独占禁止法上の指針」（平成21年10月28日）、「流通・取引慣行に関する独占禁止法上の指針」（平成3年7月11日、最終改正：平成29年6月16日）、「役務の委託取引における優越的地位の濫用に関する独占禁止法上の指針」（平成10年3月17日、最終改正：平成23年6月23日）、「共同研究開発に関する独占禁止法上の指針」（平成5年4月20日、最終改定：平成29年6月16日）、「知的財産の利用に関する独占禁止法上の指針」（平成19年9月28日、最終改正：平成28年1月21日）等、さま

60

IV　独占禁止法

ざまなガイドラインを作成し、公表している。

4．下請法

　不公正な取引方法の1つである優越的な地位の濫用に関連して、発注者（親事業者）の下請取引に関する下請事業者に対する不当な取扱いを規制する「下請代金支払遅延等防止法」（下請法）が制定されている。同法は、下請代金の支払遅延等を防止することによって、親事業者の同事業者に対する取引を公正ならしめるとともに、下請事業者の利益を保護し、もって国民経済の健全な発達に寄与することを目的とする（同法1条）。親事業者が同法に違反した場合には、公正取引委員会から、違反行為を取り止めるよう勧告される。勧告される内容には、違反行為を取り止めることのほか、下請事業者の被った不利益を原状回復すること、再発防止措置をとることなどがある。また、違反企業名、違反事実の概要などが公表される。

　下請法は、適用の対象となる下請取引の範囲を、①取引当事者の資本金（または出資金総額）区分と、②取引の内容（製造委託、修理委託、情報成果物作成委託または役務提供委託）から規定している。資本金区分により、下請取引に係る親事業者を「優越的地位」にある者として取り扱い、迅速かつ効果的な規制を図っている。

(1)　規制対象となる取引

　下請法の規制対象となる取引は、その委託される内容によって条件が定められている。「製造委託」、「修理委託」、「情報成果物作成委託」、「役務提供委託」の4つに大別される。

　製造委託とは、物品を販売し、または製造を請け負っている事業者が、規格、品質、形状、デザイン、ブランドなどを指定して、他の事業者に物品の製造や加工などを委託することであり、修理委託とは、物品の修理を請け負っている事業者がその修理を他の事業者に委託したり、自社で使用する物品を自社で修理している場合に、その修理の一部を他の事業者に委託することである。また、情報成果物作成委託とは、ソフトウェア、映像コンテンツ、

61

第3章　各種法規制と留意事項

各種デザインなど、情報成果物の提供や作成を行う事業者が、他の事業者に
その作成作業を委託することであり、役務提供委託とは、物品の修理を請け
負っている事業者がその修理を他の事業者に委託したり、自社で使用する物
品を自社で修理している場合に、その修理の一部を他の事業者に委託するこ
とである。

(2)　資本関係

上記の取引に該当する取引は、契約当事者の資本金の多寡によって、下請
法が適用されるかが決まる[38]。

(3)　親事業者の義務

下請取引の公正化および下請事業者の利益保護のため、親事業者には次の
4つの義務が課されている。

すなわち、①発注の際は直ちに下請法3条に規定する書面を交付すること
（書面の交付義務）、②下請代金の支払期日を給付の受領後60日以内に定める
こと（支払期日を定める義務。同法2条の2）、③下請取引の内容を記載した
書類を作成し、2年間保存すること（書類の作成・保存義務。同法5条）、④
支払いが遅延した場合は遅延利息を支払うこと（遅延利息の支払義務。同法4
条の2）、である。

(4)　親事業者の禁止事項

親事業者には11項目の禁止事項が課せられている（下請4条）。①注文し
た物品等の受領拒否（同条1項1号）、②下請代金の支払遅延（同項2号）、③
下請代金の減額（同項3号）、④返品（同項4号）、⑤買いたたき（同項5号）、
⑥購入・利用強制（同項6号）、⑦報復措置（同項7号）[39]、⑧有償支給原材料

38　なお、トンネル会社を規制するために、直接、下請事業者に委託をすれば下請法の対象となる
　　場合において、事業者が、資本金3億円以下の子会社を設立し、その子会社を通じて委託取引を
　　行っている場合に、①親会社－子会社の支配関係、②関係事業者間の取引実態が一定の要件をと
　　もに満たせば、その子会社は、親事業者とみなされて下請法の適用を受けることとされている。

39　下請事業者が親事業者の不公正な行為を公正取引委員会または中小企業庁に知らせたことを理
　　由としてその下請事業者に対して、取引数量の削減・取引停止等の不利益な取扱いをすることを
　　いう。

等の対価の早期決済（同条2項1号）、⑨割引困難な手形の交付（同項2号）、⑩不当な経済上の利益の提供要請（同項3号）、⑪不当な給付内容の変更および受領後の不当なやり直し（同項4号）である。

たとえ下請事業者の了解を得ていても、①～⑪の義務違反は、下請法に違反することになる。

(5) 下請法違反の罰則

公正取引員会が親事業者の違反を認めた場合、①改善を求める勧告を行ったうえ、公表する措置がとられ、②違反行為の概要等を記載した書面を交付し、指導を行う等ほか、③最高50万円の罰金が科される。

5．データの収集・利用と独占禁止法

データの収集、集積、利用は、事業者間の創意工夫により競争を活発にし、イノベーションを生み出すとともに、ユーザの利便性を向上させるものであることから、データの収集、集積および利用の過程における競争をより促すべく、競争上の障壁を取り除くことが望ましい。もっとも、データが特定の事業者に過度に集中し、競業他社が入手困難になると、結果的に、当該データが競争上重要な地位を占める市場において競争が制限されることとなったり、競争上、不当な手段を用いてデータが利活用される場合には、独占禁止法による規律によって、競争を維持し、回復させる必要が生じることになると考えられている。詳細は、第4章において解説する。

Ⅴ　製造物責任法

1．製造物責任法の概要

製造物責任法は、製造物の欠陥により人の生命、身体または財産に係る被害が生じた場合における製造業者等の損害賠償の責任について定めることにより、被害者の保護を図り、もって国民生活の安定向上と国民経済の健全な

発展に寄与することを目的とした法律である（製造物1条）。同法は、昭和30年から40年頃にかけて問題になったサリドマイド事件、スモン事件、カネミ油症事件、クロロキン網膜症事件等の大規模な製造物健康被害事件が立て続けに生じたことを受けて制定されたものである[40]。同法は、かかる大規模な製造物健康被害事件において加害者の過失の立証が困難であったことを受け、民法上の不法行為責任における過失責任を修正し、加害者の過失ではなく製造物の「欠陥」を要件としている点に大きな特徴がある。

　自動運転や、AIが搭載された工業用ロボットの作動中に事故が生じたような場合等には、製造者等は、民法上の不法行為責任（同法709条以下）に加え、製造物責任法に基づき法的責任を負うことがありうる。

　製造物責任が認められるための主な要件は、以下のとおりである（製造物3条）。

　① 欠陥のあった物品が「製造物」であること
　② 責任追及の相手方が「製造業者等」であること
　③ 責任追及の相手方が製造物を引き渡したこと
　④ 引渡し時に製造物に「欠陥」が存在していたこと
　⑤ 製造物の欠陥により「他人の生命、身体又は財産」を侵害したこと
　⑥ 被害者に損害が発生したこと
　⑦ 製造物の欠陥と、他人の生命、身体または財産の侵害、被害者の損害との因果関係があること

　もっとも、①から⑦の要件をすべて満たしたとしても、製造業者等が、当該製造物をその製造業者等が引き渡したときにおける科学または技術に関する知見によっては、当該製造物にその欠陥があることを認識することができなかった場合には、製造業者等は責任を免れる（開発危険の抗弁。製造物4条1号）。製造物責任の要件のうち、①「製造物」該当性、④「欠陥」の有無、開発危険の抗弁などがAIの分野で特に問題となりうる。

40　潮見佳男『不法行為法Ⅱ〔第2版〕』（信山社・2011年）365頁。

V 製造物責任法

2．製造物責任法の適用対象となる「製造物」

　「製造物」とは、「製造又は加工された動産」をいう（製造物2条1項）。したがって、「製造物」に該当するためには「動産」である必要がある。そして、「動産」とは「不動産以外の有体物」であるところ（民85条、86条2項）、ソフトウェアそれ自体は無体物であるから、「動産」ではなく「製造物」に該当しない。ただし、それが有体動産に組み込まれて一体化している場合には、当該有体動産（ソフトウェアがインストールされたロボット、自動車、パソコン等）が「製造物」に該当することになり、当該製造物の「欠陥」の判断においては、ソフトウェアの不備をも考慮しうる（ソフトウェアに不備があることが製造物の「欠陥」になりうる）と考えられている。かかる考え方によれば、ソフトウェアがプリインストールされたパソコンを販売した場合には、ソフトウェアの不備を理由として製造物責任を問いうるのに対し、パソコンを購入した後に消費者がネットワーク経由でソフトウェアをインストールした場合には、ソフトウェアの不備を理由として製造物責任を問い得ないとする見解がある[41]。

　なお、ソフトウェアが有体動産に組み込まれて一体化している場合であっても、ソフトウェアそのものを製造物としてみているのではなく、あくまで有体物を製造物とみていることから、製造物責任を追及しうる対象は、有体物の製造業者であってソフトウェアの製造業者ではないとする見解があることに注意が必要である[42]。

---

[41]　浦川道太郎「『製造物』の定義と範囲」判タ862号（1995年）30頁。

[42]　松本恒雄「コンピューターと製造物責任」升田純編『現代裁判法大系(8)製造物責任』（新日本法規・1998年）57頁、株式会社テクノバ「自動走行の民事上の責任及び社会受容性に関する研究報告書」（平成30年3月）〈http://www.meti.go.jp/meti_lib/report/H29FY/000365.pdf〉54頁。

65

第3章　各種法規制と留意事項

3.「欠陥」の判断

⑴　「欠陥」とは

「欠陥」とは、「当該製造物の特性、その通常予見される使用形態、その製造業者等が当該製造物を引き渡した時期その他の当該製造物に係る事情を考慮して、当該製造物が通常有すべき安全性を欠いていること」をいう（製造物2条2項）。かかる定義からすると、「欠陥」とは、人の生命、身体または財産を侵害するような製造物の安全性の問題を指し、また、製造業者等の過失の有無にかかわらず、製造物が通常有すべき安全性を備えているかどうかをもって判断されることになる。[43]

⑵　「欠陥」の判断のための考慮要素

前述のとおり、製造物責任法2条2項は、「欠陥」の有無の判断に際し、①「製造物の特性」、②「通常予見される使用形態」、③「製造業者等が当該製造物を引き渡した時期その他の当該製造物に係る事情」を考慮することとされている。

このうち、①製造物の特性としては、製造物の効用・有用性、製造物の使用・耐用期間、製造物の経済性、被害発生の蓋然性と程度、製造物の表示が考慮要素に含められる。

また、②通常予見される使用形態との関連では、製造物の合理的に予期される使用および製造物の使用者による損害発生防止の可能性が、③引き渡した時期との関連では、製造物が引き渡された時期のみならず、その時点において合理的なコストで事故防止が技術的に可能であったか（技術的実現可能性）が考慮要素となると考えられる。[44]

43　通商産業省産業政策局消費経済課編『製造物責任法の解説』（財団法人通商産業調査会・1994年）74頁。

44　弥永真生「ロボットによる手術と法的責任」弥永真生＝宍戸常寿編『ロボット・AIと法』（有斐閣・2018年）189頁。

(3) 欠陥の立証

欠陥の存在は、これを主張する者が立証責任を負う。そして、AIを搭載した製品のような複雑な機能をもつ製造物については、そもそも事故の原因の特定が困難な場合が多く、欠陥の存在の立証は困難を伴うことが多い。

もっとも、過去の裁判例等に照らすと、必ずしも事故の具体的な発生原因や具体的な欠陥の内容の立証までは行わなくとも、欠陥が認められる可能性がある。

東京高判平成25・2・13判時2208号46頁は、自衛隊の対戦車ヘリコプターがホバリング状態（空中静止状態）から前進飛行を開始しようとした際、突然急激にエンジンが出力を失って落着し、搭乗者2名が重傷を負うという事故について対戦車ヘリコプターの欠陥の有無が争点となった事案において、以下のとおり判断した。

すなわち、当該裁判例は、「『欠陥』の意義、法の趣旨が被害者保護にあることなどに照らし、本件における製造物がコンピュータ・アセンブリなどを組み込んだ複雑な構造を有する本件エンジンであることから判断すると、被控訴人の『欠陥』の存在についての主張、立証は、本件エンジンを適正な使用方法で使用していたにもかかわらず、通常予想できない事故が発生したことの主張、立証で足り、それ以上に本件エンジンの中の欠陥の部位やその態様等を特定した上で、事故が発生するに至った科学的機序まで主張立証すべき責任を負うものではないと解するのが相当である」と判断した。

当該裁判例が、問題になった製造物が「コンピュータ・アセンブリなどを組み込んだ複雑な構造を有する本件エンジンであることから判断」して、立証責任について判示したことからすると、同様に複雑な構造を有するAIを搭載した製品についても、同様のことがいえるものと思われる。すなわち、上記裁判例を前提とすると、AIを搭載した製品について、当該製品を適正な使用方法で使用していたにもかかわらず、通常予想できない事故が発生したことを主張・立証すれば欠陥の存在の立証として十分であり、それ以上に、当該製品の中の欠陥の部位やその態様等を特定したうえで、事故が発生する

に至った科学的機序まで主張・立証すべき責任を負うものではないということになる。[45]

4．開発危険の抗弁

製造業者等は、「当該製造物をその製造業者等が引き渡した時における科学又は技術に関する知見によっては、当該製造物にその欠陥があることを認識することができなかったこと」を立証した場合には、責任を免れることとされている（開発危険の抗弁。製造物4条1号）。

ここでいう引渡し時における「科学又は技術に関する知見」とは、欠陥の有無を判断するにあたって影響を受け得る程度に確立された知識のすべてであり、また、特定の者の有するものではなく、客観的に社会に存在する知識の総体を指す。すなわち、他に影響を及ぼし得る程度に確立された知識であれば、初歩的な知識から最高水準の知識までのすべてが含まれることになり、免責されるためには、入手可能な最高水準の知識に照らし、欠陥であることを認識することが客観的にみてできなかったことを証明することが必要となる。[46]

しかし、日本において、これまで、開発危険の抗弁を認めて製造業者等を免責した裁判例は知られておらず、開発危険の抗弁が認められる場合は極めて限定的であるといえる。

開発危険の抗弁にも関連する問題として、自動運転システム等において、一定の確率で生じる不作動等が避けることができない場合に、製造物責任を問いうるのか、という問題が指摘されている。[47]すなわち、1000分の1や1万分の1といった確率でそうした不作動が起こる場合には製造物責任を問いうるとしても、100万分の1や1000万分の1といった確率でエラーが生じるこ

45　福岡・前掲書（注19）192頁。

46　通商産業省産業政策局消費経済課編・前掲書（注43）142頁。

47　窪田充見「自動運転と販売店・メーカーの責任」藤田友敬編『自動運転と法』（有斐閣・2018年）175頁。

68

とが避けられない場合、このシステムの製造者等に製造物責任を問いうるのか、という問題である。このように、一定の統計的なリスクを回避することは難しいとしても、それによって得られる安全性（リスクの回避）はより大きいということもあり得る点をどのように評価するか、という点が問題の所在である。

AIのような新技術の実施に際しては、これまで議論されなかった新たな論点が多数存在しうる点には留意する必要があるといえる。

Ⅵ　その他

IoTの技術を利用した製品には、たとえばエアコンや洗濯機等をスマートフォンで遠隔操作するなど、家電製品をネットワークでつなぐものが多い。このような家電製品をはじめとする電気用品、家庭用品の製造・販売等を行うにあたっては、安全性確保の見地から一定の義務が課されうる。また、複雑化した製品が増え、消費者が製品の品質を十分に理解できないまま製品を購入してしまうリスクが増大したことを受け、消費者に対する情報提供の観点から、品質の表示について規制がある場合がある。

とりわけ、電気用品安全法および家庭用品品質表示法は、IoT技術を用いた製品において特にその適用が問題になりやすいと思われる。[48]

また、IoTの技術を利用した製品は、モノとモノが相互に通信することが想定されており、通信には電波を利用することが多い。しかし、電波は有限であり、自由な利用を許してしまうと、混信等により通信に障害が生じてしまうことから、電波法により一定の規制がなされている。かかる電波法の規制は、電気用品安全法および家庭用品品質表示法といったモノそれ自体に対する規制とは異なり、通信に対する規制である。

加えて、令和元年7月1日より施行された工業標準化法（JIS法）の改正

---

[48]　なお、このほかに、家庭用の圧力なべ、石油給湯器などの消費生活用製品について一定の規制を課す消費生活用製品安全法も問題となる可能性がありうるが、本書では同法の解説は省略する。

第3章　各種法規制と留意事項

法である産業標準化法において、データについて標準化の対象に含めること
とされたため、データを扱う場合には産業標準化法にも留意する必要がある。

1．電気用品安全法

(1)　電気用品安全法の概要

　電気用品安全法は、電気用品の製造、販売等を規制するとともに、電気用
品の安全性の確保につき民間事業者の自主的な活動を促進することにより、
電気用品による危険および障害の発生を防止することを目的とする（同法1
条）。

　電気用品安全法の規制の対象となる製品は、「電気用品」である（「電気用
品」の定義は後述する）。「電気用品」のうち、構造または使用方法その他の
使用状況からみて特に危険または障害の発生するおそれが多いものは「特定
電気用品」として、さらに一定の規制が存在する。

　電気用品安全法の規制の対象となる主体は、電気用品等の製造、輸入また
は販売を行う者である。

　電気用品安全法の規制は、大きく分けて①製品流通前の措置と②製品流通
後の措置に分けることができる。

　①製品流通前の規制は、届出義務、基準適合義務、PSEマーク等の表示、
販売の制限からなる。すなわち、まず、電気用品の製造または輸入の事業を
行う者は、経済産業大臣に対する届出義務が課される。次に、届出事業者は、
届出を行った電気用品を製造し、または輸入する場合においては、技術上の
基準に適合する義務および自主検査を行い検査記録の作成・保存をする義務
を負う（なお、「特定電気用品」については、登録検査機関の技術基準適合検査を
受け、適合性証明書の交付を受けて保存する義務を負う）。加えて、以上の義務
を履行した届出事業者は、電気用品に表示（PSEマーク等）を付することが
でき、PSEマーク等が付されているものでなければ、電気用品を販売し、
販売目的で陳列してはならない。

　②製品流通後においては、経済産業大臣による報告の徴収、立入検査等、

70

改善命令、表示の禁止危険等防止命令が定められている。

　以下、①製品流通前の規制について説明する。

⑵　電気用品安全法が適用される「電気用品」

　㈎　電気用品

　電気用品安全法が適用される「電気用品」とは、以下の①ないし③のものをいう（同法2条1項）。

①　一般用電気工作物（電気事業法38条1項）の部分となり、またはこれに接続して用いられる機械、器具または材料であって、政令で定めるもの

②　携帯発電機であって、政令で定めるもの

③　蓄電池であって、政令で定めるもの

　「電気用品」のうち、構造または使用方法その他の使用状況からみて特に危険または障害の発生するおそれが多いものは「特定電気用品」として、さ

〔図表4〕　電気用品、特定電気用品、特定電気用品以外の電気用品の関係

電気用品	
特定電気用品	特定電気用品以外の電気用品
・電気温水器 ・電熱式・電動式おもちゃ ・電気ポンプ ・電気マッサージ器 ・自動販売機 ・直流電源装置 など全116品目	・電気こたつ ・電気がま ・電気冷蔵庫 ・電気歯ブラシ ・電気かみそり ・白熱電灯器具 ・電気スタンド ・テレビジョン受信機 ・音響機器 ・リチウムイオン蓄電池 など全341品目

出典：経済産業省ホームページ・（注49）。

第3章　各種法規制と留意事項

らに一定の規制がなされる。

つまり、「電気用品」は、「特定電気用品」と「特定電気用品以外の電気用品」に分かれ、それぞれ規制の内容が異なることになる。

　(イ)　特定電気用品

「特定電気用品」とは、構造または使用方法その他の使用状況からみて特に危険または障害の発生するおそれが多い電気用品であって、政令で定めるものをいう（同法2条2項）。

電気用品、特定電気用品、特定電気用品以外の電気用品の関係を図示すると〔図表4〕のとおりである。[49]

(3)　**事業届出（電気用品安全法3条、同法施行令2条、3条、4条）**

電気用品の製造または輸入の事業を行う者は、電気用品の区分（電気用品安全法施行規則別表第一）に従い、事業開始の日から30日以内に、経済産業大臣に届け出なければならない。

(4)　**基準適合義務、適合性検査（電気用品安全法8条、9条）**

届出事業者は、届出の型式の電気用品を製造し、または輸入する場合においては、技術上の基準に適合するようにしなければならない。また、これらの電気用品について（自主）検査を行い、検査記録を作成し、保存しなければならない。

届出事業者は、製造または輸入に係る電気用品が特定電気用品である場合には、その販売するときまでに登録検査機関の技術基準適合性検査を受け、適合性証明書の交付を受け、これを保存しなければならない。

(5)　**表示（電気用品安全法10条、12条）**

届出事業者は、上記(3)届出義務および(4)基準適合義務または適合性検査に関する義務を履行したときは、当該電気用品に、〔図表5〕のPSEマークを[50]

49　経済産業省ホームページ「電気用品安全法の概要」〈http://www.meti.go.jp/policy/consumer/seian/denan/act_outline.html〉参照。

50　「PSE」とは、「P」および「S」は「Product Safety」、「E」は「Electrical Appliances & Materials」の略である。

72

〔図表 5〕 PSE マーク

特定電気用品	特定電気用品以外の電気用品

実際は上記マークに加えて、登録検査機関のマーク、製造事業者等の名称（略称、登録商標を含む）、定格電圧、定格消費電力等が表示される。	実際は上記マークに加えて、製造事業者等の名称（略称、登録商標を含む）、定格電圧、定格消費電力等が表示される。

出典：経済産業省ホームページ・前掲（注49）。

付することができる。

上記以外の場合、何人も電気用品にこれらの表示またはこれと紛らわしい表示をしてはならない。

(6) **販売の制限（電気用品安全法27条）**

電気用品の製造、輸入または販売の事業を行う者は、PSEマーク等が付されているものでなければ、電気用品を販売し、または販売の目的で陳列してはならない。

(7) **長期使用製品安全表示制度（電気用品の技術上の基準を定める省令20条）**[51]

経年劣化による重大事故発生率は高くないものの、経年劣化による事故件数が多い製品（扇風機、エアコン、換気扇、洗濯機、ブラウン管の5品目）について、設計上の標準使用期間と経年劣化についての注意喚起等の表示が義務

---

[51] 経済産業省製品安全課「長期使用製品安全表示制度～製品の長期使用に伴う経年劣化事故の防止～」（平成21年7月）〈http://www.meti.go.jp/policy/consumer/seian/denan/choki/choki02.pdf〉参照。

第 3 章　各種法規制と留意事項

〔図表 6〕　長期使用製品安全表示

【製造年】20XX 年
【設計上の標準使用期間】△△年
設計上の標準使用期間を超えて使用されますと、経年劣化による発火・けが等の事故に至るおそれがあります。

づけられている。

　対象となる品目には、〔図表 6〕のような長期使用製品安全表示を付する必要がある[52]。

(8)　**遠隔操作機能**

　IoT の技術を用いた電気用品は、電気用品を遠隔操作することが予定されていることが多い。しかし、電気用品を遠隔操作した場合、人の目が届かない場所で電気用品の電源を入れることが可能になり、火災等の事故が発生する危険が高まる。

　そこで、電気用品安全法では、電気用品の電源の ON/OFF は、原則として、器体スイッチまたはコントローラーによって行なわなければならず、外部からの遠隔操作による ON/OFF は、テレビのリモコンのように赤外線等を利用したもので機器が見える位置から操作する装置のみが認められていた。

　しかし、高速インターネット網やスマートフォンの急速な普及により、外部から遠隔操作できるインフラが整備されたことを受け、平成25年の改正により、一定の要件を満たせば通信回線を用いた遠隔操作機能をつけることも認められることとなった。なお、この改正においては[53]、一般消費者によって付加機器が接続されるものについては、付加機器の特定が難しいためリスク評価できないとの理由で、遠隔操作は認められないとされていた[54]。たとえば、

52　経済産業省ホームページ「長期使用製品安全表示制度」〈http://www.meti.go.jp/policy/consumer/seian/denan/long_term.html〉より引用。
53　福岡・前掲書（注19）274頁。
54　電気用品調査委員会「『解釈別表第四に係わる遠隔操作』に関する報告書の追加検討報告書」（平成28年 3 月22日）〈http://www.eam-rc.jp/pdf/result/remote_control_4_2.pdf〉 3 頁。

74

コンセントの ON/OFF を遠隔で操作するような装置をつくった場合、一般消費者は当該コンセントにさまざまな家電を接続することができるため（電気ストーブのような火災の危険性が高い電気用品を接続することもできる）、平成25年改正においては、遠隔操作は認められないとされていた。

しかし、平成28年には、一定の要件の下で、コンセント等の配線機器についても遠隔操作機能をつけることが認められることとなった。かかる改正は、IoT、人工知能、遠隔操作等の技術進歩に伴い、平成25年の検討時には想定していなかった製品が開発されつつあること、サーバなど IT 機器の稼働率を監視して無駄な装置を遠隔でオフするシステムの普及が期待されること等を背景としてなされたものである。[55]

2．家庭用品品質表示法

(1) 家庭用品品質表示法の概要

家庭用品品質表示法は、家庭用品の品質に関する表示の適正化を図ることによって、一般消費者の利益を保護することを目的とする（同法 1 条）。

近年、家庭用品の種類が多様化し、特に技術革新により合成繊維、合成樹脂等の新製品も増え複雑化している。そのため、一般消費者がこれを購入、使用する際に、不利益な購入を余儀なくされたり不合理な使用を行わされたりすることを防ぐべく、表示の適正化を図り、もって消費者を保護しようとするものである。[56]

家庭用品品質表示法は、「家庭用品」の製造業者（家庭用品の製造または加工の事業を行う者）、販売業者（家庭用品の販売の事業を行う者）および表示業者（製造業者または販売業者の委託を受けて家庭用品に一定の事項を表示する事業を行う者）に対し、家庭用品に関する一定の事項の表示義務を課している。

---

[55] 電気用品調査委員会・前掲報告書（注54） 2 頁。

[56] 消費者庁・経済産業省「家庭用品品質表示法ガイドブック」〈http://www.caa.go.jp/policies/policy/representation/household_goods/pdf_data/guidebook.pdf〉 3 頁。

第3章　各種法規制と留意事項

⑵ 「家庭用品」および表示が必要な事項

家庭用品とは、次の商品をいう。

①　一般消費者が通常生活の用に供する繊維製品、合成樹脂加工品、電気機械器具および雑貨工業品のうち、一般消費者がその購入に際し品質を識別することが著しく困難であり、かつ、その品質を識別することが特に必要であると認められるものであって政令で定めるもの

②　①の繊維製品の原料または材料たる繊維製品のうち、需要者がその購入に際し品質を識別することが著しく困難であり、かつ、同号の政令で定める繊維製品の品質に関する表示の適正化を図るにはその品質を識別することが特に必要であると認められるものであつて政令で定めるもの

大別すると、繊維製品、合成樹脂加工品、電気機械器具および雑貨工業品の4つに分類することができる。IoTのデバイスで特に問題になるのは、電気機械器具である。「電気機械器具」として政令で定められている品目および表示項目は〔図表7〕のとおりであり、同表の品目に該当する場合には、当該器具に同表の項目を表示する必要がある。

〔図表7〕「電気機械器具」として政令で定められている品目および表示項目

	品目	表示事項								付記事項（※）
1	エアコンディショナー	冷房能力・冷房消費電力	区分名	暖房能力	暖房消費電力	通年エネルギー消費効率	使用上の注意	—	—	表示者名
2	テレビジョン受信機	年間消費電力量	区分名	受信機型サイズ	使用上の注意	—	—	—	—	表示者名
3	電気パネルヒーター	放熱の方式	温度調節の方式	暖房能力	熱媒体の種類	使用上の注意	—	—	—	表示者名
4	電気毛布	種類	繊維の組成	使用上の注意	—	—	—	—	—	表示者名

57　消費者庁・経済産業省・前掲（注56）6頁を参考に作成。

5	ジャー炊飯器	最大炊飯容量	区分名	蒸発水量	年間消費電力量	1回あたりの炊飯時消費電力量	1時間あたりの保温時消費電力量	1時間あたりのタイマー予約時消費電力量	1時間あたりの待機時消費電力量	使用上の注意	表示者名
6	電子レンジ	外形寸法	加熱室の有効寸法	区分名	電子レンジ機能の年間消費電力量	オーブン機能の年間消費電力量	年間待機時消費電力量	年間消費電力量	使用上の注意	—	表示者名
7	電気コーヒー沸器	種類	保温装置の有無	最大用水量	使用上の注意	—	—	—	—	—	表示者名
8	電気ポット	定格容量	使用上の注意	—	—	—	—	—	—	—	表示者名
9	電気ホットプレート	プレート	使用上の注意	—	—	—	—	—	—	—	表示者名
10	電気ロースター	種類	焼き網の寸法	使用上の注意	—	—	—	—	—	—	表示者名
11	電気冷蔵庫	定格内容積	消費電力量	外形寸法	使用上の注意	—	—	—	—	—	表示者名
12	換気扇	羽根の大きさ	風量	使用上の注意	—	—	—	—	—	—	表示者名
13	電気洗濯機	標準使用水量	外形寸法	使用上の注意	—	—	—	—	—	—	表示者名
14	電気掃除機	吸込仕事率	質量	使用上の注意	—	—	—	—	—	—	表示者名
15	電気かみそり	電源方式	充電時間	乾電池の種類及び数	使用上の注意	—	—	—	—	—	表示者名
16	電気ジューサー、電気ミキサーおよび電気ジューサーミキサー	種類	定格容量	使用上の注意	—	—	—	—	—	—	表示者名
17	卓上スタンド用蛍光灯器具	用途および照度	蛍光ランプの形式	全光束	消費電力	エネルギー消費効率	使用上の注意	—	—	—	表示者名

※品質表示の内容を分離して表示を行う場合には、それぞれに表示者名等の付記が必要である。

第3章　各種法規制と留意事項

3．電波法

(1)　電波法の概要

　電波法は、電波が有限であることに鑑み、電波の公平かつ能率的な利用を確保することによって、公共の福祉を増進することを目的とする（同法1条）。同法では、無線設備によって電波を送受信するためには、原則として総務大臣の免許を受ける必要がある（同法4条）。

　たとえば、土木工事の現場において、現場の車両、ブルドーザーおよびショベルカー等の機器が互いに通信し、作業を効率化したり、農業の現場において、無人のロボット農機が作業を行うなど、IoTで収集・分析したデータを基に、モノを遠隔操作する場合などには、電波を利用することが多いため、電波法の規制に留意する必要がある。

(2)　無線局の開設および免許の取得

　電波法では、無線設備によって電波を送受信するためには無線局を開設することが必要である。そして、無線局の開設には、原則として総務大臣から免許を受ける必要がある（同法4条1項柱書本文）。

(3)　免許が不要とされる場合

　電波法には、無線局の開設にあたり、例外的に免許を要しない場合が定められている。

　具体的には、電波法上、①発射する電波が著しく微弱な無線局（微弱無線局）、②市民ラジオの無線局、③小電力の特定の用途に使用する無線局（特定小電力無線局）、④同法27条の18第1項の登録を受けて開設する無線局については、開設にあたり免許を要しない（同法4条1項）。

　ロボットやIoTデバイスを使用する際には、これらの免許が不要な無線局を活用することが考えられる。ロボットで利用されている主な無線通信システムは〔図表8〕のとおりであり、上記例外のうち、①発射する電波が著しく微弱な無線局（微弱無線局）および③小電力の特定の用途に使用する無線局（特定小電力無線局）が利用されることが多い。

78

〔図表8〕 ロボットで利用されている主な無線通信システム

無線システム名称／無線局種	周波数帯	送信出力	伝達速度	利用形態	無線局免許
ラジコン操縦用微弱無線	73MHz帯等	※1	5 kbps	操縦	不要
特定小電力無線局	400MHz帯	10mW	5 kbps	操縦	不要※2
特定小電力無線局	920MHz帯	20mW	～1 Mbps	操縦	不要※2
携帯局	1.2GHz帯	1 W	（アナログ方式）	画面伝送	要
小電力データ通信システム	2.4GHz帯	10mW/MHz（FH方式は3 mW/MHz）	200k～54Mbps	操縦画像伝送データ伝送	不要※2
無線アクセス	4.9GHz帯	250mW	～54Mbps	画像伝送データ伝送	要
小電力データ通信システム	5 GHz帯	10mW/MHz	～6.93Gbps	画像伝送データ伝送	不要※2
簡易無線局	50GHz帯	30mW	（アナログ方式）	画像伝送	要

※1：500mの距離において、電界強度が200μV/m以下
※2：免許を要しない無線局については、無線設備が電波法に定める技術に適合していることを事前に確認し、証明する「技術基準適合証明又は工事設計認証」を受けた無線設備を使用する場合に限る。
⇒ 右図の「技適マーク」が表示された無線設備のみ使用可能である。

技適マーク

(4) その他IoT等の技術に関連する法制度

　免許が必要となる場合、無線設備を用いた事業のハードルは高くなるが、事業化のための試験的な無線局の開設等について、電波法上一定の配慮がなされている場合がある。すなわち、まず、「科学若しくは技術の発達のための実験、電波の利用の効率性に関する試験又は電波の利用の需要に関する調査を行うために開設する無線局であって、実用に供しないもの」（電波法施行規則4条22号）については、実験試験局として、選択できる周波数、周波数帯域幅、地域、時間等について自由度が高い免許制度を設けている。[59]

　また、使用可能な周波数等を公示し、当該公示に係る周波数等であれば、比較的短期間に限って免許を付与する特定実験試験局という制度が設けられ

58　総務省総合通信基盤局電波部移動通信課「ロボット・IoTにおける電波利用の高度化など最新の電波政策について」（平成28年6月17日）〈http://www.kiai.gr.jp/jigyou/h28/PDF/0617p1.pdf〉4頁より引用。

第3章　各種法規制と留意事項

ている（電波法施行規則７条５号）。特定実験試験局では、一定の条件の下、免許手続を簡略化し（予備免許手続、落成検査の省略）、申請から免許までの期間を、１～２週間と大幅に短縮している。

さらに、国家戦略特別区域法の国家戦略特別区域（特区）において電波を活用した実証実験等を迅速に行いたいとするニーズに対応するため、特区に係る特定実験試験局の免許を、原則として即日発給することとしている。[60]

これらの制度は、IoT の技術等を用いた新規事業の立ち上げにあたり、有用であると思われる。

加えて、平成30年３月13日、地域限定型規制のサンドボックス制度を定めた国家戦略特別区域法の一部を改正する法律案が閣議決定され、実験等無線局として無線局の免許を速やかに与える、といった電波法の特例等が盛り込まれた（国家戦略特別区域法の一部を改正する法律案25条の２ないし６）。令和元年５月31日時点では当該法案は国会において審議中であるが、これが可決されれば、地域限定で、IoT に不可欠な電波法の分野において規制緩和がなされることになるため、注目に値する。

４．産業標準化法[61]

(1)　改正法の概要

第４次産業革命の下、IoT や AI などの情報技術の革新が進み、企業の競争力が、データやその活用に移り変わり、ビッグデータ等と産業とのつながりにより新たな付加価値が創出される産業社会（Connected Industries）への

59　実験試験局制度を利用して、京都大学と株式会社日立国際電気が共同で、現状のビッグデータ規模をはるかに凌ぐ「超ビッグデータ」の創出・活用を可能とする超ビッグデータプラットフォームの構築に関する研究開発を行っているなどの実績がある（総務省電波利用ホームページ実験試験局関係「社会リスクを低減する超ビッグデータプラットフォーム」に関する実験試験局〈https://www.tele.soumu.go.jp/resource/j/exp/001.pdf〉参照）。

60　平成28年１月20日総合通信基盤局電波部電波政策課長「国家戦略特別区域に係る特定実験試験局の取扱いについて（通達）」（総基電第11号）参照。

61　経済産業省「JIS 法改正（産業標準化法）」ホームページ〈http://www.meti.go.jp/policy/economy/hyojun/JISho.html〉参照。

80

対応が、日本産業の喫緊の課題となったこと等を受け、工業標準化法について、法律名を産業標準化法（JIS法）と改め、①データ、サービス等への対象拡大、②JIS規格の制定・改正手続の迅速化、③JISマークによる企業間取引の信頼性確保、④官民の国際標準化活動の促進を図る改正がなされた（令和元年7月1日施行）。

(2) データ等の対象拡大

〔図表9〕[62]のとおり、標準化の対象にデータ、サービス、経営管理等が追加され（産業標準化法2条1項6号ないし15号）、これに伴い「日本工業規格（JIS）」が「日本産業規格（JIS）」に改められる。なお、対象分野の標準化手続は平成30年11月29日から可能になっている。

〔図表9〕 産業標準化法における標準化の対象

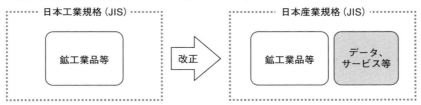

(3) その他の改正内容

〔図表10〕[63]のとおり、JIS制定手続について、専門知識等を有する民間機関を認定し、その機関が作成したJIS案について、審議会の審議を経ずに制

〔図表10〕 JIS制定手続

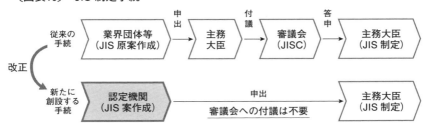

62　経済産業省・前掲ホームページ（注61）より引用。
63　経済産業省・前掲ホームページ（注61）より引用。

定するスキームが追加された。なお、認定機関の申請と認定は平成30年11月
29日から可能になっている。

　その他、認証を受けずに JIS マークの表示を行った法人等に対する罰金刑
の上限を 1 億円に引き上げるという罰則の強化、産業標準化および国際標準
化に関する、国、国立研究開発法人・大学、事業者等の努力義務規定の新設
等の改正がなされている。

chapter 4

第 4 章

技術や情報を守るための対策

第4章　技術や情報を守るための対策

⨅　契約による保護と対策

　AIやビッグデータ等の分野においては、それに関する技術や情報がどのように法律上保護されるのか、不明瞭な点もあることから、技術や情報を守るためには、それを開示・利用等するにあたって、関係する当事者と契約を締結し、権利義務関係を明確にしておくことが非常に重要である。

　本章においては、①AI技術を利用したソフトウェアの開発・利用に関する契約と、②データの取扱いに関する契約について、平成30年6月に公表された、経済産業省の「AI・データの利用に関する契約ガイドライン」（AIガイドライン・データガイドライン）を参照しつつ、特に留意すべき点について解説する。

1．AI技術を利用したソフトウェアの開発・利用に関する契約

⑴　契約締結の必要性

　AI技術を利用したソフトウェアの開発・利用に関しては、権利関係をどのように処理するか、開発・利用に伴って発生し得る責任を誰が負うのかといった法律問題について、現時点では事例の蓄積も十分でなく、不明瞭な点が多いのが実情である。対象物が第3章で解説した法律による保護を受けないと考えられる場合、それが無体物のデータであって所有権を観念することもできない場合には、契約によって権利の帰属や利用方法が定められないとすると、原則としてそれを誰でも自由に利用できることになってしまう。また、たとえばある対象物に関して著作権が発生する場合、当該権利がベンダとユーザの共有になることもあり得るが、その場合には、その取扱いについて合意がなければ、ベンダもユーザも、相手方の同意がないために原則として当該対象物を利用・提供できないということになってしまうことが考えられる[1]。

　また、AI技術を利用したソフトウェアの場合には、ソフトウェアを開発

84

Ⅰ　契約による保護と対策

するベンダだけが自らの技術やノウハウを使用して成果物ができあがるのではなく、多くの場合、開発を依頼するユーザが自らの営業秘密等にあたるデータを大量にベンダに提供し、それら双方が寄与することで、AI技術を利用したソフトウェアが生み出されるという点に、ひとつ大きな特徴があると思われる。そして、ベンダとしては、自らの開発したソフトウェアを第三者にも提供したいと考える一方、ユーザとしては自らの営業秘密等にあたるデータが第三者（特に競合他社）に流出することがないようにしたいと考えることから、その利害を調整したうえで、契約において、権利関係や利用方法等について明確に定め、また適切に秘密保持義務を課すことは、後々のトラブルを防ぐために非常に重要といえる。

　以上のことから、ベンダにとってもユーザにとっても、AI技術を利用したソフトウェアの開発・利用に関する契約を締結することが重要になる。

⑵　AIガイドラインの概要

㋐　AIガイドラインの対象とするAI技術

　平成30年6月に公表されたAIガイドラインにおいては、AI技術を利用したソフトウェアの開発・利用に関する契約について詳細に解説・検討がなされている。

　AIガイドラインは、機械学習[2]、特にディープラーニング[3]を念頭において作成されており、「従来型のソフトウェア開発においては、まずソフトウェ

1　共同著作物の著作者人格権は、著作者全員の合意によらなければ、行使することができない（著作64条1項）。また、共有著作権について、各共有者は、他の共有者の同意を得なければ、その持分を譲渡できず（同法65条1項）、また、その共有者全員の合意によらなければ行使することができない（同条2項）。

2　あるデータの中から一定の規則を発見し、その規則に基づいて未知のデータに対する推測・予測等を実現する学習手法の一つ（AIガイドライン9頁）。

3　機械学習の一手法であるニューラルネット（脳の情報処理を模して開発された機械学習の一手法）を多層において実行することで、より精度の高い推論をめざした手法である。他の機械学習と比較しても、学習用に大量のデータが必要となるものの、近年の技術開発（コンピュータの処理速度の向上（CPU・GPU等）、インターネットによるデータ収集の容易化、クラウドによるリソース利用・データ保存コストの低下等）により、今後さらなる利用が期待されており、近時着目されている学習方法である（AIガイドライン10頁）。

85

第4章　技術や情報を守るための対策

アの仕様を詳細に定義し、既に知られた法則や知識を念頭に、実装の工程を段階的に詳細化していくという演繹的な開発手法が用いられている（以下、このような演繹的な開発手法を用いるソフトウェア開発を「従来型のソフトウェア開発」という。）。これに対して、機械学習の手法を取り入れたソフトウェア開発においては、実際に観察される事象（データ）を用いた帰納的な開発手法を用いることから、仕様の定義、実装や評価の方法等に従来型のソフトウェア開発とは異なる方法論が用いられる場合がある」と解説されたうえで、従来のソフトウェア開発と特に異なる開発過程に着目して契約の考え方が提示されている。[4]

　㈤　AI 技術に関連する用語・概念

　実際に契約書を作成する際に、AI 技術に関連する用語・概念について明確にすることは、それが権利帰属や利用条件設定等の対象として規定されることからも、非常に重要である。

　そこで、まずは、AI ガイドラインにおいて用いられている用語・概念を概観することとしたい。[5]

　(A)　学習段階

　AI 技術を利用したソフトウェアの実用化の過程においては、まず、学習済みモデルを生成する「学習段階」が想定される。

　学習段階では、生データを加工して学習用データセットを生成し、それを学習用プログラムに入力することで、学習済みモデル（学習済みパラメータが組み込まれた推論プログラム）を得ることができる（〔図表11〕参照）。

　(a)　生データ[6]

　AI ガイドラインにおいて、「生データ」とは、ユーザやベンダ、その他の事業者や研究機関等により一次的に取得されたデータであって、データベースに読み込むことができるよう変換・加工処理されたものをいうとされてい

4　AI ガイドライン11頁。
5　詳細については AI ガイドライン11〜17頁を参照されたい。
6　AI ガイドライン12頁、13頁。

〔図表11〕 AI技術を利用したソフトウェアの実用化の過程①――学習段階

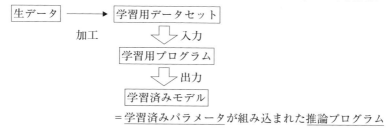

る。生データは、欠測値や外れ値を含む等、そのままでは学習を行うのに適していないものであることが多い。

　(b)　学習用データセット[7]

「学習用データセット」とは、生データに対して、欠測値や外れ値の除去等の前処理や、ラベル情報（正解データ）等の別個のデータの付加など、変換・加工処理を施すことによって、対象とする学習の手法による解析を容易にするために生成された二次的な加工データ（生データとこれに対する付加データとがいわば一体となったもの）をいう。

　(c)　学習用プログラム[8]

「学習用プログラム」とは、学習用データセットの中から一定の規則を見出し、その規則を表現するモデルを生成するためのアルゴリズムを実行するプログラムをいう。学習用プログラムは、ベンダがすでに保有している場合もあれば、それに一定の機能を付加する場合や、ゼロからつくり上げる場合もある。また、学習用プログラムの開発においては、OSS（オープン・ソース・ソフトウェア）とよばれるソースコードが一般に公開され、著作者により一定の範囲の利用が許諾されたソフトウェアを利用することが多い。

　(d)　学習済みモデル[9]

　AIガイドラインにおいては、「学習済みパラメータ」が組み込まれた「推

7　AIガイドライン13頁。
8　AIガイドライン14頁。

第4章 技術や情報を守るための対策

論プログラム」を一体として「学習済みモデル」と定義している。

「学習済みパラメータ」は、学習用データセットを学習用プログラムに対して入力することで、一定の目的のために機械的に調整されることで生成されるパラメータ（係数）をいい、これを「推論プログラム」に組み込むことで「学習済みモデル」として機能する。

「推論プログラム」とは、組み込まれた学習済みパラメータを適用することで、入力に対して一定の結果を出力することを可能にするプログラムをいう。

　(B)　利用段階

AI技術を利用したソフトウェアの実用化の過程においては、「学習段階」において生成された学習済みモデルを利用する「利用段階」が想定される。

利用段階では、入力データを学習済みモデルに入力することで、AI生成物を得ることができる（〔図表12〕参照）。

〔図表12〕　AI技術を利用したソフトウェアの実用化の過程②――利用段階

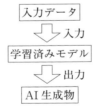

　(a)　入力データ[10]

「入力データ」とは、学習済みモデルに入力することでAI生成物を出力するためのデータを指す。学習済みモデルの利用目的にあわせて、音声、画像、動画、文字、数値等さまざまな形態をとる。

　(b)　AI生成物[11]

「AI生成物」とは、学習済みモデルに入力データを入力することで、出力

9　AIガイドライン14～15頁。
10　AIガイドライン17頁。

88

されたデータを指す。学習済みモデルの利用目的にあわせて、音声、画像、動画、文字、数値等さまざまな形態をとる。

　(C)　データとプログラム

　以上の概念は、大別すると、以下のとおり、データとプログラムに分けられる。

---

① データ
（学習段階）生データ、学習用データセット、学習済みパラメータ
（利用段階）入力データ、学習済みパラメータ、AI 生成物
② プログラム
（学習段階）学習用プログラム、推論プログラム
（利用段階）推論プログラム

　㈡　AI ガイドラインのモデル契約

　AI ガイドラインは、AI 技術（機械学習）を利用したソフトウェアの開発においては学習済みモデルの内容・性能等が契約締結時に不明瞭な場合が多いことから、開発プロセスの中に、①学習済みモデルの実現可能性を検討するアセスメント段階、② PoC 段階（新たな概念やアイデアを、その実現可能性を示すために、部分的に実現する段階）、③開発段階、④追加学習段階を設けて、段階ごとに AI 技術によって自らの目的を実現することができるか否かや、次の段階に進むか否かについて探索し、それらの検証と当事者相互の確認を得ながら段階的に開発を進めていくプロセス（「探索的段階型」の開発方式）を導入することを提唱している。[12]

　そして、AI ガイドラインは、大企業から中小企業までのすべての企業を契約当事者として想定したうえ、上記各段階に対応する契約として、①アセスメント段階の秘密保持契約、② PoC 段階の導入検証契約、③開発段階のソフトウェア開発契約の各モデル契約を提示している。

11　AI ガイドライン17頁。
12　AI ガイドライン6頁。

89

第4章　技術や情報を守るための対策

〔図表13〕　AI ガイドラインのモデル契約

	アセスメント	PoC	開発	追加学習
目的	一定量のデータを用いて学習済みモデルの生成可能性を検討する	学習用データセットを用いてユーザが希望する精度の学習済みモデルが生成できるかを検証する	学習済みモデルを生成する	ベンダが納品した学習済みモデルについて、追加の学習用データセットを使って学習をする
成果物	レポート等	レポート／学習済みモデル（パイロット版）等	学習済みモデル等	再利用モデル等
契約	秘密保持契約書等	導入検証契約書等	ソフトウェア開発契約書	※注

※注　追加学習に関する契約としては多様なものが想定され、たとえば、保守運用契約の中に規定することや、学習支援契約または別途新たなソフトウェア開発契約を締結することが考えられる。

出典：AI ガイドライン44頁。

　AI ガイドラインの提唱するように各段階を設け、そのつど契約を締結することは、一見、契約当事者にとっては、契約交渉や、社内決裁を含む契約締結の手続を複数回行わなければならないことから、手間がかかるようにも思えるが、契約当事者においてソフトウェアの開発がどのように進むか（進められるか）がはっきりしない段階でも、そのときに想定できる双方の役割やデータのやりとり等を前提に、権利義務関係を明確に合意しておくことは重要といえる。AI ガイドラインの提唱は、同ガイドラインにおいて解説されている意義[13]に加え、開発の全容がみえてから契約を締結するだけでは十分でないという意識をもつことができるという点でも大きな意味があるように思われる。

　以下では、AI ガイドラインがモデル契約を提示する3つの契約に関し、

13　AI ガイドライン42〜43頁等。

90

Ⅰ　契約による保護と対策

順に解説する。

(3)　アセスメント段階の秘密保持契約書

㋐　秘密保持契約締結の場面・意義

　アセスメント段階の秘密保持契約は、AI技術の開発や導入検証段階（PoC段階）の前に、ベンダとユーザとの間で締結されることが想定される。アセスメント段階を設ける場合、ベンダが、ユーザから限定的なサンプルデータを受領し、短期間でAI技術の導入可否について無償で検証を行うという場合が考えられ、AIガイドラインのモデル契約もこのような場合を前提としている[14]。

　ユーザにとっては、提供するデータに関して、ベンダに秘密保持義務を課すことが最も重要になると思われる。他方、ベンダにとっては、提供されるデータを利用することで第三者の権利侵害等が生じないようにすることや、検証にあたって営業秘密等を開示することがあり得る場合にユーザに秘密保持義務を課すことなどが重要となる。成果物等に係る知的財産権の取扱いについては、この段階では具体的に定められない場合も多いと思われるが、アセスメント段階の実施内容によっては、PoC段階の導入検証契約や開発段階のソフトウェア開発契約の解説において述べるような条項を入れることを検討すべき場合もあるだろう。

㋑　特に留意すべき条項

(A)　秘密保持義務

　多くの場合、ユーザもベンダも、それぞれ営業秘密にあたる情報・データ等を開示する可能性があることから、双方が、相手方に厳格な秘密保持義務を課すことを希望し、秘密保持条項を設けることが多いと思われる。

　AIガイドラインのモデル契約書の1条～4条においても、秘密保持契約において一般的に定められる双方向的な条項が記載されている[15]。

　ただ、1点特徴的なのは、秘密保持義務の対象である「秘密情報」を定義

14　AIガイドライン80頁。

15　AIガイドライン80～81頁。

91

第4章　技術や情報を守るための対策

する条項において、アセスメント段階でユーザからベンダに提供されるサンプルデータについては、【条項例1】[16]のように、契約書の別紙において特定することで、契約締結後の情報提供の段階で秘密である旨を明示せずとも「秘密情報」に含まれる旨を規定している点である。ユーザの立場からは、自身が一定の労力を投下して収集・蓄積されたデータを提供する場合には、契約締結段階から、それが秘密保持義務の対象となることを合意することが望ましいといえる。他方、ベンダの立場からは、目的外使用等を望むデータが含まれている場合には、契約締結段階からそれを秘密保持義務の対象から除くよう交渉する必要があるだろう。

【条項例1】　秘密情報の定義

第○条（秘密情報の定義）
1　本契約において秘密情報とは、本件検討に関して、相手方より提供を受けた技術上または営業上その他業務上の情報のうち、次のいずれかに該当する情報をいう。
　①　相手方が書面（電磁的方法を含む。以下同じ）により秘密である旨指定して開示した情報
　②　相手方が口頭により秘密である旨を示して開示した情報で開示後○日以内に書面により内容を特定した情報。なお、口頭により秘密である旨を示して開示した日から○日が経過する日または相手方が秘密情報として取り扱わない旨を書面で通知した日のいずれか早い日までは当該情報を秘密情報として取り扱う。
　③　本件検討の対象となる別紙記載のデータ（以下「対象データ」という。）
2　前項の定めにかかわらず、次の各号のいずれかに該当する情報は、秘密情報から除外するものとする。
　①　開示者から開示された時点で既に公知となっていたもの
　②　開示者から開示された後で、受領者の帰責事由によらずに公知となったもの
　③　正当な権限を有する第三者から秘密保持義務を負わずに適法に開示されたもの

16　AIガイドライン80頁（下線は筆者による。なお、以下の【条項例】の中には、AIガイドラインまたはデータガイドラインに記載されているモデル契約書の条項を一部変更したものがある）。

④　開示者から開示された時点で、既に適法に保有していたもの
　　⑤　開示者から開示された情報を使用することなく独自に開発したもの

(B)　情報の保証

　ユーザからすると、特にアセスメント段階においては、自らの提供するデータがAI技術を利用したソフトウェアの開発の実現に資するものであるか不確定であるといった事情から、開示する情報に関して何らかの保証をすることは難しい場合が多いと思われる。そのため、秘密保持契約書上も、【条項例2】の第1文のような条項を入れることが望ましいだろう。

　他方、ベンダからすると、少なくとも、ユーザから提供された情報をソフトウェア開発の実施可能性の検討のために使用することによって第三者の権利侵害の問題や個人情報等に関する法令違反が生じてしまうというリスクを排除する必要がある。そのため、【条項例2】の第2文のような条項を入れることが考えられる。[17]

【条項例2】　情報の保証

第○条（秘密情報の保証の限定）
　開示者は、開示する秘密情報に関し、受領者に対して保証しないものとする。ただし、開示者は、秘密情報を受領者に開示する正当な権原を有することを受領者に対して保証する。

　また、【条項例2】では、正当な権原を有することを保証する対象が「秘密情報」となっているが、たとえば、契約締結時にはサンプルデータとして想定されていなかったために契約書別紙において特定がされておらず、さらに契約締結後に秘密である旨の明示なく開示された情報など、「秘密情報」にあたらない情報であっても、ベンダとしては、開示の正当な権原を有することの保証は同様に必要になるであろうことを考えると、正当な権原を有することを保証する対象を「受領者に開示するすべての情報」等とすることができれば、よりベンダにとって望ましいと思われる。

───────────────
17　AIガイドライン82頁。

第4章 技術や情報を守るための対策

　さらに、個人情報の取扱いに関しては、PoC段階の導入検証契約のモデル案として示されている【条項例3】[18]のような条項を、アセスメント段階の秘密保持契約でも入れると、より明確となり、特にベンダにとって望ましいと思われる。

【条項例3】　個人情報の取扱い

第○条（個人情報の取り扱い）
1　ユーザは、本検証遂行に際して、個人情報の保護に関する法律（本条において、以下「法」という。）に定める個人情報または匿名加工情報（以下、総称して「個人情報等」という。）を含んだデータをベンダに提供する場合には、事前にその旨を明示する。
2　本検証遂行に際してユーザが個人情報等を含んだデータをベンダに提供する場合には、ユーザはベンダに対し、法に定められている手続を履践していることを保証するものとする。
3　ベンダは、第1項に従って個人情報等が提供される場合には、法を遵守し、個人情報等の管理に必要な措置を講ずるものとする。

　　(C)　知的財産権

　アセスメント段階に入る前の秘密保持契約締結の時点では、どのような知的財産権が生じるかについて予測することは困難な場合が多いことから、モデル契約書において示されている条項も、以下のとおり、一般的で簡潔なものとなっている[19]。PoC段階に進む場合には新たに契約を締結することも考えれば、交渉に時間や手間をかけないという意味で、合理性があると思われる。もっとも、アセスメント段階であっても、検証によって生じる知的財産権として予測できるものがある場合などには、PoC段階の導入検証契約や開発段階のソフトウェア開発契約の解説において述べるような条項を入れることを検討すべきである。

18　AIガイドライン94頁。
19　AIガイドライン82頁。

94

Ⅰ　契約による保護と対策

【条項例4】　知的財産権の取扱いについて、協議により定めるとする場合

第○条（知的財産権）

1　本契約に基づく秘密情報の開示によって、本契約で明示的に認めた内容を
　　除き、受領者は、開示者の秘密情報に関するいかなる権利についても、取得
　　し、また許諾を受けるものではない。

2　受領者は、開示者の秘密情報に基づき、新たに発明その他の知的財産（以
　　下あわせて「発明等」という。）が生じた場合、速やかに開示者に通知し、
　　当該発明等にかかる特許権その他の知的財産権の取扱いについて両者協議の
　　上決定するものとする。

【条項例5】　知的財産権の取扱いについて、発明者主義とする場合

第○条（知的財産権）

1　本契約に基づく秘密情報の開示によって、本契約で明示的に認めた内容を
　　除き、受領者は、開示者の秘密情報に関するいかなる権利についても、取得
　　し、また許諾を受けるものではない。

2　本件検討の過程で生じた発明その他の知的財産（以下あわせて「発明等」
　　という。）にかかる特許権その他の知的財産権（以下、特許権その他の知的
　　財産権を総称して「特許権等」という。）は、当該発明等を創出した者が属
　　する当事者に帰属するものとする。

3　ユーザおよびベンダが共同で行った発明等にかかる特許権等については、
　　ユーザおよびベンダの共有（持分は貢献度に応じて定める。）とする。この
　　場合、ユーザおよびベンダは、共有にかかる特許権等につき、それぞれ相手
　　方の同意なしに、かつ、相手方に対する対価の支払いの義務を負うことなく、
　　自ら実施または行使することができるものとする。

4　ユーザおよびベンダは、前項に基づき相手方と共有する特許権等について、
　　必要となる職務発明の取得手続（職務発明規定の整備等の職務発明制度の適
　　切な運用、譲渡手続等）を履践するものとする。

　どのような知的財産が生じるかについて予測することが困難な段階で契約
を締結することを考えると、契約当事者間の関係性が良好であって、発明等
が生じた場合に誠実に協議することが期待できる場合には、【条項例5】よ
りも【条項例4】のほうが望ましいのではないかと考える。

95

第４章　技術や情報を守るための対策

　なお、著作権の共有の場合、原則として、共有者全員の合意がないと権利を行使（共有者の自己利用も含む）することができないため（著作65条２項）、【条項例５】の３項では、自己利用を可能とする旨を規定している（ただし、本契約の締結時点で当然想定されている自己利用であれば、明示的な規定がなくとも、共有者全員の合意があるものと解釈できるのではないかと考える）。第三者への権利許諾については、【条項例４】【条項例５】のように特に規定していない場合、法律上の原則どおり他の共有者の同意が必要となる（特許73条３項、著作65条２項）。

　また、アセスメント段階において、ベンダが検討の結果を記載したレポートや報告書を作成してユーザに提供することも想定される。そのようなレポート等に著作物性が認められる場合には、作成主体であるベンダに著作権が帰属することになる（著作15条１項）。レポート等の作成・提供が想定されるときには、このことを前提に、レポート等のユーザへの利用許諾や利用条件について、【条項例６】[20]のような規定をおくことが考えられる。

【条項例６】　ベンダ作成の報告書等のユーザへの利用許諾や利用条件

> 　ベンダの秘密情報に、本件検討の結果について記載したベンダ作成の報告書（以下「報告書」という。）が含まれる場合、ユーザは報告書を本契約の終了後も使用することができるものとする。ただし、ユーザは、自己の社内利用に必要な範囲に限り、報告書を使用、複製および改変できるものとし、報告書を第三者に開示、提供または漏えいしてはならないものとする。

(D)　有効期間

　秘密保持契約書においては、契約終了後も秘密保持義務は存続することを前提に、契約の有効期間とは別に、秘密保持義務を負う期間を定めるのが一般的である。秘密保持期間については、契約当事者において交渉段階にあまり意識されていないこともあるように思われるが、当然ながら、不合理に短い期間であれば、情報開示者の情報の営業秘密該当性（非公知性）が失われてしまうリスクがあり[21]、他方、不合理に長い期間である場合や期間の定めが

20　AI ガイドライン81頁。

96

ない場合には、情報受領者が義務を負い続け、契約違反を追及されてしまったときには、個々の情報について、公知となっているなど、契約上の「秘密情報」にあたらないこと等を主張立証しなければならないという事態になりかねない。そのため、秘密保持期間は、対象となる秘密情報の性質に応じて合理的な期間になるよう、場合によっては秘密情報のカテゴリーごとに定めるなど、慎重に対応すべきであると考える。

(4) PoC 段階の導入検証契約書

(ア) 導入検証契約締結の場面・意義

PoC 段階の導入検証契約は、AI 技術の開発段階前に、ベンダとユーザとの間で締結されることが想定される。基本的にはユーザが保有している一定量のデータ（あるいは新たにデータを生成するのであれば生成されたデータ）を用いて、学習済みモデルの生成・精度向上作業を行い、事後の開発の可否や妥当性を検証することが多く、このような検証の結果はレポートにまとめられることが一般的である[22]。契約の法的性質としては、一定の成果物の完成を目的とする請負契約ではなく、検証のための業務の実施を目的とする準委任契約として考えることが適切である場合が多いと思われる。AI ガイドラインのモデル契約書も、準委任型を前提として作成されている[23]。

アセスメント段階に比べると、ユーザがベンダに委託料を支払ったうえ、双方がより多くの情報や技術等を開示しながら、連携して検証を進めることになるため、責任に関する規定などをより具体的に定めることが、ユーザ、ベンダの双方にとって重要となるといえる。

なお、PoC 段階であっても、実施する内容は開発段階に近い場合もあり、その場合には、開発段階のソフトウェア開発契約の解説において述べるような条項も入れることを検討する必要がある。

---

21 ただし、平成30年改正不正競争防止法では、営業秘密に該当しないデータであっても、ID・パスワード等の管理を施したうえで提供されるデータ（限定提供データ）の不正取得・使用等を新たに「不正競争」行為とし、これに対する差止請求等の民事上の救済措置が設けられている。

22 AI ガイドライン45頁。

23 AI ガイドライン86頁等。

第4章　技術や情報を守るための対策

　㈡　特に留意すべき条項

　　(A)　ベンダの責任の制限

　ベンダとしては、検証段階において一定の成果を達成することを法的な義務として負担することは難しい場合が多いと思われる。そのため、契約の法的性質を準委任契約と考えることを前提に、ベンダの立場からは、【条項例7】[24]のような条項を入れるべきである。他方、ユーザの立場からすると、委託料等を含む契約条件の取り決めの際に、ベンダが一定の成果の達成の義務まで負うことを前提としていたような場合には、【条項例7】のような条項は受け入れられないことになるだろう。

【条項例7】　ベンダの義務

第○条（ベンダの義務）
　ベンダは、善良なる管理者の注意をもって本検証を遂行する義務を負う。ベンダは、本検証について完成義務を負うものではなく、本検証に基づく何らかの成果の達成や特定の結果等を保証するものではない。

　また、ユーザがベンダに対してデータを提供する場合、提供することが合意された対象データについて、その量が不十分であったり内容に誤りがあったときは、検証ができなかったり、成果物に瑕疵等が生じてしまう可能性がある。そのため、ベンダとしては、そのような場合には責任を負わないことを契約書に明記しておくことが望ましい。モデル契約書にも【条項例8】の規定が記載されている[25]。

【条項例8】　ユーザがベンダに提供するデータ等

　ユーザがベンダに対し提供等を行った対象データおよび資料等の内容に誤りがあった場合、またはかかる提供等を遅延した場合、これらの誤りまたは遅延によって生じた本検証の遅延、ベンダ提供物の瑕疵（法律上の瑕疵を含む。）等の結果について、ベンダは責任を負わない。
　※対象データ：本検証の対象となる、別紙記載のデータをいう。

24　AIガイドライン88頁。
25　AIガイドライン91頁、86〜87頁。

> ※本検証：ベンダの○○のユーザへの導入・適用に関する検証をいい、詳細
> は別紙に定める。
> ※ベンダ提供物：ベンダがユーザに提供する旨、別紙に記載する報告書その
> 他の資料をいう。

さらに、ベンダがユーザに提供する成果物について、特にそれがレポート等である場合には、その利用について第三者の知的財産権を侵害しないことをベンダに保証させる必要性は小さいと思われ、ベンダの立場からは、【条項例9】のような条項を入れることが考えられる。他方、ユーザの立場からすると、上記と同様、委託料等を含む契約条件の取り決めの際に前提としていた内容と異なる場合、このような条項は受け入れられないことになるだろう。

【条項例9】 成果物の知的財産権侵害の非保証

> 第○条（知的財産権侵害の非保証）
> ベンダはユーザに対して、ベンダ提供物の利用が第三者の知的財産権を侵害しない旨の保証を行わない。

(B) 知的財産権の取扱い

知的財産権の取扱いに関して、まず、ユーザから提供されたデータや資料に係る知的財産権については、一般的には、データの提供によって、ベンダに対する譲渡や目的外の利用許諾がなされるものではないと考えるのが合理的である。そこで、【条項例10】のような条項を入れることが考えられる。

【条項例10】 ユーザから提供されたデータ等に係る知的財産権の取扱い

> ベンダは、本契約に別段の定めがある場合を除き、対象データの提供等により、ユーザの知的財産権を譲渡、移転、利用許諾するものでないことを確認する。

また、ベンダからユーザに提供される成果物に係る知的財産権については、それが、検証結果について記載したレポート（内容はさまざまであるが、たと

---

26 AI ガイドライン97頁。
27 AI ガイドライン92頁。

第4章　技術や情報を守るための対策

えば、検証時に用いた分析手法や、データ処理の手法、検証のために試作したモデルの精度等について記載されることが想定される）であることを前提とすると、著作権に関しては、【条項例11】が合理性のある条項の一つであると考えられる。[28]

【条項例11】　成果物等の著作権

第〇条（ベンダ提供物等の著作権）
1　ベンダ提供物および本検証遂行に伴い生じた知的財産に関する著作権（著作権法27条および28条の権利を含む。）は、ユーザまたは第三者が従前から保有しているものを除き、ベンダに帰属するものとする。
2　ベンダは、ユーザに対し、ユーザが本検証の結果について検討するために必要な範囲に限って、ユーザ自身がベンダ提供物を使用、複製および改変することを許諾するものとする。ユーザは、かかる許諾範囲を超えてベンダ提供物を利用しないものとし、またベンダ提供物を第三者に開示または提供してはならないものとする。
3　ユーザによるベンダ提供物の使用、複製および改変、並びに当該複製等により作成された複製物等の使用は、ユーザの負担と責任により行われるものとする。ベンダはユーザに対して、本契約で別段の定めがある場合または自らの責に帰すべき事由がある場合を除いて、ユーザによるベンダ提供物の使用等によりユーザに生じた損害を賠償する責任を負わない。
4　ベンダは、ユーザに対し、本契約に従ったベンダ提供物の利用について、著作者人格権を行使しないものとする。
［オプション条項：フィードバック規定］
5　本検証遂行の過程で、ユーザがベンダに対し、本検証に関して何らかの提案や助言を行った場合、ベンダはそれを無償で、ベンダの今後のサービスの改善のために利用することができるものとする。

また、特許権等に関しては、PoC段階であっても、検証遂行の過程で共同して発明等が生じる場合に、それがどのような発明等であるか、十分に予測できないことが多いと思われることから、【条項例12】【条項例13】のよう[29]

28　AIガイドライン95頁。
29　AIガイドライン96頁。

I 契約による保護と対策

に、一般的な内容を定めることにも合理性があると思われる。契約当事者間の関係性が良好であって、将来共同して発明等が生じた場合に誠実に協議することが期待できる場合には、【条項例13】よりも【条項例12】のほうが望ましいのではないかと考える。

【条項例12】　共同発明等に係る特許権等の権利帰属を協議のうえ定める場合

第○条（特許権等）
1　本検証遂行の過程で生じた発明その他の知的財産（以下あわせて「発明等」という。）にかかる特許権その他の知的財産権（ただし、著作権は除く。）（以下、特許権その他の知的財産権を総称して「特許権等」という。）は、当該発明等を創出した者が属する当事者に帰属するものとする。
2　ユーザおよびベンダが共同で行った発明等にかかる特許権等の、権利帰属その他の取扱いについては、両者間で協議の上決定するものとする。
3　ユーザおよびベンダは、前項に基づき相手方と共有する特許権等について、必要となる職務発明の取得手続（職務発明規定の整備等の職務発明制度の適切な運用、譲渡手続等）を履践するものとする。

【条項例13】　共同発明等に係る特許権等の権利帰属を共有とする場合

第○条（特許権等）
1　本検証遂行の過程で生じた発明その他の知的財産（以下あわせて「発明等」という。）にかかる特許権その他の知的財産権（ただし、著作権は除く。）（以下、特許権その他の知的財産権を総称して「特許権等」という。）は、当該発明等を創出した者が属する当事者に帰属するものとする。
2　ユーザおよびベンダが共同で行った発明等にかかる特許権等については、ユーザおよびベンダの共有（持分は貢献度に応じて定める。）とする。この場合、ユーザおよびベンダは、共有にかかる特許権等につき、それぞれ相手方の同意なしに、かつ、相手方に対する対価の支払いの義務を負うことなく、自ら実施することができるものとする。
3　ユーザおよびベンダは、前項に基づき相手方と共有する特許権等について、必要となる職務発明の取得手続（職務発明規定の整備等の職務発明制度の適切な運用、譲渡手続等）を履践するものとする。

第4章　技術や情報を守るための対策

(C)　対象データの管理

　検証のためにユーザからベンダにデータが提供される場合、そのデータについては、一般的な守秘義務条項とは異なる規定を設けることが考えられる。たとえば、モデル契約書においては、「秘密情報」にあたらない情報を定める例外規定を設けないなど、提供データに関する秘密保持条項が【条項例14】のとおり特別に定められている。[30]このようにすることで、ユーザは、提供するデータについて、営業秘密や限定提供データとして、不正競争防止法上の保護を受けることが可能となりうる。

【条項例14】　対象データの管理

第○条（対象データの管理）
1　ベンダは、対象データを、善良な管理者の注意をもって管理、保管するものとし、ユーザの事前の書面による承諾を得ずに、第三者（本契約第○条に基づく委託先を除く。）に開示、提供または漏えいしてはならないものとする。
2　ベンダは、対象データについて、事前にユーザから書面による承諾を得ずに、本検証の遂行の目的以外の目的で使用、複製および改変してはならず、本検証遂行の目的に合理的に必要となる範囲でのみ、使用、複製および改変できるものとする。
3　ベンダは、対象データを、本検証の遂行のために知る必要のある自己の役員および従業員に限り開示するものとし、この場合、本条に基づきベンダが負担する義務と同等の義務を、開示を受けた当該役員および従業員に退職後も含め課すものとする。
4　ベンダは、対象データのうち、法令の定めに基づき開示すべき情報を、可能な限り事前にユーザに通知した上で、当該法令の定めに基づく開示先に対し開示することができるものとする。
5　本検証が完了し、もしくは本契約が終了した場合またはユーザの指示があった場合、ベンダは、ユーザの指示に従って、対象データ（複製物および改変物を含む。）が記録された媒体を破棄もしくはユーザに返還し、また、ベンダが管理する一切の電磁的記録媒体から削除するものとする。なお、ユーザはベンダに対し、対象データの破棄または削除について、証明する文書の

30　AIガイドライン92〜93頁。

102

提出を求めることができる。

〈略〉

7　本条の規定は、前項を除き、本契約が終了した日より○年間有効に存続するものとする。

(5)　開発段階のソフトウェア開発契約書

㋐　ソフトウェア開発契約締結の場面・意義

　開発段階のソフトウェア開発契約は、PoC段階を経て生成可能性があると判断された学習済みモデルの生成を行う場合等に、ユーザとベンダとの間で締結することが想定される。具体的には、ユーザが提供するデータを基にベンダが学習用データセットを生成したうえで学習済みモデルを生成するという場合が想定され、AIガイドラインのモデル契約書もこのようなケースを前提としてつくられている[31]。

　契約の法的性質としては、開発段階においても、ベンダとして、一定の成果物の完成を目的とする請負契約とすることはリスクが高く、特定の学習済みモデルの生成業務を行うことを目的とする準委任契約として考えることが適切である場合が多いと思われる。AIガイドラインのモデル契約書も、準委任型を前提として作成されている[32]。

　PoC段階に比べると、実際にベンダが学習済みモデルをユーザに提供することから、その権利関係や利用に関してどのような取り決めをするのか、さらに学習済みモデルに関する責任をどのように負担するかなどを、ベンダとユーザとの間で協議し、明確に契約書に定めることが、ユーザ、ベンダの双方にとって非常に重要となる。

㋑　特に留意すべき条項

(A)　定　義

　契約内容を明確にするため、特に開発段階のソフトウェア開発契約においては、用語の定義を規定することが望ましいといえる。特に、「学習済みモ

31　AIガイドライン102頁。
32　AIガイドライン47～49頁、105～106頁参照。

第4章　技術や情報を守るための対策

デル」という言葉は、実務上、利用する者によって、「学習用データセット」、「学習用プログラム」、「推論プログラム」、「学習済みパラメータ」、「その他派生的な成果物」を含んだ概念として多義的に用いられる場合があるため、「学習済みモデル」が具体的にどのような意味で使用されているのか、具体的にどこまでの範囲（成果物）が学習済みモデルを意味するのかについては、契約当事者間において、十分に議論を行い、明確に定めておくことが望ましい[33]。モデル契約書には【条項例15】[34]のとおりの定義規定が設けられている。

【条項例15】　定義規定（ソフトウェア開発契約）

第○条（定義）
1　データ
　電磁的記録（電子的方式、磁気的方式その他の方法で作成される記録であって、電子計算機による情報処理の用に供されるものをいう。）をいう。
2　本データ
　別紙「業務内容の詳細」の「本データの明細」に記載のデータをいう。
3　学習用データセット
　本データを本開発のために整形または加工したデータをいう。
4　学習用プログラム
　学習用データセットを利用して、学習済みモデルを生成するためのプログラムをいう。
5　学習済みモデル
　特定の機能を実現するために学習済みパラメータを組み込んだプログラムをいう。
6　本学習済みモデル
　本開発の対象となる学習済みモデルをいう。
7　再利用モデル
　本学習済みモデルを利用して生成された新たな学習済みモデルをいう。
8　学習済みパラメータ
　学習用プログラムに学習用データセットを入力した結果生成されたパラメータ（係数）をいう。

33　AI ガイドライン103頁。
34　AI ガイドライン102〜103頁。

9　知的財産

　発明、考案、意匠、著作物その他の人間の創造的活動により生み出されるもの（発見または解明がされた自然の法則または現象であって、産業上の利用可能性があるものを含む。）および営業秘密その他の事業活動に有用な技術上または営業上の情報をいう。

10　知的財産権

　特許権、実用新案権、意匠権、著作権その他の知的財産に関して法令により定められた権利（特許を受ける権利、実用新案登録を受ける権利、意匠登録を受ける権利を含む。）をいう。

11　本件成果物

　別紙「業務内容の詳細」の「ベンダがユーザの委託に基づき開発支援を行う成果物の明細」に記載された成果物をいう。

(B)　提供データの利用・管理

　ユーザからベンダに提供されたデータについて、ユーザとしては、ベンダに秘密保持義務を課し、開発以外の目的で使用することを禁止することを希望し、他方で、ベンダにおいては、ユーザから提供されたデータを、開発とは別の目的、たとえば、別サービスの開発のために利用できるようにすることを希望する場合が考えられる。また、ベンダが、生成された学習済みモデルやそれを利用した再利用モデル[35]等を第三者に提供する行為についても、ユーザから提供されたデータの他目的利用にあたるとの疑義がユーザから呈される可能性がある。

　このような他目的利用については、契約締結前から契約当事者間で協議し、一定の条件を前提に許容する場合には、契約書にその旨を明記することが重要になる。【条項例16】においても、提供データの他目的利用を許容する条項が２項ただし書に設けられており、合意された他目的利用の範囲を別紙

---

[35] 「再利用モデル」とは、追加学習（既存の学習済みモデルに、異なる学習用データセットを適用して、さらなる学習を行うことで、新たに学習済みパラメータを生成すること）により新たに生成された学習済みパラメータが組み込まれた推論プログラムを意味する。また、「蒸留モデル」とは、蒸留（既存の学習済みモデルへの入力および出力結果を、新たな学習済みモデルの学習用データセットとして利用して、新たな学習済みパラメータを生成すること）により新たに生成された学習済みパラメータが組み込まれた推論プログラムを意味する（AIガイドライン15〜16頁）。

第4章　技術や情報を守るための対策

「ユーザ提供データの利用条件」に記載することとされている。なお、以下の規定は、提供データそのものの利用・管理を定めた規定であって、これを利用して生成された学習済みモデル、学習用データセット等は、提供データの派生データを含むのが一般的であるが、これらの利用・管理については、別途定めることが合理的と考えられる。[36]

【条項例16】　ユーザ提供データの利用・管理

第○条（ユーザ提供データの利用・管理）

1　ベンダは、ユーザ提供データを、善良な管理者の注意をもって管理、保管するものとし、ユーザの事前の書面による承諾を得ずに、第三者（第○条に基づく委託先を除く。）に開示、提供または漏えいしてはならないものとする。

2　ベンダは、事前にユーザから書面による承諾を得ずに、ユーザ提供データについて本開発遂行の目的以外の目的で使用、複製および改変してはならず、本開発遂行の目的に合理的に必要となる範囲でのみ、使用、複製および改変できるものとする。ただし、別紙に別段の定めがある場合はこの限りではない。

3　ベンダは、ユーザ提供データを、本開発遂行のために知る必要のある自己の役員および従業員に限り開示するものとし、この場合、本条に基づきベンダが負担する義務と同等の義務を、開示を受けた当該役員および従業員に退職後も含め課すものとする。

4　ベンダは、ユーザ提供データのうち、法令の定めに基づき開示すべき情報を、可能な限り事前にユーザに通知した上で、当該法令の定めに基づく開示先に対し開示することができるものとする。

5　本件業務が完了し、もしくは本契約が終了した場合またはユーザの指示があった場合、ベンダは、ユーザの指示に従って、ユーザ提供データ（複製物および改変物を含む。）が記録された媒体を破棄もしくはユーザに返還し、また、ベンダが管理する一切の電磁的記録媒体から削除するものとする。ただし、本条第2項での利用に必要な範囲では、ベンダはユーザ提供データ（複製物および改変物を含む。）を保存することができる。なお、ユーザはベンダに対し、ユーザ提供データの破棄または削除について、証明する文書の

---

[36]　AIガイドライン110〜112頁。

I 契約による保護と対策

提出を求めることができる。

6　ベンダは、本契約に別段の定めがある場合を除き、ユーザ提供データの提供等により、ユーザの知的財産権を譲渡、移転、利用許諾するものでないことを確認する。

7　本条の規定は、前項を除き、本契約が終了した日より○年間有効に存続するものとする。

(C)　秘密保持義務

AI技術を利用したソフトウェア開発の場合、ベンダとしては、開発過程で生じた学習用データセットや、成果物である学習済みモデル、または学習済みモデルを基に生成された再利用モデルを秘密情報として取り扱う必要がある場合も想定しうる。その場合には、これらが秘密保持義務の対象である「秘密情報」に含まれる旨を明示的に規定することが必要となる。

このような対応を行わないと、これらの営業秘密該当性（秘密管理性、非公知性）が失われてしまうリスクがある。また、特に大量の学習済みモデルがユーザに提供される場合には、それらの学習済みモデルを利用して、ユーザないしユーザからその提供を受けた第三者が、ベンダの開発したプログラムと同様の機能をもつ分析エンジンを、帰納的に生成できてしまう可能性も否定できないように思われる。このような場合には、ユーザに秘密保持義務や目的外使用の禁止を課すことがベンダにとって非常に重要になる。

なお、学習用データセット、学習済みモデルおよび再利用モデル等を秘密情報に含める場合は、特許を受ける権利が帰属する当事者が出願を行うときには、秘密保持義務の適用を除外する等の定めが必要となると考えられる。[38]

(D)　成果物の権利に関する条項

AI技術を利用したソフトウェアの開発においては、開発対象として合意された「本件成果物」（学習済みモデル等）や、「開発の過程で生じる知的財

37　ただし、平成30年改正不正競争防止法では、営業秘密に該当しないデータであっても、ID・パスワード等の管理を施したうえで提供されるデータ（限定提供データ）の不正取得・使用等を新たに「不正競争」行為とし、これに対する差止請求等の民事上の救済措置が設けられている。

38　AIガイドライン113頁。

第4章 技術や情報を守るための対策

産」（学習用データセット、学習済みパラメータ、発明、ノウハウ等）が生じる。
これらの「本件成果物」や「開発の過程で生じる知的財産」（本件成果物等）
の中には、知的財産権の対象になるものと、対象にならないものが含まれる。
知的財産権の対象となるものについては、その帰属について、ならないもの
については、その利用条件について、ユーザ、ベンダ間で協議をしたうえ、
契約で明確に規定しておくことが必要になる。モデル契約書においては、以
下の構成によって規定が設けられている[39]。

・本件成果物等のうち「著作権の対象となるもの」の権利帰属
・本件成果物等のうち「著作権以外の知的財産権の対象となるもの」の権
　利帰属
・利用条件

【条項例17】　成果物等の著作権①──ベンダに著作権を帰属させる場合

第○条（本件成果物等の著作権）
1　本件成果物および本開発遂行に伴い生じた知的財産（以下「本件成果物
　等」という。）に関する著作権（著作権法第27条および第28条の権利を含
　む。）は、ユーザまたは第三者が従前から保有していた著作物の著作権を除
　き、ベンダに帰属する。
2　ユーザおよびベンダは、本契約に従った本件成果物等の利用について、他
　の当事者および正当に権利を取得または承継した第三者に対して、著作者人
　格権を行使しないものとする。

【条項例18】　成果物等の著作権②──ユーザに著作権を帰属させる場合

第○条（本件成果物等の著作権）
1　本件成果物および本開発遂行に伴い生じた知的財産（以下「本件成果物
　等」という。）に関する著作権（著作権法第27条および第28条の権利を含
　む。）は、ユーザのベンダに対する委託料の支払いが完了した時点で、ベン
　ダまたは第三者が従前から保有していた著作物の著作権を除き、ユーザに帰
　属する。なお、かかるベンダからユーザへの著作権移転の対価は、委託料に
　含まれるものとする。

_____

[39]　AIガイドライン114～119頁。

108

I　契約による保護と対策

2　ユーザおよびベンダは、本契約に従った本件成果物等の利用について、他の当事者および正当に権利を取得または承継した第三者に対して、著作者人格権を行使しないものとする。

【条項例19】　成果物等の著作権③──ユーザ・ベンダの共有とする場合

第○条（本件成果物等の著作権）

1　本件成果物および本開発遂行に伴い生じた知的財産（以下「本件成果物等」という。）に関する著作権（著作権法第27条および第28条の権利を含む。）は、ユーザのベンダに対する委託料の支払いが完了した時点で、ユーザ、ベンダまたは第三者が従前から保有していた著作物の著作権を除き、ベンダおよびユーザの共有（持分均等）とする。なお、ベンダからユーザへの著作権移転の対価は、委託料に含まれるものとする。

2　前項の場合、ユーザおよびベンダは、共有にかかる著作権につき、本契約に別に定めるところに従い、前項の共有にかかる著作権の行使についての法律上必要とされる共有者の合意を、あらかじめこの契約により与えられるものとし、相手方の同意なしに、かつ、相手方に対する対価の支払いの義務を負うことなく、自ら利用することができるものとする。

3　ユーザおよびベンダは、相手方の同意を得なければ、第1項所定の著作権の共有持分を処分することはできないものとする。

4　ユーザおよびベンダは、本契約に従った本件成果物等の利用について、他の当事者および正当に権利を取得または承継した第三者に対して、著作者人格権を行使しないものとする。

【条項例20】　成果物等の特許権等

第○条（本件成果物等の特許権等）

1　本件成果物等にかかる特許権その他の知的財産権（ただし、著作権は除く。以下「特許権等」という。）は、本件成果物等を創出した者が属する当事者に帰属するものとする。

2　ユーザおよびベンダが共同で創出した本件成果物等に関する特許権等については、ユーザおよびベンダの共有（持分は貢献度に応じて定める。）とする。この場合、ユーザおよびベンダは、共有にかかる特許権等につき、本契約に定めるところに従い、それぞれ相手方の同意なしに、かつ、相手方に対する対価の支払いの義務を負うことなく、自ら実施することができるものと

109

第4章　技術や情報を守るための対策

する。

3　ユーザおよびベンダは、前項に基づき相手方と共有する特許権等について、必要となる職務発明の取得手続（職務発明規定の整備等の職務発明制度の適切な運用、譲渡手続等）を履践するものとする。

【条項例21】　成果物等の利用条件①──原則型

第○条（本件成果物等の利用条件）
　ユーザおよびベンダは、本件成果物等について、別紙「利用条件一覧表」記載のとおりの条件で利用できるものとする。同別紙の内容と本契約の内容との間に矛盾がある場合には同別紙の内容が優先するものとする。

【条項例22】　成果物等の利用条件②──ベンダ著作権帰属型（【条項例17】）の場合のシンプルな規定

第○条（本件成果物等の利用条件）
　ベンダは、本件成果物等を利用でき、ユーザは、本件成果物をユーザ自身の業務のためにのみ利用できる。

【条項例23】　成果物等の利用条件③──ユーザ著作権帰属型（【条項例18】）の場合のシンプルな規定

第○条（本件成果物等の利用条件）
　ユーザは、本件成果物等を利用でき、ベンダは、本件成果物等を本開発遂行のためにのみ利用できる。

　上記のモデル契約書のように、著作権の帰属とそれ以外の知的財産権の帰属について規定を分けることは、著作権については、一身専属権であり他人に譲渡できない著作者人格権の問題があることなど定めるべき内容が異なることから、一般的といえる。もっとも、上記のモデル契約書と異なり、著作権以外の知的財産権の帰属についても、原則として当事者のいずれに帰属させるかをあらかじめ規定することも考えられる。

　ベンダの立場からすると、特に、学習済みモデル等の成果物が当該ユーザ以外にも展開することが可能な汎用的なものである場合には、ベンダに権利帰属をさせたうえで、ユーザに限定的な範囲で利用許諾をする要請が大きく

110

なると考えられる。また、AI生成物等から学習済みモデル（学習済みパラメータ）を再現できてしまうおそれがあるような場合にも、ベンダに権利帰属させ、ユーザの利用範囲を制限する必要があると考えられる。

　他方、学習済みモデル等の成果物に汎用性がない場合で、特にユーザのデータが成果物の生成に寄与している場合等には、ユーザに権利帰属をさせることが合理的と考えられる。

　また、ベンダとしては、成果物の利用によって大きな損害が生じるおそれがあるため、その責任の範囲を限定することが重要と考えられる場合に、それとの見合いで、権利はユーザに帰属させることを受け入れるという判断もあり得るように思われる。

　なお、仮に学習済みモデルが、ベンダと複数のユーザとがそれぞれ寄与して生成されたものである場合、その取扱いについて、複数のユーザ間で著しく均衡を失し、これによっていずれかのユーザが不当に不利益を受ける場合には、優越的地位の濫用や共同行為における差別取扱いにあたるとして、独占禁止法上の問題も生じ得ると思われる[40]（後記Ⅴ参照）。

2．データの取扱いに関する契約

(1) 契約締結の必要性

　企業等が保有するデータは、それを収集し、加工・分析等して、事業活動に利用することで大きな価値が創出されることがあるから、より多数のデータを収集し、価値を高めるため、データを第三者に提供して利活用したいと考えている企業等も多いと思われる。

　他方で、データを第三者に提供することは、自社の営業秘密やノウハウの流出につながるリスクがあり、また、提供するデータによっては個人情報やプライバシー権の侵害の問題も生じ得る。データが不正競争防止法の保護する営業秘密に該当し、その不正使用等がなされた場合や、平成30年改正不正

---

[40]　公正取引委員会「共同研究開発の成果の取扱い」〈https://www.jftc.go.jp/dk/soudanjirei/fukousei/sabetsu02.html〉

111

第4章　技術や情報を守るための対策

競争防止法の定める限定提供データに対する不正競争行為にあたる行為がなされた場合は、不正競争防止法に基づく差止請求等も可能であるが、このような救済規定は、当然ながら法の定める不正競争行為の要件を満たさなければ適用されない。そのため、データ提供にあたり、受領者と契約を締結し、厳格な秘密保持義務を課すことは、データ流出が生じるリスクを下げるということを考えても、非常に重要となる。さらに、不正競争防止法上の営業秘密に該当する要件である秘密管理性や、限定提供データに該当する要件である電磁的管理性が充足されるようにするという観点からも、受領者に契約上秘密保持義務を課すことは重要といえる。

　また、提供データを加工、分析、編集、統合等することによって新たにデータ（派生データ）が生じる可能性があることから、その利用権限について定めることや、提供データに問題があった場合の責任、提供データを利用したことに起因して損害が生じた場合の責任等についても、後に紛争が生じることを避けるため、あらかじめ契約により明確にしておくことが望ましい。

(2)　データガイドラインの概要

　平成30年6月に公表されたデータガイドラインは、データの利用、加工、譲渡その他取扱いに関する契約（データ契約）を、①「データ提供型」、②「データ創出型」、③「データ共用型」の3つの類型に分類し、各類型について分析を行っている。各類型の意義は、次のとおり説明されている。[41]

(ア)　「データ提供型」契約

　取引の対象となるデータを一方当事者（データ提供者）のみが保持しているという事実状態について契約当事者間で争いがない場合において、データ提供者から他方当事者に対して当該データを提供する際に、当該データに関

41　なお、農林水産省「農業分野におけるデータ契約ガイドライン」（平成30年12月）〈http://www.maff.go.jp/j/kanbo/tizai/brand/b_data/attach/pdf/deta-50.pdf〉も、データ契約を「データ提供型」、「データ創出型」、「データ共用型」の3つの類型に整理したうえで、類型ごとに契約条項例や主な法的論点等を説明している。同ガイドラインは、農業分野において今後データの利活用が加速度的に拡大することが見込まれる中、農業現場の実態に沿ったデータの提供・利活用に関するルールの必要性を踏まえて、策定されたものである。

112

する他方当事者の利用権限その他データ提供条件等を取り決めるための契約をいう。データの譲渡、データのライセンス（利用許諾）、データの共同利用（相互利用許諾）の3つの類型として整理することができる[42]。

　㈡　「データ創出型」契約

　複数当事者が関与することにより、従前存在しなかったデータが新たに創出されるという場面において、データの創出に関与した当事者間で、データの利用権限等を取り決めるための契約をいう。本類型の対象には、たとえば、センサ等によって検知されるいわゆる生データが含まれるほか、そのようなデータを加工、分析、編集、統合等することによって得られる派生データも含まれる[43]。

　㈢　「データ共用型」契約

　プラットフォームを利用したデータの共用を目的とする類型の契約をいう。データガイドラインでは、異なる企業グループに属する複数の事業者がデータをプラットフォームに提供し、プラットフォームが当該データを集約・保管、加工または分析し、複数の事業者がプラットフォームを通じて当該データを共用または活用するという取組みが主として念頭におかれている[44]。

⑶　データ提供型・データ創出型の契約書

　㈠　基本的な考え方

　データガイドラインは、上述のとおり3つの類型に分類したうえで、①データ提供型と②データ創出型について、それぞれモデル契約書案を示している。もっとも、データ提供型かデータ創出型かによって大きく契約内容が変わるわけではなく、実務的には、「まずどちらの分類にあたるかを判断し、それによって契約条項を決める」という考え方よりも、締結しようとする契約の目的・趣旨によって個別に各条項の内容を検討することが望ましいと思われる。そこで、本書においては、データ提供型、データ創出型の分類を出発

42　データガイドライン24〜27頁。
43　データガイドライン49頁。
44　データガイドライン65頁。

第4章　技術や情報を守るための対策

点とせず、双方の類型を前提にしたうえで、重要となる条項について解説する。

(イ)　特に留意すべき条項

(A)　提供データの利用に関する条項

　提供データの利用権限に関しては、一方当事者のみがデータを提供し、利用許諾することが想定される場合には、【条項例24】[45]のような規定を設けることが考えられる。

【条項例24】　提供データの利用許諾

第○条（提供データの利用許諾）
1　甲は、乙に対して、提供データを本契約の有効期間中、本目的の範囲内でのみ利用することを許諾する。
2　乙は、本契約で明示的に規定されるものを除き、提供データについて開示、内容の訂正、追加または削除、利用の停止、消去および提供の停止を行うことのできる権限を有しない。
3　乙は、甲の書面による事前の承諾のない限り、本目的以外の目的で提供データを加工、分析、編集、統合その他の利用をしてはならず、提供データを第三者（乙が法人である場合、その子会社、関連会社も第三者に含まれる）に開示、提供、漏えいしてはならない。
4　提供データに関する知的財産権（データベースの著作物に関する権利を含むが、これに限らない）は、甲に帰属する。ただし、提供データのうち、第三者に知的財産権が帰属するものはこの限りではない。

(B)　創出等されたデータの利用に関する条項

　双方当事者がデータを提供し、共同して事業を行う中で創出、取得、収集されたデータの利用権限に関しては、【条項例25】のように、個別のデータごとに別紙によって利用権限を設定することが考えられる[46]。別紙により利用権限が定められていないデータについては、一方当事者のいずれかが利用権限を有すると定めることや（［案1］）、当事者間で別途合意をしたうえで利用権限を定めること（［案2］）が考えられるが、当事者のいずれかが特にデ

45　データガイドライン106頁。
46　データガイドライン120～122頁。

114

ータの創出等に寄与が大きいことを主張できる場合には、[案1]のような合意をめざすことが合理的と思われる。

【条項例25】　データの利用権限の配分

第○条（データの利用権限の配分）

1　対象データに対する利用権限の内容は、別紙Aにおいて対象データの種類ごとにそれぞれ定める。

　＊対象データ：本件事業に基づいて、創出、取得または収集されたデータをいう。

[案1]

2　対象データのうち、別紙Aに定めがないものについては、当該対象データの利用、開示、譲渡（利用許諾を含む）および処分を含む当該対象データに係る一切の利用権限は、[甲or乙]が有する。

[案2]

2　対象データのうち、別紙Aに定めがないものについては、両当事者間で別途合意をした上で、当該対象データの利用権限を定めるものとする。

3　甲および乙は、前項および別紙Aにより、各当事者に認められた利用権限の範囲を超えて、対象データを利用、開示、譲渡（利用許諾を含む）および処分をすることはできない。

別紙A　対象データに対する利用権限

	データ名	データ項目	対象期間	甲の利用権限	乙の利用権限
1	○○	【機器名、センサ名等、データを特定するに足りる情報】	【2018/○/○ ～2019/○/○】の期間に取得されたもの	【利用目的】【第三者提供（譲渡または利用許諾）の可否】【加工等の可否】	【利用目的】【第三者提供（譲渡または利用許諾）の可否】【加工等の可否】

　⒞　**派生データ等の権利・利用に関する条項**

　提供データを利用する当事者によって生成される派生データについて、その利用権限の有無・配分や知的財産権の帰属は、法律上当然には定まらなか

115

第4章　技術や情報を守るための対策

ったり、一義的に明確とはならないこともあることから、契約においてその点を明らかにしておくことが望ましい。以下は、【条項例26】がデータ提供者に派生データの利用を認めない案、【条項例27】がデータ提供者に派生データの利用を非独占的に許諾する案[47]、【条項例28】が派生データの利用権限の有無について、契約書では明示せずに別途協議で定めるとする案である[48]。データ提供者の立場からは、派生データの生成にあたり、提供データの寄与が大きいといった事情があれば、【条項例27】の合理性を主張しやすいと思われる。

【条項例26】　データ提供者が、派生データの利用権限および提供データに基づいて生じた知的財産権を有さない場合

1　派生データに関しては、当事者間で別途合意した場合を除き、乙のみが一切の利用権限を有する。
2　提供データの乙の利用に基づき生じた発明、考案、創作および営業秘密等に関する知的財産権は、乙に帰属する。

【条項例27】　データ受領者だけでなく、データ提供者も、派生データの利用権限および提供データに基づいて生じた知的財産権の利用権限を有する場合

1　派生データに関して、乙がその利用権限を有し、乙は、甲に対して、○○の範囲において［○○の目的の範囲において］派生データを無償［有償］で利用することを許諾する。
2　提供データの乙の利用に基づき生じた発明、考案、創作および営業秘密等に関する知的財産権は、乙に帰属する。ただし、乙は、甲に対し、当該知的財産権について無償［有償］の実施許諾をする。
3　派生データ、および前項の提供データの乙の利用に基づき生じた発明等に関する知的財産権の、乙から甲に対する利用許諾の条件の詳細については、甲および乙の間において別途協議の上決定する。

47　データ提供者が派生データに関する一切の権利（著作27条および28条の権利を含むがこれに限られない）の譲渡を受ける場合や、派生データについて独占的に利用許諾を受ける場合は、独占禁止法における不公正な取引方法に該当する可能性があるので注意が必要である（データガイドライン116頁）。
48　データガイドライン115〜116頁。

116

I　契約による保護と対策

　　4　乙が、派生データを利用して行った事業またはサービスによって売上げを
　　　得たときには、乙が得た売上金額の○％を甲に対して支払う。その支払条件
　　　については甲および乙の間において別途協議の上決定する。

**【条項例28】　派生データの利用権限の有無および提供データに基づいて生じた
　知的財産権の帰属を協議で定める場合**

　　派生データの利用権限の有無、ならびに提供データの乙の利用に基づいて生
　じた発明、考案、創作および営業秘密等に関する知的財産権の帰属については、
　甲および乙の間において別途協議の上、決定するものとする。

　他方、契約当事者の双方が共同することで派生データが創出されることが
想定される場合には、【条項例29】[49]のような利用権限の定めを設けることが
考えられる。

【条項例29】　データの加工等および派生データの利用権限

　第○条（データの加工等および派生データの利用権限）
　［案１］
　　1　前条に定める対象データの利用権限に基づき行われた加工等により得られ
　　　た派生データに対する利用権限は、加工等の対象となった対象データに対す
　　　る利用権限に準じる。
　［案２］
　　1　前条に定める対象データの利用権限に基づき行われた加工等により得られ
　　　た派生データに対する利用権限は、別紙Bにおいて対象データの種類ごと
　　　にそれぞれ定める。ただし、派生データのうち、別紙Bに特段の定めがな
　　　いものについては、両当事者間で別途合意をした上で、当該派生データの利
　　　用権限を定めるものとする。
　　2　甲および乙は、前項および別紙Bにより、各当事者に認められた利用権
　　　限の範囲を超えて、派生データを利用、開示、譲渡（利用許諾を含む）およ
　　　び処分をすることはできない。

49　データガイドライン122～123頁。

第4章　技術や情報を守るための対策

別紙B　派生データの利用権限

	データ名	元データ	対象期間	甲の利用権限	乙の利用権限
1	○○【例：○○の平均値、分散、標準偏差／○○と△△の相関係数】	○○／○○および△△【別紙Aを引用する等して特定する】	○　○　の【2018/○/○　～2019/○/○】の期間に取得されたもの	【利用目的】【第三者提供（譲渡または利用許諾）の可否】【加工等の可否】	【利用目的】【第三者提供（譲渡または利用許諾）の可否】【加工等の可否】

　対象データとそれを加工等して創出される派生データの価値が異なり、派生データの価値は加工等によるところが大きいといったことが想定される場合には、［案1］は当事者にとってリスクが大きい可能性が考えられる。

　⒟　**提供データに対する責任に関する条項**

　提供データの品質は、当事者間のトラブルにつながりやすいことから、提供データに関して、データ提供者がどのような責任を負うのか、または負わないのかについて、あらかじめ契約に規定することは重要といえる。一方当事者がデータを提供する場合については、【条項例30】【条項例31】【条項例32】[50]のような規定が考えられる。

　データ提供者と受領者の利害の対立が現れやすいところであるが、実務上は、データ提供の対価の点も含めたビジネス判断になる部分も大きいように思われる。

　【条項例30】　提供データに対する責任に関する条項①──提供データの非保証

第○条（提供データの非保証）
1　甲は、提供データが、適法かつ適切な方法によって取得されたものであることを表明し、保証する。

50　データガイドライン109～111頁。

Ⅰ　契約による保護と対策

2　甲は、提供データの正確性、完全性、安全性、有効性（本目的への適合性）、提供データが第三者の知的財産権その他の権利を侵害しないことを保証しない。

【条項例31】　提供データに対する責任に関する条項②——責任の制限［案1］

第○条（責任の制限等）

1　甲は、乙による提供データの利用に関連する、または提供データの乙の利用に基づき生じた発明、考案、創作および営業秘密等に関する知的財産権の乙による利用に関連する一切の請求、損失、損害または費用（合理的な弁護士費用を含み、特許権侵害、意匠権侵害、その他これらに類する侵害を含むがこれに限らない）に関し責任を負わない。

2　乙は、提供データの利用に起因または関連して第三者との間で紛争、クレームまたは請求（以下「紛争等」という）が生じた場合には、直ちに甲に対して書面により通知するものとし、かつ、自己の責任および費用負担において、当該紛争等を解決する。甲は、当該紛争等に合理的な範囲で協力するものとする。

3　乙は、前項に定める紛争等に起因または関連して甲が損害、損失または費用（合理的な弁護士費用を含み、以下「損害等」という）を被った場合（ただし、当該紛争等が甲の帰責事由に基づく場合を除く）、甲に対して、当該損害等を補償する。

【条項例32】　提供データに対する責任に関する条項③——責任の制限［案2］

第○条（責任の制限等）

1　乙による提供データの利用（本契約に違反しない態様での利用に限る）に起因または関連して第三者との間で紛争、クレームまたは請求（以下「紛争等」という）が生じた場合、甲の費用と責任で解決するものとする。また、当該紛争等に起因または関連して乙が損害、損失または費用（合理的な弁護士費用を含み、以下「損害等」という）を被った場合、甲は損害等を負担するものとする。

2　前項の定めにかかわらず、乙は、本契約に違反する態様での提供データの利用に起因もしくは関連して生じた紛争等について、乙の費用と責任で解決するものとする。また、当該紛争等に起因または関連して甲に損害等が発生した場合、乙は当該損害等を負担するものとする。

119

第4章　技術や情報を守るための対策

　双方当事者がデータを提供する場合については、【条項例33】[51]【条項例34】[52]のような規定が考えられる。なお、一方当事者がデータを提供する場合も、個人情報については【条項例34】のように別途定めることもあり得るだろう。

【条項例33】　提供データに対する責任に関する条項④──対象データ等の非保証

第○条（対象データおよび派生データの非保証）
1　甲および乙は、それぞれ相手方に対し、本契約に基づき相手方が利用権限を有するデータ（以下「相手方データ」という）の正確性、完全性、安全性、有効性（各利用目的への適合性）および第三者の知的財産権その他の権利を侵害しないことを保証しない。
2　甲および乙は、それぞれ相手方に対し、相手方データが必ず創出されることを保証するものではない。

【条項例34】　提供データに対する責任に関する条項⑤──個人情報の取扱い

第○条（個人情報の取扱い）
1　甲および乙は、対象データに、個人情報の保護に関する法律（以下「個情法」という）に定める個人情報または匿名加工情報（以下「個人情報等」という）が含まれる場合には、別紙Cに定める区分に従い、相手方に対して、事前にその旨を明示する。
2　甲および乙は、別紙Cに定める区分に従い、対象データの生成、取得、および提供等について、個情法に定められている手続を履践していることを保証するものとする。
3　甲および乙は、第1項に従って対象データが提供される場合には、個情法を遵守し、個人情報等の管理に必要な措置を講ずるものとする。

別紙C　個人情報の手続履践に関する担当

	データ名	第○条第1項に基づき明示および同条第2項に基づく保証をする当事者
1	甲の従業員に関する個人情報	甲

51　データガイドライン123頁。
52　データガイドライン124頁。

2	乙の顧客に関する個人情報	乙

　さらに、平成30年改正不正競争防止法により新たな「不正競争行為」が導入されたことから（後記Ⅳ参照）、データ受領者としては、せめて、データの提供が「不正競争行為」にあたらないことについては、データ提供者に表明保証させることが望ましいと考える。

⑷　データ共用型の利用規約

㋐　利用規約による契約

　データ共用型（プラットフォーム型）においては、プラットフォーム事業者と、複数のデータ提供者およびデータ利用者との間で契約関係が成立することから、その契約を、個別契約ではなく利用規約によって規律することは、以下のとおり、一定の合理性があると考えられる[53]。

・プラットフォーム事業者において、複数のデータ提供者およびデータ利用者と個々に契約条件を交渉して契約内容を決定するという時間やコスト、契約管理のコストがかからず、画一的で効率的な対応が可能になる。

・データ提供者およびデータ利用者においても、個別契約によりプラットフォームが構築されていると、他のデータ提供者およびデータ利用者とプラットフォーム事業者間の個別契約の内容を知り得る手段がないが、画一的な契約内容の利用規約が採用されていれば、他のデータ提供者またはデータ利用者と比べて不利な条件設定がされていないという安心感が得られ、プラットフォームに参加しやすくなる。また、他のデータ提供者またはデータ利用者が利用規約違反その他のトラブルを起こしたときに、プラットフォーム事業者に対して、当該違反者に対する利用規約に基づく責任追及を求めやすい。

　利用規約としては、①データ提供者・プラットフォーム事業者間の利用規約と、②データ利用者・プラットフォーム事業者間の利用規約が必要となる。

53　データガイドライン81～82頁参照。

第4章 技術や情報を守るための対策

これらを一体のものとして作成することもあり得る。[54]

　㈠　特に留意すべき条項

　　㈠　提供データの利用に関する条項

　利用規約において、プラットフォームが提供するデータの利用範囲について合理的な規定を設けることは、データ提供者とデータ利用者双方の参加を促すために不可欠といえる。データ提供者は、自らの提供したデータが目的や態様等の限定なく利用されることになれば、参加をしないであろうし、他方、データ利用者は、データを事業等に活用できないのであれば、参加する意義を見出せないだろう。利用範囲の条項を検討するにあたっては、以下の視点が参考になる。[55]

・利用範囲は、①どの提供データについて、②誰が（データ利用者の属性、範囲や条件、プラットフォーム事業者の協力先等その他の参加者の範囲や条件等）、③いつ（期間）、④どこで（たとえば、国外サーバに提供データを記録しないでほしいといったことが考えられる）、⑤どのような目的で、⑥どのような態様・方法で共用・活用するため、という要素の全部または一部を組み合わせて規定することが考えられる。

・プラットフォーム事業者が協力先と協力する可能性がある場合には、どのような協力先とどのような協力を行い得るのかについて、利用範囲の条項において明確化することが望ましい。

・他の事業者（特に、自社の競合事業者）に開示すると自社の競争力を削ぐ可能性があるデータと、他の事業者に開示しても自社の競争力には直接には影響がない（または影響が小さい）データを切り分けたうえで、まずは後者のデータを優先的に提供データとすることや、前者のデータについては、データ提供者の事業に損害その他の悪影響が生じないように、データ利用者の範囲に一定の制約をかけることや特定の方法で加工・分析することを課すことなどがあり得る。

54　データガイドライン82頁。
55　データガイドライン94〜95頁。

122

・たとえば、広く提供データの共用・活用を認めるプラットフォームの場合には、「データ利用者は、利用データについて、自己もしくは第三者をして加工もしくは分析し、第三者に対して利用許諾もしくは譲渡し、または第三者との間で共同利用をすることができる」といったように包括的な利用範囲の条項を規定することもあり得る。

・また、他の事業者に開示しても自社の競争力には直接には影響がない（または影響が小さい）データを提供データとする場合等には、提供データの共用・活用についてプラットフォーム事業者に一任するような包括的な利用範囲を規定することもあり得る。

(B) 提供データに対する責任に関する条項

提供データの量が少ない場合や提供データが正確なものでない場合などは、プラットフォームを通じたサービスの質が低下し、複数の関係当事者との間でトラブルが生じる可能性がある。そのため、提供データに関して、データ提供者がどのような責任を負うのか、または負わないのかについて、あらかじめ利用規約に規定することは重要といえる。

データの量、内容、粒度、形式等について非保証とする旨を規定することは、データ提供者の参加を促すことには寄与するが、プラットフォームを通じたサービスの質を一定程度以上に保つという観点からは、データ提供者に提供データに関する責任を負わせるという判断もあり得るだろう。

たとえば、提供データが違法または不正な手段で得られたデータではないことについては、データ提供者に責任を負わせるということが考えられる。その際には、包括的に保証させることもあり得るが、具体的な法令について言及することで、データ提供者に保証させる内容を特に重要なものに限定したうえ、明確にするということも有効ではないかと思われる。その際には、平成30年改正不正競争防止法により新たに導入された「不正競争行為」についても意識すべきだろう（後記Ⅳ参照）。

データガイドライン96頁の以下の記載も、具体的な条項を検討するうえで参考になる。

第4章　技術や情報を守るための対策

・提供データが営業秘密に該当するときは、データ提供者が当該営業秘密の真の保有者であることを表明保証させたり、営業秘密が複数の者によって保有されている場合には他の保有者からプラットフォームにおいて共用・活用することについて同意を得たこともしくは委任を受けたことを表明保証させる。また、第三者が保有する営業秘密であるときには、当該第三者からプラットフォームにおいて共用・活用することについて同意を得たことまたは委任を受けたことを表明保証させる。

・その他知的財産権（著作権、特許権、意匠権等）の対象となるデータの場合について、①当該データをプラットフォームに提供する行為が侵害行為となり得るのか、また②プラットフォームを通じた共用・活用行為が侵害行為となり得るのかについて詳細に検討したうえ、もし、侵害行為が成立し得る場合には、データ提供者から、ⓐ当該データをプラットフォームに提供する行為について当該知的財産権の権利者から同意を得たこと、およびⓑ当該データをプラットフォームを通じて共用・活用する行為について当該知的財産権の権利者から同意を得たことを表明保証させる。なお、①に該当しないことが明らかである場合に、データ提供者に、提供データをプラットフォームに提供することが第三者の知的財産権を侵害しないことを表明保証させる場合も見受けられるが、法律上の効果は見出し難い反面、データ提供者に対する萎縮効果という事実上の効果を与えてしまう。

・個人情報との関係では、①提供データに個人情報が含まれないことを表明保証させる、②提供データに個人情報が含まれる場合には、個人情報にかかる本人からプラットフォームにおける個人情報の第三者提供等について同意を取得したことを表明保証させる、③提供データが匿名加工情報または統計情報であることを表明保証させる、などの対応が考えられる。

(C)　派生データ等の権利・利用に関する条項[56]

知的財産権等の取扱いについては、①プラットフォーム事業者が派生デー

タ、派生サービスを創出するにあたり生じた知的財産権等と、②データ利用者が利用データ、利用サービスを共用・活用するにおいて生じた知的財産権等とに分けて整理することに留意すべきである。

プラットフォーム事業者が派生データ、派生サービスを創出するにあたり生じた知的財産権等（上記①）については、ⓐプラットフォーム事業者のみに帰属すると定める場合、ⓑ全データ提供者に帰属する（全データ提供者で共有となる）と定める場合、ⓒプラットフォーム事業者および全データ提供者に帰属する（プラットフォーム事業者および全データ提供者で共有となる）と定める場合が考えられるが、プラットフォーム事業を継続するためには、ⓑ、ⓒの場合も、プラットフォーム事業者が知的財産権等のライセンス（必要に応じてサブライセンスを含む）を利用規約において一律に獲得する必要があるといえる。

データ利用者が利用データ、利用サービスを共用・活用するにおいて生じた知的財産権等（上記②。なお、データ利用者において生じたその他の成果物についても同様）は、データの共用・活用を促進するため、データ利用者に帰属するものである旨を規定することが考えられる。また、データ提供者にデータ提供を促すという観点からは、データ利用者が利用データを共用・活用した結果生じたアプリケーションやサービスについては、データ提供者に利用させる機会を設けなければならない旨の規定をおくことも考えられる。

規定の内容を検討する際には、外形上、知的財産権の行使とみられる行為であっても、知的財産制度の趣旨を逸脱し、または同制度の目的に反すると認められる場合には、独占禁止法が適用されることにも留意する必要がある（後記Ⅴ参照）。

56　データガイドライン97頁。

第4章　技術や情報を守るための対策

Ⅱ　特許・意匠等の権利出願による保護と対策

　IoT、ビッグデータ、AI 等における産業技術分野における出願による保護には、特許、実用新案、意匠、商標出願があげられる。

　まず、特許による保護を図る場合、特許出願を行う前提として、特許法上保護を受けようとする発明を特定する必要がある[57]。ソフトウェア関連発明ないしプログラム発明[58]としての特定は、IoT、ビッグデータ、AI といった技術上の性質（コンピュータによる情報処理技術や通信技術がかかわる）、近年の法改正による特定のしやすさ等の観点から、これまで多く採用されてきた特定方法である。ソフトウェアやプログラムは、コンピュータやデバイスといったハードウェアシステムを制御してはじめてその効力を発揮するものである一方で、通信回線を通じてそれ自体を単独で流通させることができる点で、他の技術分野における発明とは異なる性質を有している。

　また、意匠による保護を図る場合も、意匠登録出願の前に、意匠法上保護を受けようとする意匠を特定する必要がある。わが国の意匠法では、情報機器の表示画面上のデザインが保護対象の１つとされている。

　さらに、実用新案法上の考案（物品の形状、構造または組合せに係る有体物）による保護を図る場合も、出願前に、保護を受けようとする考案を特定する必要がある。また、IoT、ビッグデータ、AI 等を通じたサービスにブランドとしての価値を発生させようとする場合（育てようとする場合）には、そのサービス名やロゴ等を商標登録出願によって保護することが考えられる。従前の立体商標による保護のほか、平成26年改正により、音・位置等の新しいタイプの商標についても保護が図られており、ブランド発信手段の幅が広がっている。

57　ここでの「発明」の特定は、単に発明のカテゴリの選択にとどまらず、発明の構成要素をどのように記載するかを指す。

58　コンピュータソフトウェアを利用する発明をいう。

Ⅱ　特許・意匠等の権利出願による保護と対策

なお、特許性等を有しないデータの保護については、他の項で述べるとおり、契約による保護や不正競争防止法における営業秘密や限定提供データとしての保護などがある。

1.　特許出願による保護[59]

特許法で保護される発明のカテゴリには、物の発明（同法2条3項1号）、方法の発明（同項2号）、物を生産する方法の発明（同項3号）の3つがある。ソフトウェアやプログラムに係る発明は、いずれのカテゴリに関する発明としても特許請求の範囲に記載することができる[60]。発明のカテゴリが異なると、特許になった場合の特許権の効力が及ぶ実施態様がそれぞれ異なってくる（同項各号）。わが国では、プログラム発明については、平成14年改正により物の発明として扱われることとなった（同項1号かっこ書）。

ソフトウェア関連発明ないしプログラム発明として特許出願によって権利を取得するためには、他の発明と同様、発明該当性（同法29条1項柱書）、新規性（同項各号）、進歩性（同条2項）、特許請求の範囲および発明の詳細な説明の記載要件（同法36条）の各要件を満たす必要がある。このために、出願前の先行技術文献調査[61]、出願明細書・図面作成時の実施例の記載の仕方、クレームドラフティングが重要となる。以下、特許制度を概観した後、各要件について、具体例を交えながら順に説明する。

59　特許出願による保護としては、装置発明やデバイス発明など物それ自体の発明の保護も当然あり得るが、ここではIoT、ビッグデータ、AI等の技術分野に特有のソフトウェア関連発明・プログラム発明に限定して説明する。

60　物の発明には、ソフトウェア・プログラム制御によって特徴のある動作をする情報処理装置やシステムの発明、プログラムが記録された記録媒体の発明などがあり、方法の発明には、プログラムの処理手順をステップとして記載した方法の発明などがある。物を生産する方法の発明には、プログラムを自動生成する方法の発明などがある。

61　複数の特定分野にまたがる調査が必要な場合がある。たとえば、医用画像診断処理技術（医療分野）に用いられている技術は、他の画像処理分野においては周知である場合もありうる。その他、AI技術やGUI技術も複数の特定分野にまたがる技術といえる。

127

第4章　技術や情報を守るための対策

(1)　特許制度の概観

(ア)　出願書類

　願書、明細書、特許請求の範囲、および図面を添付して出願する（図面は省略可）。明細書には発明の実施態様等を記載し、特許請求の範囲は明細書等に記載された実施態様等のうち特許を受けようとする発明について請求項ごとに記載する。

(イ)　審　査

　出願は明示的な請求（出願審査請求）によって審査される。審査は、本願発明と同一または類似した引用発明がないかどうかサーチされ、あれば引用発明に基づいて拒絶理由が通知される（新規性や進歩性がない場合、記載要件を満たさない場合など）。拒絶理由通知を受けた出願人は、補正書および／または意見書提出の機会が与えられる。出願人の応答により拒絶理由が解消すれば特許査定になり、拒絶理由が解消しなければ拒絶査定となる。拒絶査定を受けた出願人は、拒絶査定不服審判（特許121条）を請求できる。

(ウ)　登　録

　登録査定を受けた場合は、所定の期間内（30日）に登録料を納付することによって設定登録され、特許権が発生する。特許権の存続期間は、特許権の設定登録が始期となり、原則として出願日から20年が終期である。

(2)　発明該当性

　ソフトウェア関連発明・プログラム発明が特許法上の発明に該当するためには、原則として、ソフト・ハード協働要件が必要とされるが、IoT 関連技術については、機器等に対する制御等や対象の技術的性質に基づく情報処理を具体的に行うものであれば、いわゆるソフト・ハード協働要件を必要とし

62　「『ソフトウエアによる情報処理が、ハードウエア資源を用いて具体的に実現されている』場合は、当該ソフトウエアは『自然法則を利用した技術的思想の創作』である。『ソフトウエアによる情報処理がハードウエア資源を用いて具体的に実現されている』とは、ソフトウエアとハードウエア資源とが協働することによって、使用目的に応じた特有の情報処理装置又はその動作方法が構築されることをいう」（審査ハンドブック附属書 B 第 1 章「コンピュータソフトウエア関連発明」2.1.1.2(1)(i)）。

128

Ⅱ　特許・意匠等の権利出願による保護と対策

ない審査が行われるものとされている（ソフト・ハード協働要件がもち出されるケースとしては、単なるビジネス要件を規定したにすぎない内容の出願の場合等が想定される）。

　以下では、コンピュータソフトウェア、ビジネスを行う方法等、および、プログラムに準ずるデータ構造に関する発明についての特許庁の審査基準等について概要を説明したうえで（㋐～㋒）、学習済みモデルに関する発明の発明該当性について言及する（㋓）。

　㋐　審査の実務

　審査基準第Ⅲ部第1章2．2には、「コンピュータソフトウエアを利用するものの審査に当たっての留意事項」が次のとおり記載されている。

　　コンピュータソフトウエアを利用するものであっても、以下の(ⅰ)又は(ⅱ)のように、全体として自然法則を利用しており、「自然法則を利用した技術的思想の創作」と認められるものは、コンピュータソフトウェアという観点から検討されるまでもなく、「発明」に該当する。
(ⅰ)　機器等（例：炊飯器、洗濯機、エンジン、ハードディスク装置、化学反応装置、核酸増幅装置）に対する制御又は制御に伴う処理を具体的に行うもの
(ⅱ)　対象の物理的性質、化学的性質、生物学的性質、電気的性質等の技術的性質（例：エンジン回転数、圧延温度、生体の遺伝子配列と形質発現との関係、物質同士の物理的又は化学的な結合関係）に基づく情報処理を具体的に行うもの

　機器等に対する制御を具体的に行うものや対象の技術的性質に基づく情報処理を具体的に行うものであることが認められれば、ソフトウェアという観点から検討するまでもなく、発明該当性を認めるというものである。この場合、具体的には、特許請求の範囲に機器等に対する処理手順が記載されていることになる。

　㋑　ビジネスを行う方法、ゲームを行う方法

　今日、ビジネスモデルに関する発明やゲームに関する発明についての多く

63　山本俊介「IoT関連技術等に関する事例の充実化」特技懇285号（2017年）32頁以下。

129

第４章　技術や情報を守るための対策

の特許が成立しているが、実際の特許庁による審査実務においては、機器等に対する処理手順という観点から記載されていないために発明に該当しないと判断されてしまうことがある。コンピュータソフトウェアを利用している部分があっても全体として自然法則（特許２条１項）を利用していないと判断されるような場合である。審査基準に記載された一例を示すと、次のものがある。[64]

> 遠隔地にいる対局者間で将棋を行う方法であって、自分の手番の際に自分の手をチャットシステムを用いて相手に伝達するステップと、対局者の手番の際に対局者の手をチャットシステムを用いて対局者から受け取るステップとを交互に繰り返すことを特徴とする方法。

上記例には「チャットシステム」という技術的な手段が記載されているが、記載全体としては、人為的な取決めのみを利用した方法にすぎないため、「発明」に該当しないとされている。単にチャットシステムを使って互いの（将棋の）手を交互に伝え合うだけで、この方法における（人為的な取決めを超えた）技術的な特徴がみあたらないからである。ゲームの進行や管理に何らかの技術的要素を付加する必要があるが、たとえば次のように記載すると発明該当性を満たすと思われる（下線は補正箇所を示す）。

〔補正例〕

> チャットシステムを介して遠隔地にいる対局者間で将棋を進行させる方法であって、チャットシステムに、自分の手番の際に自分の手を相手に送信させるとともに自分の手を記録させるステップと、対局者の手番の際に対局者から送信された手を受信させるとともに対局者の手を記録させるステップとを交互に繰り返させることを特徴とする方法。

このような記載によって、全体としてチャットシステムを制御してゲームの進行や管理を行うソフトウェア・プログラムの存在を明らかにできる。[65]

---

[64]　審査基準第Ⅲ部第１章2.1.4「自然法則を利用していないもの」例５。

130

■ II　特許・意匠等の権利出願による保護と対策

㈷　プログラムに準ずるデータ構造

　単なるデータは発明該当性を有しないが、たとえば、データ構造は、コンピュータに対する直接の指令ではないためプログラムとはよべないものの、コンピュータの処理を規定する点でプログラムに類似する性質を有しており、「プログラムに準ずるもの」（特許2条4項）とされている。

　データ構造が発明該当性を有しているといえるためには、ソフトウェア・プログラムと同様に、データの有する構造が規定する情報処理がハードウェア資源を用いて具体的に実現されている必要がある。たとえば、ルートノードおよび中間ノードが有するポインタに従った情報処理により、検索キーとして入力された現在位置情報を含む配信エリアを上記ノードをたどって特定することができる構造を有するデータ構造は発明該当性を有する。これに対し、氏名、住所、電話番号からなるデータ要素が1つのレコードに記憶・管理されている電話帳のようなデータ構造それ自体は発明該当性を有しない。また、情報の内容にのみ特徴があるような単なるデータ（典型的にはコンテンツデータ）も、少なくともデータ間の論理的構造が不明であるため発明該当性を有しない。

　特許請求の範囲の記載例を示すと、ディスプレイにコンテンツを次々と表示させる制御プログラムに使用されるデータ構造（コンテンツデータを含む）に関するもので、以下のように記載されたものには発明該当性はない。

> コンテンツデータを識別する本体IDと、

65　ソフトウェアは、ハードウェアの対義語としての意義を有しており、設定ファイルやデータ保管ファイル、各種ライブラリを広く含む。プログラムは、コンピュータに対する命令の集まりである（特許2条4項はこの観点から定義されている）。ここでのソフトウェア・プログラムは、単にコンピュータに対する命令の集まりにとどまらないハードウェアを稼働させるための情報を指すものとする。

66　データ要素間の相互関係で表される、データの有する論理的構造をいう。

67　物理的装置としてのコンピュータ、その構成要素であるCPU、メモリ、入力装置、出力装置またはコンピュータに接続された物理的装置を指す。

68　審査ハンドブック附属書B第1章「コンピュータソフトウェア関連発明」事例2-8〔請求項1〕。

第4章　技術や情報を守るための対策

画像データと、

前記画像データの次に表示される画像データを含む他のコンテンツデータの本
体IDを示す次コンテンツIDと、

を含む、コンテンツデータのデータ構造。

　上記記載には、本体IDと次コンテンツIDとの相互関係は推認できるも
のの、これらのIDがハードウェア資源にどのように利用されてコンピュー
タの動作を規定するのかは読み取れない。

　他方、具体的なハードウェア資源との関係、およびコンピュータの動作を
規定する論理的構造を明確にしたデータ構造として、次のように記載した場
合には発明該当性を有することとなる。

〔補正例〕

　表示部、制御部及び記憶部を備えるコンピュータに用いられ、前記記憶部に
記憶されるコンテンツデータのデータ構造であって、

　コンテンツデータを識別する本体IDと、

　画像データと、

　前記画像データの次に表示される画像データを含む他のコンテンツデータの
本体IDを示す次コンテンツIDであって、前記画像データの前記表示部によ
る表示後、前記他のコンテンツデータを前記制御部が前記記憶部から取得する
処理に用いられる、次コンテンツIDと、

　を含む、コンテンツデータのデータ構造。

　上記下線を引いた要素（表示部、制御部等を備えたコンピュータや処理）は、
出願時の特許請求の範囲に記載することができなくとも、出願当初の明細書
に記載があれば、出願後に審査官から拒絶理由通知を受けた後、補正により
特許請求の範囲に追加することができる（特許17条の2）。したがって、補正
等の機会に追加できるよう出願当初の明細書に実施例等の記載を充実させて
おくことが重要である。そうすれば、審査における拒絶理由を解消させるこ
とができる。なお、出願当初は権利取得をするつもりがなった周辺のデータ
構造について、後に分割出願（同法44条）して権利取得をめざす場合にも、
当初の明細書に実施例等を十分に記載できていたかどうかがポイントとなる。

132

Ⅱ　特許・意匠等の権利出願による保護と対策

㈘　学習済みモデル[70]

　AIの学習済みモデルの発明該当性については、すでに述べたプログラム、データ構造と同様に判断される。少なくとも、学習済みモデルがプログラムであることが明確な場合はプログラムとして取り扱われる。

　なお、請求項の末尾が「モジュール」、「ライブラリ」、「ニューラルネットワーク」、「サポートベクターマシン」、「モデル」といった「プログラム」以外の用語であっても、明細書および図面の記載、並びに、出願時の技術常識を考慮した場合に請求項に記載された発明がプログラムであることが明確な場合は、プログラムとして扱われる[71]。

(3)　新規性

　特許制度は発明公開の代償として特許権を付与するものであるから、特許権が付与される発明は新規な発明でなければならない（特許29条1項）。

㈎　判断基準

　新規性の判断は、審査において、請求項に記載された発明と新規性および進歩性の判断のために審査官が引用する先行技術（引用発明）とを対比した結果、請求項に記載された発明と引用発明との間に相違点があるか否かにより判断される。相違点がある場合は、請求項に記載された発明は新規性を有していると判断され、相違点がない場合は、請求項に記載された発明は新規性を有していないと判断される。

㈏　IoT関連技術における事例

　IoT関連技術は、複数の装置や端末がネットワークで接続されたシステムで実現されることが多く、そのシステムの一部（サーバ、クライアント端末な

69　分割出願は、出願人が2以上の発明を包含する特許出願の一部を新たな特許出願とすることができる制度である。特許出願の分割が適法になされた場合には、新たな出願は、元の特許出願の時にしたものとみなされる利点（同条2項）がある。

70　学習済みモデルの定義については、①パラメータや関数それ自体を指す場合、②①が組み込まれた推論プログラムを指す場合など必ずしも明確ではない（AIガイドラインでは②を指す）。発明該当性の観点からは特許請求の範囲に記載された事項から個別に判断されることとなろう。

71　審査ハンドブック附属書B第1章「コンピュータソフトウエア関連発明」1.2.1.2。

133

第4章　技術や情報を守るための対策

ど）がサブコンビネーションの発明として出願されることがある。その場合、
「他のサブコンビネーション」に関する記載の意義については、次のように
判断される。

① 「他のサブコンビネーション」に関する事項が請求項に係るサブコン
　　ビネーションの発明の構造、機能等を特定していると把握される場合に
　　は、請求項に係るサブコンビネーションの発明は、そのような構造、機
　　能等を有するものと認定される。

② 「他のサブコンビネーション」に関する事項が、「他のサブコンビネー
　　ション」のみを特定する事項であって、請求項に係るサブコンビネーシ
　　ョンの発明の構造、機能等を何ら特定していない場合には、「他のサブ
　　コンビネーション」に関する事項は、請求項に係るサブコンビネーショ
　　ンの発明を特定するための意味を有しないものとして発明が認定される。

たとえば、「サブコンビネーション」がスマートフォンであり、「他のサブ
コンビネーション」がサーバである場合、請求項にはサーバとデータの送受
信を行うスマートフォンの発明を記載したが、サーバでの処理がスマートフ
ォンとの間で協調してなされる処理である場合（「他のサブコンビネーション」
に関する事項がサブコンビネーションの発明の機能も特定している場合）には、
上記①にあたり、サーバでの処理はサーバ内で閉じた形で処理される場合
（「他のサブコンビネーション」に関する事項が、「他のサブコンビネーション」の
みを特定する場合）には、上記②にあたる。

　したがって、サーバと複数の端末とからなるシステムのうち端末の発明と
して記載する場合、特徴的な動作はすべてサーバで行われていて端末は単に
その結果を表示するだけのような場合には、その記載から認定される端末は
既存の端末と何ら変わらず、発明の新規性に寄与しないこととなる。

72　2以上の装置を組み合わせてなる全体装置（システム）の発明、2以上の工程を組み合わせて
　　なる製造方法の発明をコンビネーションの発明というとき、組み合わされる個々の装置や工程の
　　発明をサブコンビネーションの発明という。

Ⅱ　特許・意匠等の権利出願による保護と対策

⑷　進歩性

　新規ではあるが、その発明を容易になしうる場合にまで特許権を付与して特許を特許権者に独占させてしまうと、かえって技術の進歩（産業の発達）の妨げになることから、その属する技術の分野における通常の知識を有する者（当業者）が先行技術に基づいて容易に発明をすることができたときは、当該発明は「進歩性」を欠くものとして、特許を受けることができない（特許29条2項）。発明は、特許請求の範囲に記載されている事項によって認定され、請求項ごとに進歩性の有無の判断がなされる。

㋐　判断基準

　進歩性の判断は、請求項に記載された発明と引用発明とを対比した結果、当業者が請求項に記載された発明を容易に想到できたことの論理の構築（論理付け）ができるか否かにより行われる。

　引用発明から論理付けに最も適したと思われるものを1つ選択して主引用発明とし、請求項に記載された発明と主引用発明との相違点を認定し、相違点部分について他の引用発明（副引用発明）を適用したり技術常識を考慮したりして論理付けができるかどうかが検討される。論理付けができないと判断された場合は、請求項に記載された発明は進歩性を有していると判断され、論理付けができると判断された場合は、請求項に記載された発明は進歩性を有していないと判断される。

　なお、主引用発明に副引用発明を適用するには、適用する動機付けが必要とされる。動機付けの有無は、技術分野の関連性や課題・作用・機能の共通性、引用発明の内容中の示唆などが考慮される。また、動機付けがなくとも、設計変更や先行技術の単なる寄せ集めである場合は進歩性が否定されうる。

㋑　IoT 関連技術における事例

　IoT 関連技術における発明においては、モノがネットワークに接続されることで得られる情報の活用、特定の学習済みモデルから得られる特有の出力情報、特定の構造を有するデータにより規定される特有の情報処理によってそれぞれ有利な効果を奏する場合があり、かかる場合は進歩性が肯定される

135

第4章　技術や情報を守るための対策

方向に働く。

　たとえば、POS（Point Of Sales：販売時点情報管理）は、第4次産業革命よりはるか以前から採用されており、販売商品に関する情報はすでに集約できている（既存のビッグデータ）。第4次産業革命においては消費者が身に着けている情報機器（ウェアラブルデバイス）から収集される日常的な生活情報を集約できるようになった（新たなビッグデータ）。そこで、商品と消費者との関係、さらには、消費者の時々刻々と変化する体調と購入商品との関係を分析して得られる新たな知見を基にした在庫管理技術やサービスを提供できるようになる。このような場合になされる発明における独自の構成要素（たとえば、上述の分析により得られる新たな知見を基にした情報処理等）は、進歩性が肯定される方向に働く要素といえよう。

(5)　記載要件

　発明の保護および利用を図ることにより発明を奨励し、産業の発達を図ることを目的（特許1条）とする特許制度においては、発明の技術的内容を公開するための明細書、特許請求の範囲および図面の内容について、一定の記載要件が課されている。

　ここでは、IoT関連技術（特に、ソフトウェア関連発明・プログラム発明）の観点から、記載要件のうち実施可能要件（同法36条4項1号）と、明確性要件（同条6項2号）について説明する。

(ア)　実施可能要件

　明細書の発明の詳細な説明の記載内容が、当業者が請求項に記載された発明を実施できる程度に明確かつ十分に記載されていることを求めるもので、物の発明であればその物をつくることができ、かつ、その物を使用できるように、方法の発明であればその方法を使用できるように、発明の実施の形態が記載されている必要がある。

　ソフトウェア関連発明の分野における実施可能要件違反の典型例は、請求項にはビジネスを行う方法、ゲームのルールを実行する情報処理システムが記載されている一方で、これらの方法やルールがコンピュータ上でどのよう

136

Ⅱ　特許・意匠等の権利出願による保護と対策

に実現されるのか記載されておらず、かつ、出願時の技術水準に基づいても当業者（発明が属する技術分野の通常の知識を有する者）が理解できないような場合である。

たとえば、「将来の為替の変動を予測する為替変動予測システム」という発明に関し、請求項には、「……手段と、……手段と、時系列の為替データに基づいて予測為替を算出する算出手段と、経済専門家からの為替変動分析結果をゲーム理論から導かれる数理的評価手法に基づいて前記予測為替に重み付けする重み付け手段と、前記重み付けされた予測為替を表示する手段と、を備える為替変動予測システム」と記載されているが、発明の詳細な説明には、「予測為替の算出」→「経済専門家からの分析結果をゲーム理論に基づいて重み付け」→「重み付けを加味した予測為替の表示」といった各機能手段を大まかに表したフローチャートしか記載されていないような場合である。[73]

実施可能要件は、請求項に記載された発明を実施できることを要求するものであるので、出願時の請求項には記載しない発明の周辺部分については説明を適度に省略することがある。しかし、後に限定的に補正をしたい場合や分割出願をして新たな発明の権利化をめざしたい場合には、発明の周辺部分の記載を手薄にしたことによって記載根拠を見出せないために、苦労を強いられることがある。出願時にはこれらをある程度念頭においた明細書の記載が必要である。

　㈡　明確性要件

特許を受けようとする発明が明確であることを求めるもので、特許請求の範囲（請求項）の記載が不明確であるために発明を理解できない場合には明確性要件違反となる。

ソフトウェア関連発明の分野における特有の明確性要件違反について、一

---

[73] 望ましくは、予測為替の具体的な算出方法や、重み付けに用いられるゲーム理論の詳細、重み付けの加味の詳細を実施例に即して可能な限り具体的に記載しておくことが必要となる。たとえば、ゲーム理論の理論内容を表現した数式、ゲーム理論から導かれる数理的評価手法を反映した数式およびこれらの数式を実現するための処理フローなどである。

137

第4章　技術や情報を守るための対策

例をあげると、「コンピュータを用いて、……ステップと、……ステップと、……ステップを実行する方法」などのように、各ステップの「……」部分を動作それ自体のみの記載とした結果、動作主体が不明になるような場合である。その他、「特定のコンピュータプログラムを伝送している情報伝送媒体」[74]（情報伝送媒体の伝送機能と伝送されるコンピュータプログラムとの技術的関係が不明）、「コンピュータに手順A、手順B、手順C、……を実行させるためのプログラム信号列」（末尾記載が「物の発明」であるか「方法の発明」であるか不明）など、意味が不明確な点が含まれる記載が明確性要件違反となる点においては、他の分野と同様である。

(6)　AI関連発明の審査課題

(ア)　AI関連発明の発明該当性判断

AI関連技術のうち根幹的な要素技術は、脳（神経細胞）の動きのコンピュータ上での模倣に基づくものである。ディープラーニングをはじめとする現在のAIブーム（実用的な手法が登場したのは、2006年以降といわれる）は、飛躍的な計算機能力の向上によって実現できる事柄が多くなったことがその背景にあるが、理論そのものは、1980年代に盛んに研究されたニューラルネットワークなどの数理モデル[75]に基づくところが大きい。このような背景を有するAIの要素技術は、少なくとも神経回路のコンピュータ上での模倣という観点から自然法則を利用しているといえる。

一方、AI関連発明には、こうしたAIの要素技術を前提としたさまざまな応用発明が考えられる。AI関連発明が発明該当性を有するか否かは、従前どおり、請求項に記載された発明が全体として自然法則を利用したといえるかどうかによると思われる。この点、上記(2)(イ)と同様に考えればよいであろう。

74　審査ハンドブック附属書B第1章「コンピュータソフトウエア関連発明」1.2.1.3(1)例1。

75　実用化の可能性という観点からは、1980年代に福島邦彦氏によって提唱された階層的ニューラルネットワークの功績が大きい。手書き文字認識やパターン認識への適用が盛んに試みられた。また、数理モデルの古典的名著として、甘利俊一『神経回路網の数理』（産業図書・1978年）がある。

Ⅱ　特許・意匠等の権利出願による保護と対策

㈡　AI 関連発明の新規性・進歩性判断

　新規性・進歩性判断においては、少なくとも 2 つの問題があると思われる。1 つは、AI 関連発明が記載された文献（特に、特許公開公報）の当該 AI 部分が実施可能要件を満たさない場合に引用発明としての適格性を認めてよいかという問題である。もう 1 つは、進歩性判断における AI 部分（数理モデル）の適用可能性の問題である。

　以下、具体例をあげて説明する。たとえば、次のような請求項記載の発明[76]があるとする。

　……鋼板の溶接特性を、ニューラルネットワークモデルを用いて予測する方法において、

　　前記ニューラルネットワークモデルの入力値として、鋼の成分及び製造条件の実績値を用い、

　　前記ニューラルネットワークモデルは、鋼の成分及び製造条件を入力値として鋼板の溶接特性を推定するように学習させたものである、鋼板の溶接特性を予測する方法。

　これに対し、主引用発明および副引用発明がそれぞれ次のようなものであるとする。

　［主引用発明］

　……鋼板の溶接特性を、鋼の成分及び製造条件の実績値を入力値として数式モデルを用いて予測する、コンピュータを用いて鋼板の溶接特性を予測する方法。

　［副引用発明］

　　ガラスの材質を予測する方法において、予測手段として所定の入力値を用いて材質を推定するように学習させたニューラルネットワークモデルを用いる方法。

　上記の場合の進歩性の判断例として、「主引用発明は、鋼板の溶接特性を予測する技術であり、副引用発明は、ガラスの材質を予測する方法であり、……材料の材質を所定のモデルを用いて予測するという機能又は作用は共通

76　審査ハンドブック附属書 B 第 1 章「コンピュータソフトウエア関連発明」2.2.3.3 例 1 を参照。

139

第4章　技術や情報を守るための対策

している。また、高い精度で材料の材質を予測するという課題も共通している。そして、主引用発明と副引用発明において、……進歩性が肯定される方向に働く要素に係る諸事情としての有利な効果や阻害要因は存在しない。これらを総合的に評価すると、……主引用発明に副引用発明を適用する論理付けができるものと判断できる。したがって、主引用発明において、……数式モデルを用いているところに、副引用発明を適用し、……ニューラルネットワークモデルを用いるようにすることは、当業者が容易に想到し得たことである」とされたものとする。

(A)　引用発明における AI 部分についての実施可能性

主引用発明の「数理モデル」、または、副引用発明における「ニューラルネットワークモデル」のいずれか一方あるいは両方が実際には実施可能でない場合、未完成の発明を用いて本願発明に到達させようとすることになり、実際に実施可能とした本願発明が本来取得できたであろう権利の適切な保護が図れないこととなる。特に、上記(5)(ア)で取り上げた例のように、全体的な構想を着想レベルで実施例に記載しただけの特許公開公報に引用文献としての適格性を認めると、特に AI 関連分野においては、かかる引用文献の累積が技術の進歩を不当に妨げるおそれがある。

(B)　引用発明における AI 部分の適用可能性

上記(A)と異なり、主引用発明における「数理モデル」および副引用発明における「ニューラルネットワークモデル」の双方が実施可能であったとしても、双方の数理的な互換性（単に技術分野が共通する程度の上位概念レベルの一致ではなく、数学的に適用できることの合理的根拠）が見出せない場合には、主引用発明と副引用発明は組合せ容易といえない。これは、AI の要素技術（数理モデル）が、処理対象に対して有効に作動するレベルに達するまでに微妙なパラメータ調整・修正を要する場合があることにも起因する（たとえば、パラメータが少し異なっただけでも使いものにならないということがありうる）。このような関係における引用発明同士には、組み合わせることの動機付けの欠如、あるいは阻害要因があるものと考えられる。

140

Ⅱ　特許・意匠等の権利出願による保護と対策

　AI の要素技術に関しては、化学分野におけるパラメータ発明等の取扱い
を参考にした新たな視点の検討が必要と思われる。

　㈦　AI 関連発明の記載要件

　記載要件については、上記㈠(A)で述べたのと同様の理由により、本願発明
（特許請求の範囲に記載された発明）の AI 部分に関する実施可能要件は、他の
情報技術分野よりも厳格な基準[77]が必要と思われる。また、本件特許出願（以
下、「本願」という）の AI 部分の実施可能要件が満たされないと判断された
発明は、本願明細書全体の記載からみても AI 関連発明として完成していな
い可能性が高いため、後願の審査において、公開された本願発明を引用発明[78]
としてよいか、より慎重な姿勢が必要とされよう。本願については、実施例
のうち AI 部分が実施可能に記載されているかどうかが、未完成の AI 関連
発明が記載された引用文献との差異を主張していくうえでの有力な手がかり
となるであろう（本願では実施可能に記載されている引用発明との差異部分を補
正によって特許請求の範囲に追記し、本願発明を特徴づけることができる）。

2．意匠登録出願による保護

　現行の意匠法における保護対象は、「物品（物品の部分を含む。……以下同
じ。）の形状、模様若しくは色彩又はこれらの結合であって、視覚を通じて
美感を起こさせるもの」（同法 2 条 1 項）である。そこで、IoT 関連技術との
関連では、まず、ユーザデバイスの形状等が保護対象となりうる。また、平
成18年改正意匠法により意匠構成要素として物品の操作の用に供される画像
が追加されており、コンピュータや端末等の画面デザインが保護対象となり
うる（同条 2 項）[79]。

77　たとえば、AI によって提供される情報によって人間が感じとることと、実際に AI がそのよ
　うな知的動作を行っているかどうかということとは別であること（多くの人間が知的だと感じて
　しまう応答をする AI の中身が実際に知的な処理をしているとは限らないこと）を踏まえた判断
　が必要であろう。また、実証的なデータによる発明の作用・効果の証明を課すべき場合もあると
　考えられる。

78　本件特許出願が公開された後に出願された特許出願のことである。

第4章　技術や情報を守るための対策

　意匠登録出願時には、願書に「意匠に係る物品」を記載することが求められている（同法6条1項3号）。そこで、画面デザインの意匠についても、いかなる物品についての意匠の保護を求めるのかを明確にする必要がある。この点、現時点では、クラウドサービス形態においてサーバ上で保存されている画像データをユーザ端末側で読み込み表示させることができても、その端末（携帯情報端末という物品）の意匠とはみなされず、当該画像データは意匠権による保護の対象とはならない。

　もっとも、近年のIoT関連技術の前提の1つとなるスマートフォン等のモバイル機器の普及に伴い、産業構造審議会知的財産分科会意匠制度小委員会は、平成28年1月に「画面デザインの保護の在り方について」と題する報告書を作成し、現行意匠法の規定の下で対応可能な意匠審査基準改定の考え方、画像を含む意匠に関する同審査基準改定の方向性を踏まえた実施・侵害行為等についての考え方等について取りまとめた。また、所々の議論を経て、平成31年2月28日に公表された「産業競争力の強化に資する意匠制度の見直しについて」では、たとえば、画面デザインの保護について、①操作画像や表示画像については、画像が物品（またはこれと一体として用いられる物品）

79　「物品の部分の形状、模様若しくは色彩又はこれらの結合には、物品の操作（当該物品がその機能を発揮できる状態にするために行われるものに限る。）の用に供される画像であって、当該物品又はこれと一体として用いられる物品に表示されるものが含まれるものとする」。

80　侵害場面における意匠の類否判断においても、外観のみならず、その意匠に係る物品の同一性または類似性が判断され、意匠に係る物品は、現行法上の意匠を構成する重要な要素となっている。

81　特許庁ホームページ〈https://www.jpo.go.jp/shiryou/toushin/toushintou/isyou_seido_160205_gazo.htm〉。

82　画面を含む意匠の保護については、スマートフォンやタブレットコンピュータ等の端末がアプリケーションのダウンロード等により事後的に獲得した画面についても保護可能であるが、サーバに記録されている画像を端末上に表示させる形態についての画面（インターネット画像）の保護は物品との関係から難しいと判断されていた。

83　画面を含む意匠の実施・侵害行為等については、意匠法上の物品の「製造」（同法2条3項。特許2条3項の物の「生産」とほぼ同じと解されている）にあたるかどうかに基づいて判断されるべきとされ、たとえば、前掲（注82）の端末に表示されるインターネット画像については、サーバと一体として用いられる物品に表示される画像に該当しない（法上の「製造」と評価されない）と解されていた。

に記録・表示されているかどうかにかかわらず保護対象とすることが適当であると考えられること、②画像意匠の実施行為についても、新たに規定を設けることが必要であり、画像意匠の実施行為については、現行意匠法の物品意匠の実施行為や、特許法のプログラム等の発明に係る実施行為を参考に規定することが適当であることが提言されていた。

　こうした流れを経て、意匠法の一部改正を含む「特許法の一部を改正する法律案」が平成31年3月1日に閣議決定され、令和元年5月17日に公布された（施行日は、一部の規定を除き、公布日から起算して1年を超えない範囲内において政令で定める日とされている）。同日に公布された意匠法改正の概要は、①物品に記録・表示されていない画像や建築物の外観・内装のデザインを新たに意匠法の保護対象とすること（保護対象の拡充）、②関連意匠の見直し、③意匠権の存続期間の変更（「登録日から20年」から「出願日から25年」に変更）、④複数の意匠の一括出願を認めること（一意匠一出願の見直し）、⑤物品の名称を柔軟に記載できるようにすること（物品の区分の廃止）、⑥間接侵害規定の拡充である。

　「特許法等の一部を改正する法律の概要（参考資料）[84]」によれば、上記①における「物品に記録・表示されていない画像」の例としては、クラウド上に保存され、ネットワークを通じて提供される画像や、道路に投影された画像が含まれるものとされ、「建築物の外観・内装のデザイン」の例としては、特徴的な形状のテーブルやカウンター等が用いられ、それらの特徴が際立つ形で特定の色彩や配色を施すなどして統一感を実現している店舗内装等が含まれるものと解される。

　以下、現行意匠制度を概観した後、上述した意匠法のこれまでの改正、審査基準の改定を踏まえて、第4次産業革命にも関連しうる登録例（画面デザインの保護例、デバイス形状等の保護例）をあげてそれぞれに説明を加え、必要に応じて令和元年5月17日に公布された改正意匠制度の要点にも言及する。

84　〈https://www.jpo.go.jp/system/laws/rule/hokaisei/tokkyo/tokkyohoutou_kaiei_r010517.html〉

第4章　技術や情報を守るための対策

(1)　意匠制度の概観

(ア)　出願書類

　願書に図面を添付して出願する（図面に代えて、写真、ひな形または見本の提出も可）。願書には、登録を受けようとする意匠について物品（意匠に係る物品）を指定する必要がある。つまり、意匠は外観だけで権利を取得できるのではなく、どのような物品についての意匠なのかが問われる。

　図面は、基本的に6面図で構成される（対象的な関係にある図面の一方は省略できる場合がある）。なお、物品の部分について登録を受けようとする場合には、その部分とそれ以外の部分とを区別して表現する（実線部分が意匠登録を受けようとする部分、破線部分がそれ以外など）。

(イ)　審　査

　出願はすべて審査される[85]。審査は、本願意匠と同一または類似した引用意匠[86]（意匠3条1項各号）がないかどうかサーチされ、あれば引用意匠に基づいて拒絶理由が通知される（新規性がない場合、創作容易性が肯定された場合など）。類否の判断は、意匠の同一・類似のみならず、物品の同一・類似の両方の観点から判断される。拒絶理由通知を受けた出願人は、補正書および／または意見書提出の機会が与えられる。出願人の応答により拒絶理由が解消すれば登録査定になり、拒絶理由が解消しなければ拒絶査定となる。拒絶査定を受けた出願人は、拒絶査定不服審判（同法46条）を請求できる。

(ウ)　登　録

　登録査定を受けた場合は、所定の期間内（30日）に登録料を納付することによって設定登録され、意匠権が発生する。意匠権は、設定登録の日から20年存続する。

(2)　第4次産業革命に関連しうる登録事例

　IoT関連技術においては、多種多様な機器・装置が採用される。人間（ユ

85　他方特許の場合は公開目的だけの出願もあり、出願後に明示的に出願審査の請求をしなければ審査されない。

86　願書およびこれに添付された図面によって特定される、意匠登録を受けようとする意匠である。

144

ーザ）との接点となるウェアラブルデバイスも多い。これらの機器やデバイスは、通常、ユーザへの情報提示のための表示画面を備えており、ここにデザイン性が発揮される余地がある（下記(ア)参照）。また、IoT関連技術においても、機器・装置そのものにデザイン性が発揮されうる（下記(イ)参照）。

(ア) 画面デザインの保護例

画面に表示される画像に対する意匠法の基本的な考え方として、その物品の機能を果たすために必要な表示を行う画像（同法2条1項に該当）、および物品が機能を発揮できる状態にするための操作の用に供される画像（同条2項に該当）があり、それぞれ例示する。

(A) 意匠法2条1項に該当する画像

① 腕時計本体（意匠登録第1281287号）

［正面図］

【意匠に係る物品】 腕時計本体

145

第4章　技術や情報を守るための対策

②　定規機能付き電子計算機（意匠登録第1596113号）

［正面図］

【意匠に係る物品】　定規機能付き電子計算機

本件意匠は、部分意匠である。部分意匠として意匠登録を受けようとする部分は、図において実線で表わされている。[87]

また、「意匠に係る物品の説明」の欄には、「本物品は、携帯用電子計算機であり、測定対象物の長さを計測する定規機能を有する。本物品を用いた測定対象物の長さの計測は、本物品の表示部に表示された画像を用いて行われる」と説明されている。

なお、意匠審査基準における電子計算機の画像の取扱いについては、電子計算機は本来的に有する機能は情報処理機能のみであるため、意匠に係る物品を「電子計算機」とする意匠の場合、任意のソフトウェア等により表示される画像は、意匠法2条1項および2項に該当しないとされる一方で、アプリケーション等のソフトウェアと一体化することにより、具体的な機能を有する新たな物品（付加機能を有する電子計算機）を構成することができるとされ、付加機能を有する電子計算機の画像を含む意匠について意匠登録出願する場合には、願書の「意匠に係る物品」の欄に、「○○機能付き電子計算機」と記載することが求められている。

---

[87]　意匠を構成する物品の部分に係る形状等について独創性が高く特徴ある創作をした場合に保護される創作意匠である。

Ⅱ　特許・意匠等の権利出願による保護と対策

③　携帯情報端末（意匠登録第1605860号）

［正面図］

【意匠に係る物品】　携帯情報端末

　本件意匠は、「意匠に係る物品」に記載されているとおり、時計機能を有する「携帯情報端末」であり、代表的な IoT デバイスの 1 つといえる。本件意匠は、正面図に示されたように、ソフトウェアによって表示される時計画像であるが、本物品は当該画像のほかさまざまな画像をソフトウェアによって表示させることができる。かかる意味において、物品名は、上記②で説明したように、「時計機能付き電子計算機」としても差し支えない。本件意匠の物品名「携帯情報端末」が「○○機能付き電子計算機」と記載しなくても拒絶されなかったのは、審査時において当該物品に係る市場が十分に確立しており、物品名についての疑義は生じなかったのであろう。

147

第4章 技術や情報を守るための対策

(B) 意匠法2条2項に該当する画像

① リモートコントロール機能付き電子計算機（意匠登録第1614421号）

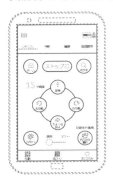

［背面図］

【意匠に係る物品】　リモートコントロール機能付き電子計算機

　本件意匠も、代表的な IoT デバイスの1つといえる。本件意匠は、背面図に示されるとおり、スマートフォンなどの携帯情報端末にインストールされた遠隔操作アプリケーションの操作画面の意匠と解される。IoT を構成するデバイスには、各種データを検知するためのセンシング機能を備えたデバイス（下記(イ)で後述）のほか、インターネットに接続された機器を遠隔操作するためのデバイスも重要であり、そのインタフェースとなる操作画面には、意匠的観点から創作性が発揮される場合が多い。

Ⅱ　特許・意匠等の権利出願による保護と対策

② 呼吸運動支援機能付き電子計算機（意匠登録第1588805号）

　　　［正面図］　　　　　　　　　　［正面図の表示部拡大図］

【意匠に係る物品】　呼吸運動支援機能付き電子計算機

　本件意匠は、部分意匠であり、「意匠に係る物品の説明」の欄には、「正面図及び正面図の表示部拡大図に表された画像は、ユーザの呼吸運動を支援する機能を発揮できる状態にするための操作に用いられる画像である」と記載されている。

　(イ)　デバイスの形状等の保護例

　IoT関連技術分野においては、クラウドサーバに音声、画像、生体情報等の各種データを収集するための端末デバイスは必須といえ、その物品形状等にデザイン性（視覚を通じた美感）が発揮される場合には意匠権の保護対象となる。

　以下に、それらデバイスのデザイン例をあげる。

149

第4章　技術や情報を守るための対策

① 音声インターフェース用器具（意匠登録第1586978号）

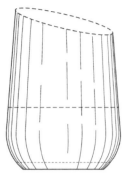

［斜視図］

【意匠に係る物品】　音声インターフェース用器具

　本件意匠は、部分意匠であり、「意匠に係る物品の説明」の欄には、「本物品は、音声インターフェースに使用可能な器具である」と記載されている。

② 装着型画像表示機（意匠登録第1481044号）

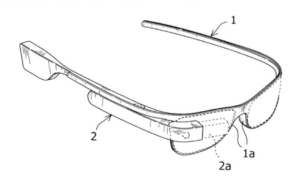

［参考前方斜視図］

【意匠に係る物品】　装着型画像表示機

　本件意匠は、部分意匠であり、「意匠に係る物品の説明」の欄には、「本願意匠に係る物品は、『装着型画像表示機（WEARABLE DISPLAY DEVICE）』である。参考前方斜視図に示すように、本願意匠に係る装着型画像表示機は、使用者（図示せず）が、パッド部1aを鼻（図示せず）に当てるようにフレー

150

ム1を頭部（図示せず）に装着した状態で、本体2のディスプレイ部2aに映し出される動画又は静止画を視認するものとなっている」と記載されている。

③　生体信号センサー付きリストバンド（意匠登録第1513880号）

［平面、背面、右側面から見た斜視図］

【意匠に係る物品】　生体信号センサー付きリストバンド

④　監視カメラ（意匠登録第1533314号）

［斜視図］

【意匠に係る物品】　監視カメラ

　本件意匠は、監視カメラの意匠である。監視カメラは、IoTにおいてセンシングを行う他のIoTデバイスと比べて、遠隔操作等のための高いコンピューティング能力と高い通信性能とを備えたハイテク機器であり、IoTデバ

イスのセキュリティ面に関して特に注目されているデバイスである（IP監視カメラなど）。IoT社会実現への寄与度が高いかかるデバイスの機能（上述のとおり、これらは目には見えない）を外観のデザインによって表現し発信しようとすることは、第4次産業革命における知的財産価値形成の1つのあり方といえよう。

⑤　生体情報センサ（意匠登録第1541561号）

［斜視図］

【意匠に係る物品】　生体情報センサ

本件の「意匠に係る物品の説明」の欄には、「本物品は、人の状態や動きの検出、あるいは人の表情や性別、年齢等の推定、ペット（例えば、犬や猫）の検出に使用されるものである。本物品の利用者は、携帯情報端末等から操作して、検出等の結果を取得することができる。暗所での検出等を可能にするため、本物品には赤外線投光機が内蔵されている」と記載されている。

(3)　**意匠制度の改正に向けた議論**

産業競争力を強化するための今後の意匠制度のあり方について、「空間デザインの保護」、「『デザイン経営』宣言」[88]等をキーワードとして議論されている。

わが国の現行意匠法においては、建築物は不動産であって物品（有体物である動産）ではないから保護対象ではないとされる[89]。また、内装については、複数の物品（テーブル、椅子、照明器具など）や建築物（壁や床の装飾）から

Ⅱ　特許・意匠等の権利出願による保護と対策

構成される内装のデザインは、一意匠一出願（同法 7 条）の要件を満たさないため、意匠登録を受けることができないとされる。したがって、現行意匠法では、「空間的なデザイン」について意匠登録を受けることはできない[91]。

　IoT 関連技術がかかわる分野においては、たとえば、無人化（ロボティクス化）された店舗受付けのデザイン、AI 化によって提供される顧客向けデバイスのデザインなど、IoT 関連技術が関与した結果創作されるデザインの割合は今後増加することが予想される。それらについて、意匠法により保護を与えるとしてその保護要件はどのように設定するのか、権利者と非権利者との利益のバランスに配慮した法制度の構築と運用が望まれるところである。

3．実用新案登録出願による保護

　現行の実用新案法における保護対象は、「物品の形状、構造又は組合せに係る考案」（同法 1 条）である。特許と異なり、方法に係る考案は保護されない。また、第 4 次産業革命の技術要素のうち、たとえばコンピュータプログラムそれ自体に係る考案は保護されない。これに対し、たとえば IoT を実現するデバイスの形状や構造に特徴があるという考案は、保護対象となりうる。IoT を実現するデバイスの典型例としては、スピーカホン（AI ロボット）、人体に接触するセンサといったユーザデバイスの形状、構造等や、工

88　経済産業省・特許庁産業競争力とデザインを考える研究会「『デザイン経営』宣言」（2018 年 5 月 23 日）〈http://www.meti.go.jp/press/2018/05/20180523002/20180523002-1.pdf〉。「『デザイン経営』宣言」は、第 4 次産業革命により、あらゆる産業が新技術の荒波を受け、従来の常識や経験が通用しない変革を迎えようとしている中、規模の大小を問わず、世界の有力企業が戦略の中心にデザインを据えていることに着目し、わが国においてもデザインを有効な経営手段として認識し、グローバル競争環境での強みへと活かすよう、デザインを活用した経営を推進する取組みである。

89　使用時には不動産となるものでも、工業的に量産され、販売時に動産として流通するものは、現行法においても意匠登録を受けることが可能である。

90　意匠の出願は、1 つの意匠ごとに出願しなければならない（一意匠一出願）というわが国における取決めである。例外的に組物の意匠出願（同法 8 条）がある。国際的には、1 つの出願に国際意匠分類の同一クラスに属する物品に係る複数の意匠を含めることを認めており（ヘーグ協定ジュネーブアクト）、欧州、米国、韓国がこの複数意匠一出願制度を採用している。

153

第4章　技術や情報を守るための対策

場におけるロボットのアーム、アクチュエータ、各種センサといったデバイスの形状、構造等がある。

　特許を取得する場合との比較では、実用新案登録出願は、特許と異なり、実体的な審査が行われずに登録（無審査登録）がなされる半面、権利行使の場面で一定の手続をとる必要がある（後記(1)(イ)）。また、権利期間は特許の場合（出願日から20年）よりも短く、出願日から10年である。実務的には、現在の実用新案登録出願の利用は消極的[92]といわざるを得ないが、少なくともライフサイクルの短い考案を短期間で適切に保護できるという利点[93]があり、第4次産業革命における新たな実用新案登録出願のあり方の模索が期待される。

　以下、実用新案制度を概観した後、第4次産業革命にも関連する登録例をあげる。

---

[91]　本節の冒頭でも述べたように、現行意匠法は、令和元年5月17日に公布された「特許法の一部を改正する法律案」によって一部改正されており、一意匠一出願の規定（同法7条）は、「意匠登録出願は、経済産業省令で定めるところにより、意匠ごとにしなければならない」（下線部が改正部分であり、改正前は「物品の区分により」とされていた）と改正され、組物の意匠（同法8条）についても、「同時に使用される二以上の物品、建築物又は画像であつて経済産業省令で定めるもの（以下『組物』という。）を構成する物品、建築物又は画像に係る意匠は、組物全体として統一があるときは、一意匠として出願をし、意匠登録を受けることができる」（下線部が改正部分）と改正されたうえ、内装の意匠（同法8条の2）が新設される。このように、今般の改正意匠法では、「空間的なデザイン」の保護の促進が図られる。また、意匠の定義（同法2条1項）についても、「この法律で『意匠』とは、物品（物品の部分を含む。……）の形状、模様若しくは色彩若しくはこれらの結合（以下『形状等』という。）、建築物（建築物の部分を含む。……）の形状等又は画像（機器の操作の用に供されるもの又は機器がその機能を発揮した結果として表示されるものに限り、画像の部分を含む。……）であつて、視覚を通じて美感を起こさせるものをいう」（下線部が改正部分）と改正される。

[92]　統計資料（特許庁「特許行政年次報告書2018年度版 統計・資料編」〈https://www.jpo.go.jp/resources/report/nenji/2018/index.html〉）によると、2017年の特許出願件数は31万8479件であったのに対し、実用新案登録出願件数は6105件であった。

[93]　ビジネスの観点では、権利を取得しているという対外的なアピールを行うことができ、営業活動を支援する役割を担うこともある。

154

(1) 実用新案制度の概観

(ア) 出願から登録まで

(A) 保護対象

　自然法則を利用した技術的思想の創作（新案2条1項）であって、物品の形状、構造または組合せに係るもの（同法1条、3条）が保護対象である。IoT関連考案についての留意点は、コンピュータプログラムそれ自体は実用新案法の保護対象ではないものの、「装置」、「システム」の考案は物品の形状と構造の組合せとして保護対象となりうることである。たとえば、次のような考案は保護対象である。[94]

> 　被監視対象を撮像する監視用カメラと、前記監視用カメラで撮像したデータを通信回線を介して受信するデータ処理端末とを含み、前記データ処理端末は、受信データを解析する手段と、その結果に応じて警告音を発するアラーム手段とを備えることを特徴とする、遠隔監視システム

(B) 出願書類

　願書、明細書、実用新案登録請求の範囲、および図面を添付して出願する（図面は省略不可）。明細書には考案の実施態様等を記載し、実用新案登録請求の範囲は明細書等に記載された実施態様等のうち登録を受けようとする考案について請求項ごとに記載する。

(C) 審査・技術評価

　出願は方式審査を経た後、実体的要件（新規性、進歩性等）の審査なしに登録される（新案14条2項）。方式審査では、たとえば請求項に記載された考案が物品の形状、構造または組合せでない場合に補正命令がなされる（同法6条の2第1号）。

(D) 登録

　実用新案権は、設定の登録により発生する（新案14条1項）。

94　審査ハンドブック第X部第1章「実用新案登録の基礎的要件」10101例3。

第4章　技術や情報を守るための対策

(イ)　権利行使の場面（実用新案権者等の責任）

　実用新案登録出願は実体的要件の審査なしに登録されるため、登録された権利が実体的要件を満たしているか否かについては、当事者間における判断に委ねられることになるがその判断には専門性が要求されるため、実用新案法は、権利の行使をする権利者に対し、実用新案技術評価書の提示義務（新案29条の2）およびその責任（同法29条の3）を課している。

　実用新案技術評価の請求（同法12条）は、何人も特許庁に請求でき、当該評価においては、公知文献に基づく新規性・進歩性の有無等が判断される。なお、実用新案法における進歩性の容易想到性は特許法における進歩性の容易想到性よりも低い（同法3条2項「きわめて容易」）。

(2)　第4次産業革命に関連する登録事例

　以下は、物品の形状と構造の組合せとして登録されたシステムに係る考案の例である。

実用新案登録第3181521号
【発明名称】　遠隔地データ収集システム
【請求項1】　メインサーバと、前記メインサーバにログイン可能な端末装置と、随時更新される所定のデータを記憶しており、通信ネットワークを介して前記メインサーバと通信可能な少なくとも1つの遠隔地コンピュータと、を有し、前記遠隔地コンピュータは、所定の条件を満たした場合に、前記所定のデータ若しくは当該所定のデータに基づいて生成したデータを前記メインサーバに送信し、前記メインサーバは、前記遠隔地コンピュータから受信した前記データの閲覧を求める要求信号を前記端末装置から受信した場合、前記遠隔地コンピュータから受信したデータ若しくは前記受信したデータに基づいて生成したデータを前記端末装置のディスプレイにおいて表示させるための表示用データを前記端末装置に送信する、遠隔地データ収集システム。

Ⅱ　特許・意匠等の権利出願による保護と対策

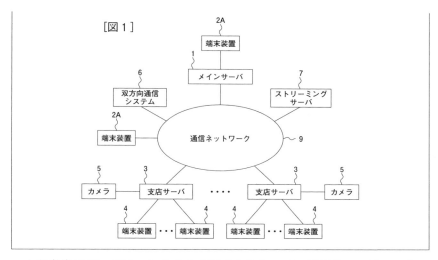

　上記考案においては、システムを構成するサーバ、遠隔地コンピュータ、および端末装置それら自体の物品の形状としての特徴は表れておらず、かつ、各装置間でやりとりされるデータのやりとりが請求項中に記載されている。その結果、上記システム考案は、実質的に、プログラムの存在を前提としたシステム発明（特許発明）を保護しているに等しいといえ、この点からの実用新案法の活用検討の余地はあるといえる。

4．商標登録出願による保護

　サービスの普及、浸透によって醸成されるブランドを保護するために、クラウド、IoT、ビッグデータ、AI 等を駆使して提供されるサービス等においても、従前どおり、文字、図形、記号等からなる商標に対する商標登録出願による保護が重要であることに変わりはない。登録例として、たとえば商標登録第5983007号（登録商標「Deeplearning4j」、商品及び役務の区分並びに指定商品又は指定役務「第9類　人工知能及び深層学習に関するダウンロード可能なコンピュータソフトウェア、第41類　事業・産業・情報技術に関する知識の教授及び訓練、第42類　コンピュータソフトウェアの設計・作成・保守に関する助

第4章　技術や情報を守るための対策

言」）などがある。

　また、近年の商標はブランド戦略の中心に据えられることも多く、その場合には企業の長期的なブランドイメージを顧客へ伝達することが、ブランド保有企業の競争力強化の役割を果たす。そのような中で、平成14年改正により、情報機器等の映像面を介したサービス提供に際してその映像面に表示する、文字、図形、記号等またはこれらの結合（標章）も保護対象となった（同法2条3項7号・8号）。インターネット通信にかかわる標章の保護を目的としたもので、端末アプリ起動時のロゴ等が該当する。さらに、平成26年改正により、色彩のみの商標や、音の商標、動き、ホログラム、位置の商標も認められることとなった（「新しいタイプ」の商標）。いずれも多角化するブランドイメージ伝達を保護する動きともいえる。

　一方、わが国の商標法においては、平成8年改正以降、立体的形状も保護対象とされており（同法2条1項）、この立体的形状は、平成31年3月1日に改正が閣議決定され、令和元年5月17日に公布された意匠法においては「建築物の外観・内装」といった空間デザインが保護対象の1つとなるように、IoT関連技術が関与する社会領域において特徴的な保護対象といえる。米国ではトレードドレスとして保護されるもの（店舗デザイン等）は、わが国でも店舗（ガソリンスタンドやコンビニエンスストアなど）の立体形状等を含む商標登録としての実績がある（ただし、店舗という不動産が商品商標として登録されるのではなく、役務商標として保護されているようである）。ちなみに、IoT関連技術により無人決済が可能なコンビニエンスストアが登場し、なかには移動式のものもある。店舗というと不動産であって、中には人がおり、レジを打って会計をしてくれるというのがこれまでの常識であったが、無人で移動式（動産）となるとその立体的形状を含めて動く広告になる可能性もあり、店舗という動産に対する商標法による保護が可能となる。

　以下、制度を概観した後、第4次産業革命にも関連しうる「新しいタイプの商標」の登録事例（音商標、位置商標）および立体的形状に関する登録事例をあげる。

158

Ⅱ　特許・意匠等の権利出願による保護と対策

⑴　商標制度の概観

㋐　出願書類

願書に必要な書面を添付して出願する。願書には商標登録を受けようとする商標、指定商品または指定役務並びにこれらの区分を記載する。商標登録を受けようとする商標が立体商標である場合、標準文字である場合には、その旨を願書に記載する。

㋑　審　査

出願はすべて審査される。審査は、自他商品識別機能（商標3条）を有しているほか、本願商標と同一または類似の引用商標（同法4条1項10号・11号）がないかどうかがサーチされ、存在すれば、審査官により引用商標に基づく拒絶理由が通知される。類否の判断は、商標の同一・類似のみならず、指定商品または役務の同一・類似の両方の観点から判断される。出所混同を生ずるおそれがある商標（同項15号）にも拒絶理由が通知される。また、立体商標出願の場合、商品や商品の包装の機能を確保するために不可欠な立体的形状のみからなる商標（同項18号）も拒絶の対象である。拒絶理由通知を受けた出願人は、補正書および／または、意見書の提出機会が与えられる。出願人の応答により拒絶理由が解消すれば登録査定になり、拒絶理由が解消しなければ拒絶査定となる。拒絶査定を受けた出願人は、拒絶査定不服審判（同法44条）を請求できる。

㋒　登　録

登録査定を受けた場合は、所定の期間内（30日）に登録料を納付することによって設定登録され、商標権が発生する。商標権の存続期間は10年であるが更新登録の申請によって10年の存続期間を何度も更新できる（商標19条）。

⑵　「新しいタイプの商標」の登録事例

㋐　音商標

音商標は、視覚（文字）によらないブランド発信手段として、企業のブランド戦略に大きな役割を果たすことが期待されている。たとえば、IoT 機器の起動時に毎回使用される音商標（メロディー、ハーモニー、リズムまたはテ

159

第4章　技術や情報を守るための対策

ンポ、音色等）は、その企業イメージを積極的に消費者へ浸透させることが可能である。登録要件を満たす音商標について商標登録を受けて、その独占的な使用権を確保しておくことは、ブランド戦略上も重要な意義があると考えられる。

　① 商標登録第5804306号
　　【登録商標】（音商標）

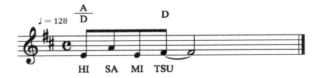

　　【商品及び役務の区分並びに指定商品又は指定役務】　第3類、第5類、第10類
　　【称呼（参考情報）】　ヒサミツ

上記音商標は、自社企業名を簡潔なメロディに乗せたものである。こうした音商標をテレビやラジオCMに繰り返し使用することによって、自社のイメージを消費者の五感に強く訴えることができる。

　㈣　位置商標

位置商標は、視覚的な標章およびその付される位置によって構成される商標である。たとえば、キーボードの中央部分に赤く小さなカーソルコントロールデバイスが付されたノートパソコンといえばどのメーカのパソコンかを多くの者が想起できるように、位置商標も多様なブランド発信手段の1つとしての役割が期待されている。

---

95 「新しいタイプの商標」には、動き商標、ホログラム商標、色彩のみからなる商標、音商標、位置商標がある。たとえば、音の商標（商標3条1項柱書）であるためには、①音符、②音部記号（ト音記号等）、③テンポ（メトロノーム記号や速度標語）、④拍子記号（4分の4拍子等）、⑤言語的要素（歌詞等が含まれるとき）のすべての事項が記載された五線譜により記載されているか、あるいは、①音の種類（擬音語または擬態語の組合せ等）、および②その他音を特定するために必要な要素（音の長さ、音の回数、音の順番、音の変化等）が文字により記載されていることが要件とされる。

160

① 商標登録第6076621号
【登録商標】（位置商標）※丸内実線部分の位置が申請範囲

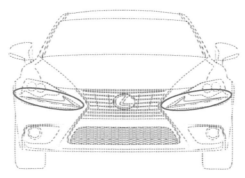

【商品及び役務の区分並びに指定商品又は指定役務】　第12類
【称呼（参考情報）】　エル[96]

　上記位置商標は、車種を問わず同一ブランドの車両の左右のヘッドライト下部に対称的に施された、Ｌ字状のデザイン形状からなる。実際には、この形状部分も点灯するようになっており、たとえば車種を確認しづらい夜間に同ブランドの車両が走行していた場合にも、この点灯部分のみをもって同ブランドの車両であることを需要者に想起させることができる。

---

[96] 商標の詳細な説明において、「Ｌ字状の立体的形状からなる」と述べたためか、このような称呼が発生するものと認定されている。

② 商標登録第6080187号

【登録商標】（位置商標）

【商品及び役務の区分並びに指定商品又は指定役務】　第14類

　上記位置商標は、腕時計のリューズを保護する目的で取りつけられたリューズプロテクタ（リューズ保護部品）の形状に係る商標である。同ブランドの腕時計の多くにこの部品が採用されており、この部品のみをもって需要者に同ブランドを想起させることに成功している。

(3)　立体商標登録事例

　わが国における立体商標の登録例をみると、立体的形状のみからなる商標の登録事例は著名性等の条件が必要とされ、登録基準は極めて高いが、立体物から称呼が生じる場合（文字標章が読み取れるなどの場合）には比較的容易に登録されているようである。加えて、キャラクタ（ゆるキャラなどが含まれる）に関する立体商標についても、使用実績等によって識別力を発揮していれば、その登録基準はさほど高くないように思われる。

① 称呼を発生させるものと認定された立体商標登録事例
商標登録第5851632号
【登録商標】（立体商標）※抜粋

【商品及び役務の区分並びに指定商品又は指定役務】　第43類
【称呼（参考情報）】[97]　コーヒードコロコメダコーヒーテン、コメダコーヒーテン、コメダズコーヒー、コメダズ、コメダ

　上記立体商標は、店名を含む文字を含む店舗の外観に係る立体商標である。なお、この立体商標に類似する外観を有する店舗を第三者が模倣して営業した場合には、不正競争防止法2条1項1号および2号にいう「商品等表示」に該当しうる。[98]

97　図中の看板文字等から生じる称呼が認定されている。
98　東京地決平成28・12・19（平成27年(ヨ)第22042号）裁判所ウェブサイト〔仮処分命令申立事件〕。

第4章　技術や情報を守るための対策

② 称呼を発生させない立体商標登録事例（立体のみからなる商標）
商標登録第6047746号
【登録商標】（立体商標）※抜粋

【商品及び役務の区分並びに指定商品又は指定役務】　第7類、第9類、第14類、第16類、第28類、第35類、第38類

　上記立体商標は、全長120センチメートルほどのヒト型ロボットの外観に係る立体商標である。使用実績等による識別力が認定されて登録に至ったものと思われる。

Ⅲ　著作権法による保護と対策

　著作権法による保護を受けるためには、権利出願を要しないものの、「著作物」であること（著作物性）が必要とされる。どのような場合に著作物性を備えているといえるかについては、法上、「思想又は感情を創作的に表現したものであって、文芸、学術、美術又は音楽の範囲に属するもの」（同法2条1項1号）との定義や、著作権法の目的（＝創作性のある表現の保護を通じた文化の発展）等に照らして個別具体的に判断されている。
　IoT、ビッグデータ、AIといった産業技術分野における著作物としては、

Ⅲ　著作権法による保護と対策

「プログラムの著作物」（同法10条１項９号）、「編集著作物」（同法12条）、「データベースの著作物」（同法12条の２第１項）、AI により元のコンテンツを改変させた二次的著作物としての「美術の著作物」、「写真の著作物」、「映画の著作物」等があげられる。なお、著作権法上の「プログラム」は、特許法上で保護されるプログラム等とは保護要件が根本的に異なっている点に留意が必要である。

　また、第４次産業革命との関連では、平成30年改正により、デジタル化・ネットワーク化の進展に対応した「柔軟な権利制限規定」の整備がなされた。

　以下、著作権法による保護対象としての「プログラム」、「データベース」について述べた後、平成30年改正法について説明する。

1.　著作権法による保護対象としての「プログラム」

⑴　著作権法における「プログラム」とは

　著作権法では、その保護対象である「プログラム」を表現物としてみており[99]、特許法がその保護対象である「プログラム」を技術的思想（アイデア）としてみているのと、根本的に異なる。したがって、著作権法で保護対象となっているプログラムの動作原理（アイデア）は踏襲するがプログラムの記述の仕方（表現）を変えた別のプログラムが作成された場合には、別のプログラムは、元のプログラムの著作権の侵害にならない可能性がある（翻案権侵害となる余地はある）。反対に、同じケースにおいて、プログラムの動作原理が技術的思想として特許権で保護されている場合には、記述の仕方を変えただけで同様の動作をする別のプログラムは、元のプログラムの特許権の侵害となりうる。

　著作権法の保護対象となるプログラムの定義は、「電子計算機を機能させ

---

[99]　斎藤博『著作権法〔第３版〕』（有斐閣・2007年）98頁にも、「著作物一般についていわれてきたのが、表現物の奥にある思想または感情は保護の対象ではないという、表現とアイデアの峻別（expression-idea dichotomy）である。プログラムを著作物として保護する際も、この２分法に忠実に、表現をアイデアから切り離して保護することに腐心する段階があった」との指摘がある。

165

第4章　技術や情報を守るための対策

て一の結果を得ることができるようにこれに対する指令を組み合わせたもの
として表現したもの」（同法2条1項10号の2）であるが、他の著作物と同様、[100]
表現に創作性が備わっていることが必要とされる。プログラムの創作性につ
いては、誰が作成しても同様になってしまうというような極めて単純なプロ
グラムを除き、ほとんどのプログラムは指令の組み合あわせ方等に作成者の
個性が表れるため、創作性が認められるとの見解が有力である。[101]

　しかし、プログラムを一から記載するという古典的な観点からは、同じア
ルゴリズムを実装する場合であってもコーディング（プログラミング）する
プログラマの個性が発揮されるので個々のプログラムにはそれぞれ独立した
著作権が発生する場合が多いが、近年の大規模ソフトウェア開発の現場にお
いては、フリーライブラリやオープンソースが活用される場面も増えており、
その場合の著作権の主張は容易でない場合がある。[102]

　著作権法上のプログラムに関する論点としては、旧来、オブジェクトプロ
グラム（ソースコードに対するオブジェクトコード）、ファームウェア（プログ
ラム）、プログラムのモジュール、リバース・エンジニアリング等について
議論されてきた。ここでの「プログラムのモジュール」は、これまで、組み
込みシステム等において一定の機能を有する標準化された要素や特定の計算[103]
機による実行を可能にするために必要な構成を有している目的プログラムの
一部のような比較的コード規模の小さいものも想定されてきたようである。[104]
しかし、近年の大規模ソフトウェアの開発状況を踏まえると、プログラムの

100　一方、同法10条3項各号には、同法による保護が及ばない例として、「プログラム言語（1
　　号）、規約（2号）、解法（3号）」があげられている。
101　加戸守行『著作権法逐条講義〔六訂新版〕』（著作権情報センター・2013年）126頁。
102　1983年にマサチューセッツ工科大学人工知能研究所のリチャード・ストールマン氏により発
　　足されたGNUのGeneral Public License（GPL）には、ソースコードの中に少しでもGPL適用
　　のコードがあれば、全体としてGPLを適用させる（つまり、二次的著作物を独占的なものとし
　　て再配布することを許可しない）という厳しい制約がある。一方で、カリフォルニア大学バーク
　　レー校によって策定されたBSDライセンスにおいては、二次的著作物の独占的な再頒布が許可
　　されている。
103　JIS B 3500「プログラマブルコントローラ用語」で定義されている「モジュール」を参考に
　　表現した。

166

モジュール（ライブラリ）の規模は一層巨大化しているといえよう。このような巨大化したライブラリの利用によるアプリケーション開発においては、独自のコード規模が相対的には非常に小さくなることを意味し、その他大部分はありふれたライブラリの集まりということになって、プログラムの保護機能が不全になるおそれがある。

一方で、著作権法におけるプログラムは表現物としてとらえられるものであるが、その機能面を完全には無視できず、むしろ現実には機能保護の意味合いが強くなることは否定できないとの指摘がある[106]。さらに、プログラムがユーザインタフェースにかかわる場合には、別途その見た目（画面表示等）の著作物性も問題となる。

以下では、これらを踏まえた諸処の論点について、裁判例を交えながら述べる。

(2) 諸処の論点

(ア) プログラムの著作物性と特許法上の新規性との関係

著作物性には創作性が備わっていることが必要であるが、この要件は、たまたま同じ創作物が先に存在していても、著作者独自の創作性が反映されているならば充足となる（ありふれている表現は保護の対象とはならないが、新規である必要はない）。反対に新規性を有すれば創作性を有することとなるかと

104　JIS X 0007「情報処理用語——プログラミング」で定義されている「目的モジュール」、「目的プログラム」を参考に表現した。

105　たとえば、音声対話型インタフェースを備えた画像認識サービスを提供する際に必要な技術には、音声認識処理、音声合成処理、画像認識処理（AI によるパターン認識モデルが含まれる）、GUI 等があげられるが、これらはそれぞれ有償・無償で利用可能なライブラリが公開されており、個々のライブラリは大規模である。こうした大規模ライブラリの利用（無償利用可能なものも多い）は、第４次産業革命の推進を一層加速するとともに権利調整等の課題も増大させているといえよう。

106　中山信弘『著作権法〔第２版〕』（有斐閣・2014年）121〜122頁は、プログラムはそれ自体がコンピュータに対する指令であり、表現イコール機能（機能の独占）という関係にあると指摘したうえで、たとえば、機械の設計図の著作物それ自体は機能を果たしているものではなく、設計図を基に機械を作製しても設計図の著作権侵害にはならないので、機械の設計図の著作権はその機械の機能の独占にはつながらないと説く。

167

第4章　技術や情報を守るための対策

いう問題が考えられるが、裁判例[107]はこれを否定している。原審裁判例[108]では、「搬送コイルによる非接触方式によるこのような……方法・装置は、特許を取得する程度に新規なものであったことから、これに対応するプログラムも、当時およそ世の中に存在しなかった新規な内容のものであるということができる。したがって、本件プログラムは、……全体として新規な表現であり、しかも、その分量……も多く、選択配列の幅が十分にある中から選択配列されたものということができるから、その表現には全体として作成者の個性が表れているものと推認することができる」としてプログラムの著作物性を肯定していたが、控訴審では、「プログラムに著作物性があるというためには、プログラムの全体に選択の幅があり、かつ、それがありふれた表現ではなく、作成者の個性、すなわち、表現上の創作性が表れていることを要するのであるから、新規のアイデアに基づきゼロから開発されたものであること、多くの命令数により記述されていることから、直ちに表現上の創作性を認めることはできない」としてこれが否定された。

若干検討すると、第4次産業革命時代の想定事例としては、それぞれ独立した機能を備えたプログラムモジュール（フリーライブラリ）の集まりとしての大規模システムが考えられる。つまり、個々のプログラムモジュールはフリーライブラリであるので複製されたものであるが、それらの組合せ自体は新規であるというような場合である。こうした事例は、ソフトウェア開発の現場では散見されると思われる。全体としては新たに開発したアプリケーションであれば必ず著作権で保護されるはずだという早計がないよう留意すべきである。他の権利取得を望む場合には、単に組み合わせただけでは実現できなかったような工夫に焦点をあてて特許出願することなどが考えられる。

　　(イ)　プログラムの機能重視はどこまで許容されるか

著作物としてのプログラムは表現されたものであり、その奥にあるアイデ

107　知財高判平成24・1・25判時2163号88頁〔混銑車自動停留ブレーキ及び連結解放装置用プログラム事件〕。
108　大阪地判平成21・2・26（平成17年(ワ)第2641号）裁判所ウェブサイト。

168

アとは切り離されることが原則であるとしても、実質的にはその機能が重視されているとの有力な指摘がある。検討の糸口は、プログラムの奥にあるアイデアは、アルゴリズム（著作10条3項3号の「解法」）とどのような関係にあるのかを再検討することにあるのかもしれない。同じ範疇のアルゴリズムに属するプログラムコードであっても変数の命名の仕方やデータのまとめ方には、創作者の個性が出る。また、演奏家ほどの幅はないとしても、創作者としてのプログラマにもアカデミックあるいは芸術的なコーディングスタイルを創出し、他のプログラマに少なからず影響を与える者もいることは確かである（ただ、そのような創作性は、玄人受けこそすれ、他の多くの者には感得されない類のものなのかもしれない）。

　なお、プログラムの著作権に関する訴えは、その特殊性から特許権に関する訴えと同様に、東京地方裁判所と大阪地方裁判所の専属管轄とされている（民訴6条1項）。

　　(ウ)　プログラムがユーザインタフェースにかかわる場合の考察

　プログラムがユーザインタフェースを制御するものである場合、プログラムそれ自体の著作物性に加え、これによって制御されるユーザインタフェース（画面表示）の著作物性も問題となる。この場合、両者の著作物性の有無の関係については、次のとおりである（必要に応じて著作権侵害の場面についても述べる）。

　　(A)　ビジネスソフトのユーザインタフェース

　ビジネスソフトの代表例は、文書作成ソフトや表計算ソフトがあげられるが、裁判例では、表計算ソフトに係る事件に関するもののほか、スケジュール管理ソフトに係る事件に関するものがある。

　ビジネスソフトのプログラム開発は、通常、既存のパーツ（ボタン、プル

109　中山・前掲書（注106）121〜122頁参照。
110　東京地判平成16・6・30判時1874号134頁〔ソフトウェア ProLesWeb（Webcel）事件〕。
111　東京地判平成15・1・28判時1828号121頁〔PIM ソフトウェア事件〕。
112　東京地判平成14・9・5判時1811号127頁〔サイボウズ事件〕。

169

第 4 章　技術や情報を守るための対策

ダウンメニュー、テキストボックス等）を画面上のどこに配置するかを指定し、そのパーツがクリックあるいはタッチ等された場合（イベントが発生した場合）にコンピュータにどのような動作をさせるかを記述していくいわゆるイベントドリブン（イベント駆動）型プログラミング[113]によって行われており、その特性から個々のパーツはありふれた表現であるため著作物性が否定されやすい傾向にある一方で、パーツ群の配置等には創作性のある表現物として著作物性が認められる場合がある。

ユーザインタフェースを含む画面の著作物性を否定した事件[114]においては、その理由を次のようにあげている。

① 所定の目的を達成するために、機能的で使いやすい作業手順は、相互に似通ったものとなり、その選択肢が限られること、ユーザの利用を容易にするための各画面の構成要素も相互に類似するものとなり、その選択肢が限られること

② 各表示画面を構成する部品（たとえば、ボタン、プルダウンメニュー、ダイアログ等）も、すでに一般に使用されて、ありふれたものとなっていることが多いこと

③ 特に、既存のアプリケーションソフトウェア等を利用するような場合には、設計上の制約を受けざるを得ないこと

なお、プログラム自体の著作物性については、既存のパーツ機能がソフトウェアモジュールとなっているため、パーツ構成が単純な画面を実現するプログラムにおいては、その構成にかかわる独自のプログラムコード量が少なく、著作物性は認められにくいが、既存のパーツを使用していても、そのパーツ構成にかかわる表現上の工夫を凝らした画面を実現した場合には、その

113　ウィンドウズやマック OS、その他スマートフォン等の携帯情報端末に採用されている基本ソフトに対応したアプリケーションソフトはほぼこのスタイルで開発されている。これらのアプリケーションソフトの動作の特徴は、ユーザ操作が検知されるまではコンピュータを待機させ（この間、各操作の有無を巡回的に検査している）、ユーザ操作が検知されるとその操作に対応する動作をコンピュータに実行させることである。

114　前掲（注110）東京地判平成16・6・30〔ソフトウェア ProLesWeb（Webcel）事件〕。

画面の著作物性が認められるとともに、プログラムにもその特徴的な構成に
かかわる独自のコード表現が追加された結果、著作物性が認められる場合も
あるといえよう。

(B) ゲーム画面

古くは家庭用テレビゲーム機、近年ではいわゆるソーシャルネットワーク
ゲームを実行するスマートフォン等の情報機器上のゲーム画面は、著作物の
要件を満たせば著作権が発生する。家庭用テレビゲーム機用ソフトウェアに
係る最高裁判決があるほか、近年のゲームソフトウェアの表示画面に関する
裁判例がある。[115] [116]

ゲーム画面の著作物は、映像・動画、静止画の遷移が多用されるため、映
画の著作物と認められる場合が多い。もっとも、可能性としては画面中のア
イテム画像等それ自体の著作物性が争われることもあるが、上記ビジネスソ
フトのインタフェースにおける既存パーツと同様、「ありふれた表現」であ
るかどうかが判断材料の1つとなる。

なお、ゲーム画面を制御するプログラムの著作物性については、ゲーム画
面（のストーリー）を構成する程度の規模のものについての著作物性は肯定
されやすいと考えられる。

著作権侵害については、ゲーム画面の性質上、画面上の特徴が際立ってい
ることから、ゲーム画面同士の対比がなされることが多いと思われる。逆に
いえば、見た目から真似してプログラムをコーディングすることは比較的容
易であり、その内容も元のプログラムと共通しないことが多い。それほどコ
ーディングにはバリエーションがあり、著作権侵害を問うことは難しいとい
えよう。したがって、画面同士の類似性を争うほうが理に適っている場合が

115　最一小判平成14・4・25判時1785号3頁〔中古ゲームソフト販売事件〕。

116　知財高判平成24・8・8判時2165号42頁〔釣りゲータウン2事件〕、東京地判平成24・2・23
　　（平成21年(ワ)第34012号）裁判所ウェブサイト〔釣りゲータウン2・原審事件〕、東京地判平成25・
　　11・29（平成23年(ワ)第29184号）裁判所ウェブサイト〔プロ野球ドリームナイン事件〕、知財高判
　　平成21・9・30（平成21年(ネ)第10014号）裁判所ウェブサイト〔アドベンチャーゲーム「猟奇の
　　檻」事件〕等。

第4章　技術や情報を守るための対策

多い。

　ゲーム画面同士の対比については、江差追分事件最高裁判決[117]の規範を適用して異なる判断を行った裁判例[118]がある。まず、原審裁判例では、双方の画面を対比するうえで共通点の認定を行い、共通点のうち原告作品の製作者の個性が強く表れている点（本質的な特徴）を指摘したうえで、次のように被告作品における本質的な特徴の共通性（同一性の維持）を認定し、著作権侵害を肯定する判断を行った。

> 　「他方、被告作品の魚の引き寄せ画面は、上記のとおり原告作品との相違点を有するものの、原告作品の魚の引き寄せ画面の表現上の<u>本質的な特徴</u>といえる、『水面上を捨象して、水中のみを真横から水平方向の視点で描いている点』、『水中の中央に、三重の同心円を大きく描いている点』、『水中の魚を黒い魚影で表示し、魚影が水中全体を動き回るようにし、水中の背景は全体に薄暗い青系統の色で統一し、水底と岩陰のみを配置した点』、『魚を引き寄せるタイミングを、魚影が同心円の一定の位置に来たときに<u>決定キーを押すと魚を引き寄せ</u>やすくするようにした点』についての<u>同一性は、被告作品の中に維持されてい</u>る。
> 　したがって、被告作品の魚の引き寄せ画面は、原告作品の魚の引き寄せ画面<u>との同一性を維持しながら</u>、同心円の配色や、魚影が同心円上のどの位置にある時に魚を引き寄せやすくするかという点等に変更を加えて、新たに被告作品の製作者の思想又は感情を創作的に表現したものであり、これに接する者が原告作品の魚の引き寄せ画面の表現上の<u>本質的な特徴を直接感得することができ</u>るものと認められる」。（下線筆者）

　もっとも、控訴審においては、原審の結論が覆されている（著作権侵害否定）。

　前掲江差追分事件最高裁判決は、翻案の基準を定立するにあたり、「本質的特徴」を「直接感得」することができるか否かという基準（判決要旨1部分）と「思想、感情若しくはアイデア、事件若しくは事件など表現それ自体

117　最一小判平成13・6・28民集55巻4号837頁〔江差追分事件〕
118　前掲（注116）知財高判平成24・8・8〔釣りゲータウン2・控訴審事件〕、同東京地判平成24・2・23〔釣りゲータウン2・原審事件〕。

■ Ⅲ　著作権法による保護と対策

　　　　　[原告画面]　　　　　　　　　[被告画面]

でない部分」または「表現上の創作性がない部分」が同一である場合には翻案にあたらないとする判断（判決要旨２部分）とを示しているが、控訴審においては、原告作品と被告作品との共通点は、ありふれた表現であるかアイデアにすぎないと判断された。[119]

　控訴審の判断手法については、最高裁判決の規範を踏まえた裁判長自身の見解が示されており[120]、また、これに対する反論を含む議論もなされているので[121]、ここでは、ゲームにおける画面はゲーム中の操作に応じた変化を伴う「映像」であるという機能的特徴を重視した観点からみることとすると、原審においては、本質的な特徴とした原告作品中の魚の引き寄せ画面を「魚影

---

[119]　控訴審（前掲（注116）知財高判平成24・8・8）では、「水中を真横から水平方向に描き、魚影が動き回る際にも背景の画像は静止していることは、原告作品の特徴の１つでもあるが、このような手法で水中の様子を描くこと自体は、アイデアというべきものである。また、三重の同心円を採用することは、従前の釣りゲームにはみられなかったものであるが、弓道、射撃及びダーツ等における同心円を釣りゲームに応用したものというべきものであって、釣りゲームに同心円を採用すること自体は、アイデアの範疇に属するものである」と述べられている。
[120]　髙部眞規子『実務詳説　著作権訴訟』（金融財政事情研究会・2012年）244～267頁。
[121]　田村善之「判批」知的財産法政策学研究41号（2012年）79～124頁、同「判批」知的財産法政策学研究42号（2013年）89～123頁。

173

第4章　技術や情報を守るための対策

が同心円の一定の位置に来たときに決定キーを押すと魚を引き寄せやすくするようにした点[122]」というように映像としてとらえているのに対し、控訴審においては、引き寄せ画面を構成する個別の要素（引き寄せメーター、円形の図形、水中の岩陰や魚影、水中全体の色彩等）ごとに判断し、個々の表現はアイデアかありふれたものであると結論づけている。

2．著作権法による保護対象としての「データベース」

(1)　著作権法における「データベース」とは

　著作権法が保護対象としているデータベースは、コンピュータを用いて検索する際に体系的に構成されたことが必要とされており（同法2条1項10号の3）、特許法が保護対象としているデータやデータベース（同法2条4項「プログラムに準ずるもの」）がその構造によってコンピュータの動作を規定することが必要とされているのと相違する。もちろん、これらの違いがあっても両方の要件を充足するために結果として保護対象が共通することはあるが、著作権法と特許法とでデータベースに対する規定振りが異なる以上、いずれか一方しか充足しないケースは多く想定され、これら異なる点を踏まえた対策が必要となる。

　著作権法の保護対象となるデータベースの著作物は、「データベースでその情報の選択又は体系的な構成によって創作性を有するもの」（同法12条の2第1項）であり、条文上、創作性が要求されている。

　データベースの著作物の定義が条文上、編集著作物の定義（同法12条）の後におかれ、同条において「編集物（データベースに該当するものを除く。）」と規定されているとおり、データベースの著作物の中には編集著作物にも該当するものが多くあることが前提とされていると考えられる。

　つまり、著作権法におけるデータベースは、編集著作物から派生した保護

122　私見では、この点が、田村・前掲判批（注121）41号110頁における「たとえば、盗用部分が被告書籍の本文217頁中のわずか2頁に過ぎなかったとしても」の「2頁」部分にあたるのではないかと思われる。

174

概念といえる。以下では、データベースの独自の要件について若干説明する。

　　㋐　データベースの要件

　　　(A)　「情報の選択」

　編集著作物が素材の選択を対象とするのに対し、データベースは情報の選択（素材の選択を除く）を対象とする。素材は編集物の項目（材料）と解され、情報にはデータベースを構成する個々のタグ、インデックス、テーブル等が含まれると解される。情報の選択については、「いかなる情報をデータベースの対象とするのかを決定し、情報を選別して選択すべき情報を決定することに創作的な精神活動が認められることをいう」[123]（下線筆者）、「情報を選別して選択すべき情報を決定することに主体的な判断が要求される[124]」。（下線筆者）と指摘するものがある。

　　　(B)　「体系的構成」

　データベースの場合は、情報が「体系的に構成」されたことが要件とされており、コンピュータによる情報検索が前提とされる。つまり、体系的な構成には、データベース構築上のフォーマットやフォーム等が含まれる。また、データベースの体系的な構成には、「コンピュータにより容易に検索ができるようにするため、情報の体系づけをしたり、キーワードを付したりというような従来の編集著作物における素材の選択、配列とは異なった知的作業が加わって」いる必要があると解されている[125]。

　(2)　諸処の論点

　　㋐　複製権、翻案権侵害における保護対象としてのデータベース（著作
　　　　物性）

　データベースの著作物性が争われた裁判例は多いが[126]、著作物性が認められたデータベースの種類は、いわゆるリレーショナルデータベース[127]に偏っているように思われる。

123　半田正夫＝松田政行編『著作権法コンメンタール1〔初版〕』（勁草書房・2009年）620頁。

124　半田＝松田・前掲書（注123）621頁。

125　加戸・前掲書（注101）135頁。

175

第4章　技術や情報を守るための対策

(イ)　複製権、翻案権侵害成立の判断基準例（翼システム事件を参考に）

　リレーショナルデータベース（関係データベースともよばれる）とは、関係モデルに基づいて設計されるデータベースをいい、本件判決の定義によれば、「入力される個々の情報（データ）の集合体が、縦の列と横の行から構成される表であるテーブルに格納され、テーブルの縦の列は個々のデータの属性を表す『フィールド』に細分され、テーブルの横の行は、ユーザーが、最小単位の格納データとして検索等の操作をすることができる1件分のデータである『レコード』を構成し、複数のテーブル間に共通のフィールド（プライマリー・キー（主キー）等）を設定し、テーブル間を関連付けることにより、相互のテーブル内の他のフィールドに格納されている属性の異なるデータを抽出し、抽出したデータを統合・集計して検索することができる機能を有する」ものとされている。

　本件判決における侵害の成否の判断手法は、およそ次のとおりのものであった。

① 　データベース（テーブル、フィールド）の共通部分を認定する。

② 　上記①の共通部分についての「情報の選択」または「体系的構成」による創作性の有無を判断する。

③ 　上記②で創作性ありの場合は、対象（被告）データベースにおける上記②の共通部分についての情報の選択または体系的構成の本質的特徴を認識可能であるかどうかを判断する。

④ 　上記③でYesの場合は、その本質的特徴を直接感得することができるといえるので、対象データベースは本件データベースの共通部分を複

126　東京地判平成12・3・17判時1714号128頁〔タウンページデータベース事件〕：著作物性なし、東京地判平成13・5・25判時1774号132頁〔自動車データベース事件〕：著作物性なし、東京地判平成14・2・21（平成12年㈪第9426号）裁判所ウェブサイト〔オフィス・キャスター事件中間判決〕：著作物性あり、知財高判平成28・1・19（平成26年㈣第10038号）裁判所ウェブサイト〔翼システム事件〕：著作物性あり。

127　リレーショナルデータベースであれば、その技術的構成上、少なくとも「体系的な構成」を満たしやすいと考えられる。

製または翻案したものといえる。

具体的には、次のような理由づけにより著作権侵害が肯定されている。

> 「以上を前提とすると、被告CDDB（筆者注：リレーショナルデータベースである。以下同じ）が原告CDDBを複製ないし翻案したものといえるかどうかについては、まず、被告CDDBにおいて、原告CDDBのテーブル、各テーブル内のフィールド及び格納されている具体的な情報（データ）と<u>共通する部分があるかどうかを認定し</u>、次に、<u>その共通部分について原告CDDBは情報の選択又は体系的構成によって創作性を有するかどうかを判断し</u>、さらに、<u>創作性を有すると認められる場合には、被告CDDBにおいて原告CDDBの共通部分の情報の選択又は体系的構成の本質的な特徴を認識可能であるかどうかを判断し</u>、認識可能な場合には、<u>その本質的な特徴を直接感得することができるものといえるから</u>、被告CDDBは、原告CDDBの共通部分を複製ないし翻案したものと認めることができるというべきである。……
>
> 　以上の検討によれば、被告CDDB（新版）は、原告CDDBに依拠して制作されたものであって、原告CDDBの共通部分の体系的構成及び情報の選択の<u>本質的な特徴を認識可能であり</u>、その<u>本質的な特徴を直接感得することができるもの</u>といえるから、原告CDDBの共通部分の複製物ないし翻案物であると認めるのが相当である」。（下線筆者）

(ウ)　複製権、翻案権侵害における「依拠性」の立証

複製権、翻案権侵害の認定には依拠性を満たすことも必要とされる。[128]たとえば前掲翼システム事件においては、「被告CDDB（新版）が、被告CDDB（当初版・2006年版）に改変等を重ねる形で制作されたと認められること、<u>誤記等を含む具体的な情報の同一性等が依然として認められること</u>に照らし、被告CDDB（新版）が、原告CDDBに依拠して作成されたことは明らかである」（下線筆者）と判断されており、当該事案において、被告による原告データベースの持ち出し（あるいは、盗用）が前提とされている。実際、データベースの複製権、翻案権侵害事件においては、もともとは当事者同士が共同して事業を行っていたとか、被告が原告の元従業員であったといった事

---

[128]　最一小判昭和53・9・7民集32巻6号1145頁〔ワン・レイニー・ナイト・イン・トーキョー事件〕。

第4章　技術や情報を守るための対策

情があることが多い。このことが、第三者が複製権、翻案権侵害を行っている場合における権利者による侵害事実の発見および依拠性の立証は困難であることの裏返しだとすれば、第4次産業革命において検証すべき課題があると思われる。

(エ)　不法行為法による救済等[129]

上記(ア)において、データベースの著作物性が争われた裁判例は多いと述べたが、著作物性なしと判断された事案においても、不法行為の観点から救済が図られた裁判例（前掲（注126）自動車データベース事件）がある。この事件の判決では、著作物性は否定されたものの、「民法709条にいう不法行為の成立要件としての権利侵害は、必ずしも厳密な法律上の具体的権利の侵害であることを要せず、法的保護に値する利益の侵害をもって足りるというべきである。そして、人が費用や労力をかけて情報を収集、整理することで、データベースを作成し、そのデータベースを製造販売することで営業活動を行っている場合において、そのデータベースのデータを複製して作成したデータベースを、その者の販売地域と競合する地域において販売する行為は、公正かつ自由な競争原理によって成り立つ取引社会において、著しく不公正な手段を用いて他人の法的保護に値する営業活動上の利益を侵害するものとして、不法行為を構成する場合があるというべきである」との前提の下、「被告が本件データベースのデータを被告データベースに組み込んだ上、販売した行為は、取引における公正かつ自由な競争として許される範囲を甚だしく逸脱し、法的保護に値する原告の営業活動を侵害するものとして不法行為を構成するというべきである」と判断した。

このほか、著作権侵害訴訟において予備的に不法行為に基づく損害賠償請求がされた事案として、最一小判平成23・12・8民集65巻9号3275頁〔北朝鮮映画事件〕がある。原審（知財高判平成20・12・24民集65巻9号3363頁）で

129　本項の話題については、山田知司「知的財産権法の補完としての不法行為法（フリーライドを巡って）」竹田稔先生傘寿記念『知財立国の発展へ』（発明推進協会・2013年）507頁以下に詳しい。

は、北朝鮮映画の経済的価値から民法上の保護はあるとし、「無許諾放映は社会的相当性を欠き、不法行為と認められる」として、各社、各12万円の損害賠償を命じていたが、本判決は、①北朝鮮国民の著作物が日本の著作権法上保護される著作物には該当せず、②著作権法6条3号の著作物に該当しない著作物の利用行為につき、民法の不法行為を構成しないとして、不法行為も認めず、原告側の請求をすべて棄却した。不法行為については、「利用行為は、同法（筆者注：著作権法）が規律の対象とする著作物の利用による利益とは異なる法的に保護された利益を侵害するなどの特段の事情がない限り、不法行為を構成するものではない」と判示した。

したがって、「同法（筆者注：著作権法）が規律の対象とする著作物の利用による利益とは異なる法的に保護された利益を侵害するなどの特段の事情」の存在が肯定されてはじめて、一般民法の不法行為責任が認められることになる。上記自動車データベースの事件では、競業他社の競争力の源泉であるデータベースを違法に取得したという極めて悪質性の高い行為によって、原告の営業活動の自由が侵害されているといえる。かかる点に鑑みれば、最高裁判決の上記規範によっても、不法行為責任は肯定されていると思われる。

3. 柔軟な権利制限規定の整備（平成30年改正法）

(1) 概　要

平成30年4月2日に文化庁長官官房著作権課により説明された資料によれば、平成30年改正の趣旨の一つであるデジタル化・ネットワーク化の進展に対応した柔軟な権利制限規定の整備（同法30条の4、47条の4、47条の5等）で目標とされたことは、IoT・ビッグデータ・AIなどの技術革新による

130　文化庁長官官房著作権課「著作権法の一部を改正する法律案概要説明資料（AIの利活用促進関係）」（平成30年4月2日）〈https://www.kantei.go.jp/jp/singi/titeki2/tyousakai/kensho_hyoka_kikaku/2018/sangyou/dai5/siryou2-4.pdf〉。

131　平成30年改正法では、「教育の情報化に対応した権利制限規定等の整備」（同法35条等）、「障害者の情報アクセス機会の充実に係る権利制限規定の整備」（同法37条）、「アーカイブの利活用促進に関する権利制限規定の整備等」（同法31条、47条、67条等）があるが、説明は割愛する。

第4章 技術や情報を守るための対策

「第4次産業革命」における新しいイノベーションの創出を促進することである。つまり、著作物を含む大量の情報の集積・組合せ・解析により新しい付加価値を生み出すイノベーションの創出が期待されているところ、現在の著作権法の権利制限規定では利用の目的や場面ごとに一定程度具体的に規定されているため、改正前の規定が想定していない著作物の利用ニーズへの柔軟な対応を図ろうとしているのである。

しかし、上記説明資料でも、平成30年改正における「柔軟な権利制限規定の整備」について、「規定の柔軟性を高めると、立法を待たずに新たな利用行為に対応できるというメリットがある反面、法規範が不明確になり予測可能性が低下するといったデメリットもある。調査結果から、大半の企業や団体は高い法令順守意識から規定の柔軟性より明確性を重視していること等が判明したため、明確性と柔軟性の適切なバランスを備えた複数の規定を組み合わせることが適当とされた[132]」と指摘されているように、個々の著作物の利用場面では、これまで確実には予測されていなかった利用形態も想定される。これを踏まえ、各改正条文においても、著作権者の利益が不当に害されないためのただし書が設けられている。

(2) 権利制限規定に関する3つの「層」

文化庁では、「文化審議会著作権分科会報告書[133]」を踏まえ、権利者に及び得る不利益の度合いに応じて権利制限規定を次の3つの「層」に分類している。

第1層：権利者の利益を<u>通常害さないと評価できる</u>行為類型[134]
第2層：権利者に及ぶ不利益が<u>軽微な</u>行為類型[135]

---

132 文化庁長官官房著作権課・前掲資料（注130）1頁。

133 文化審議会著作権分科会「文化審議会著作権分科会報告書」（平成29年4月）〈http://www.bunka.go.jp/seisaku/bunkashingikai/chosakuken/pdf/h2904_shingi_hokokusho.pdf〉。

134 改正前著作権法では、30条の4（技術の開発又は実用化のための試験の用に供するための利用）、47条の4（保守、修理等のための一時的複製）、47条の5（送信の障害の防止等のための複製）、47条の7（情報解析のための複製等）、47条の8（電子計算機における著作物の利用に伴う複製）、47条の9（情報通信技術を利用した情報提供の準備に必要な情報処理のための利用）が含まれる。

180

第3層：著作物の市場と衝突する場合があるが、公益的政策実現等のために著作物の利用の促進が期待される行為類型[136]

(3) 平成30年改正で著作権者の許諾を要せず利用が可能となった類型

平成30年改正では、「第1層」および「第2層」の類型における権利制限規定の充実が図られることとなった。「第1層」および「第2層」の類型に属する新たな態様には、次のようなものがある。

(ア) AIによる深層学習

AIに大量の情報を入力して分析させ、人間のサポートなしにそれらの情報が何であるか等を判断できるようにする学習方法である。たとえば、大量の「猫」画像をAIに学習させ、学習済みAIは、今まで読み込んだことのない画像データであってもその特徴を理解して「猫」であると識別可能になる態様があげられる。

(イ) 所在検索サービス

広く公衆がアクセス可能な情報の所在を検索可能にするとともに、その一部を検索結果とあわせて表示するサービスである。たとえば、情報検索サービスにおいて、入力されたキーワードに関連する著作物に関する情報を提供する際に、書籍のタイトルや著作者名等とともに、書籍の本文（著作物）の一部を表示する態様があげられる。

(ウ) 情報解析サービス

広く公衆がアクセス可能な情報を収集して解析し、求めに応じて解析結果を提供するサービスである。たとえば、ある論文について剽窃の有無を検証するため、既存論文等のデータと照合・解析し、剽窃の有無の検証結果とあわせて、剽窃された文献の該当部分（著作物）を表示する態様があげられる。

135　改正前著作権法では、所在検索サービスの一部を規定する47条の6（送信可能化された情報の送信元識別符号の検索等のための複製等）が含まれる。これらの利用等を権利制限の対象とするべく、同法47条の5が整備されることとなった。

136　「第3層」は、「私益（権利者の利益）」と「公益」との調整に関する政策判断を要するため、一義的には、利用の目的ごとに民主的正当性を有する立法府において制度の検討を行うことが適当と考えられている。

第4章　技術や情報を守るための対策

(4) 平成30年改正による条文の再構成と各条文の概要

平成30年改正により、第1層を補完する条文として、新たに30条の4、47条の4が設けられ、第2層を補完する条文として、47条の5が設けられた。

改正前著作権法との関係では、削除・編入等の複雑な再構成がなされているため、わかりやすい図表を〔図表14〕に示すとともに各条文の概要についても説明する。

　㋐　平成30年改正著作権法30条の4（「著作物に表現された思想又は感情の享受を目的としない利用」）

「著作物に表現された思想又は感情を自ら享受し又は他人に享受させることを目的としない場合に」必要な限度内において当該著作物の利用を認めることとしたものである。「享受」の意義については多々議論の余地があろうが、「享受させることを目的としない場合」には、情報通信設備のバックエンドなどで行われる著作物の蓄積等の利用がこれに該当するものとされている[137]。また、AIが学習するために著作物を「読む」などすることも、本条に

〔図表14〕　平成30年改正著作権法と改正前著作権法との関係

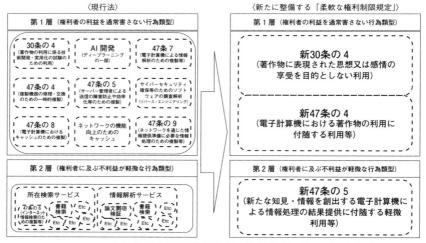

文化庁長官官房著作権課・前掲資料（注130）8頁（一部改変）。

182

いう著作物に表現された思想または感情を享受することにはあたらないとされている。この趣旨をより明確化するために、同条には「次に掲げる場合その他の……場合には」として、例示的に各号（1～3号）が設けられている。

1号は、技術の開発または実用化のための試験に利用する場合であり、改正前著作権法30条の4と同じである。2号は、情報解析のために複製等を行う場合であり、AI開発のためのディープラーニングで採用されている各種解析の利用が権利制限の対象となる。3号は、人の知覚による認識を伴わない情報処理過程において利用する場合であり、各種バックエンド処理が権利制限の対象となる。

なお、平成30年改正前から議論の対象となっていたサイバーセキュリティ確保等のためのソフトウェアの調査解析（リバース・エンジニアリング）についても、プログラムの実行などによってその機能を享受することに向けられた利用行為ではないと評価され、平成30年改正著作権法30条の4の著作物に表現された思想または感情の享受を目的としない利用に該当するものと考えられている。

また、著作権者の利益を不当に害する場合の適用例外が規定されている（本条ただし書）。

　(イ)　平成30年改正著作権法47条の4（「電子計算機における著作物の利用に付随する利用等」）

電子計算機における著作物の利用に付随する利用等を権利制限の対象とするべく、キャッシュ関係（1項）およびバックアップ関係（2項）が整備されることとなった。1項においては、電子計算機におけるキャッシュのための複製（1号）、サーバ管理者による送信障害防止等のための複製（2号）、ネットワークでの情報提供準備に必要な情報処理のための複製等（3号）が例示列挙されている。これらの規定により、改正前著作権法47条の8や47条

137　文化審議会著作権分科会・前掲報告書（注133）41頁。
138　平成30年4月6日衆議院文部科学委員会での中岡司文化庁次長による答弁。
139　文化審議会著作権分科会・前掲報告書（注133）43頁。

183

第4章　技術や情報を守るための対策

の5の規定では対象外となるおそれがあるとされた、送信障害防止を目的としないキャッシュや複製以外の公衆送信なども権利制限の対象になると考えられている。[140][141]

　2項においては、複製機器の保守・修理のための一時的複製（1号）、複製機器の交換のための一時的複製（2号）、サーバの滅失等に備えたバックアップのための複製（3号）が例示列挙されている。同項によって、改正前著作権法47条の4第2項において「同機種」への交換に限定されている複製機器の交換のための一時的複製は、「類似機種」への交換も権利制限の対象になると解される（本条2項2号）。

　各項において、著作権者の利益を不当に害する場合の適用例外が規定されている（本条ただし書）。

　　(ウ)　平成30年改正著作権法47条の5（「電子計算機による情報処理及び
　　　　その結果の提供に付随する軽微利用等」）

　新たな知見・情報を創出する電子計算機による情報処理における「軽微利用」等を権利制限の対象としている。上記第2層の行為類型である。「軽微利用」は、著作権法においてこれまで存在していなかった要件であるが、その意義は、改正前著作権法47条の6の「当該検索及びその結果の提供を行うために必要と認められる限度において」を含み、さらにインターネットにアップされる情報に限られない幅広い種類の著作物の検索サービス（書籍、映画、音楽等の検索サービス）や情報解析サービス（論文剽窃検証サービス等）をも含む概念とされる。

　なお、本条本文の公衆への提供または提示が行われた著作物は「公表された著作物又は送信可能化された著作物に限る」とされていることから、著作者の同意なく「公表された著作物」のクローリング行為には本条の適用はな

140　インターネット等のネットワークを介して結合される「グリッド」とよばれるコンピュータ群を駆使し、大きな計算問題をグリッドに分散させて同時並行的に処理させる場合の公衆送信があげられる。

141　文化審議会著作権分科会・前掲報告書（注133）43頁。

184

いとの指摘がある。[142]

　1項各号には、行為類型が限定列挙されている（平成30年改正著作権法30条の4、47条の4では例示列挙されているのとは異なる）。1号には所在検索サービス、2号には情報解析サービスが規定されており、3号には1号・2号のほか将来想定される利用目的を明記しつつ、将来のニーズにも対応できるよう政令委任条項が設けられている。1項ただし書は、著作権者の利益を不当に害する場合の適用例外規定である。

　2項は、1項各号にあげられた行為の準備行為も権利制限の対象とする趣旨である。準備行為には、検索サービス用データベースの作成等、AI学習用データセットの作成等が想定されている。また、著作権者の利益を不当に害する場合の適用例外が規定されている（同項ただし書）。

4．今後の課題

　著作権法は、文化の発展に寄与することを目的として、著作物等の著作者の権利およびこれに隣接する権利を定める一方で、「権利の保護」と「公正な利用」とのバランスを図る（同法1条）。平成30年改正における柔軟な権利制限規定の整備は、「公正な利用」を促進させるものである。特に、米国のフェア・ユース規定のように適用範囲にある程度の柔軟性をもたせたことは、限定列挙された行為のみを規制してきたわが国の著作権法にあっては画期的といえる。

　画期的という意味では、平成21年に導入された改正前著作権法47条の6および47条の7もそうであった。時代的にはAI関連技術が話題になる前であり、情報検索技術向上のためのクローリングおよびクローリングされたデータの解析を想定したものといえる。当時、検索技術ではすでにGoogleが世

---

[142]　池村聡「『柔軟な権利制限規定』と実務への影響」Business Law Journal126号（2018年）26頁は、「公表された著作物」について、「著作者の同意なく公衆に提供、提示された著作物『公表された著作物』には該当しないため（4条1項）、こうした著作物をクローリング等する行為には本条は適用されないことになる（一方、『送信可能化された著作物』は著作者の同意なく送信可能化された著作物も含まれることから、こうした問題は生じない）」と指摘する。

185

第4章　技術や情報を守るための対策

界の覇権を握っており、世界中のウェブ情報を自社の計算機センターに収集・蓄積してインデクス化を行い、高速かつ高精度な検索サービスを提供していた。改正前著作権法47条の7の情報解析の定義から「統計的な」が削除されて平成30年改正法30条の4第2号に、改正前著作権法30条の4も平成30年改正法30条の4第1号にそれぞれ編入され、AI開発を強く意識したものに整備された。たとえば、平成30年改正法では、「いずれの方法によるかを問わず、利用することができる」（同法30条の4本文、47条の4本文、47条の5本文については「軽微利用を行うことができる」）とされ、機械学習ないし情報解析において複数の関係者が関与する場合にもデータベース、データセットなどの著作物を利用しやすくなったといえる。[143]

　一方で、プログラムやデータベースの複製・翻案の判断基準の確立は、すでに裁判例等を紹介したように、技術の進歩に必ずしもキャッチアップしているとはいえない。具体的には、改正前著作権法の条文（同法2条1項10号の3、12条の2）および裁判例は、リレーショナルデータベースにはある程度対応できるが、今後AI関連技術で取り扱われるデータにどこまで対応できるかは未知数である。AI関連技術について権利者と利用者の利益バランスを考慮した明確な判断基準の蓄積が待たれる。

Ⅳ　不正競争防止法による保護と対策

1.　営業秘密による保護

　企業が保有する情報のうち、秘密情報（企業秘密）は、それが他社に知られていないことにより、当該情報を保有する企業の競争力の源泉につながるため、企業にとって極めて重要な意義を有している。そして、このような重要性を有する反面、一度公開ないし漏洩されてしまえば、その意義は損なわ

---

[143]　文化審議会著作権分科会・前掲報告書（注133）43頁。

186

Ⅳ　不正競争防止法による保護と対策

れてしまう性質を有する。不正競争防止法は、同法上の「営業秘密」に該当する情報を、その不正な侵害行為により損害を被ったないし被るおそれのある事業者に対し、侵害行為の差止めや損害賠償請求という救済方法を認め、また、悪質な侵害行為について刑事罰を科すことによって、法的な保護を図ろうとしている。そして、このように法律上認められた請求権は、知的財産権の１つとして整理されている（知的財産基本法２条２項）。なお、営業秘密にこのような法的保護が認められているのは、日本に限ったものではなく、主要な先進国では同様の保護が図られている。

⑴　「営業秘密」の意義

不正競争防止法は、「この法律において『営業秘密』とは、秘密として管理されている生産方法、販売方法その他の事業活動に有用な技術上又は営業上の情報であって、公然と知られていないものをいう」（同法２条６項）との定義規定を設けている。

文書化またはデータ化されているものであると、情報そのものであるとを問わず、また保有者自らが開発したものであると、第三者が開発し、ノウハウ・ライセンス契約等により第三者から取得したものであるとを問わない。また、営業秘密の対象である技術上または営業上の情報には、思想または感情の創作的表現としての著作物性や、自然法則を利用した技術的思想の創作としての特許性等は要求されない。したがって、AI に関する情報についていえば、学習用データセット、学習用プログラム、推論プログラム、学習済みパラメータ、AI 生成物のいずれも、以下で述べる３要件を充足する限り、営業秘密として保護されうる。

不正競争防止法に営業秘密に関する規制（民事に関する規定）が導入されたのは、平成２年改正[144]、営業秘密侵害行為に対する刑事罰が導入されたのは、平成15年改正による[145]。平成15年改正以降も、後記〈資料〉のとおり、平成16

144　法改正の背景として、営業秘密保護に対する国内的な要請（経済活動における営業秘密の重要性の高まり、雇用の流動性の高まり、ノウハウ・ライセンス契約の活発化）と国際的な要請の高まりがあった。

187

第4章　技術や情報を守るための対策

〈資料〉　営業秘密に係る不正競争防止法の改正経緯

平成2年	営業秘密保護規定の導入
平成15年	営業秘密に対する刑事罰規定の導入
平成16年	民事訴訟手続の整備（秘密保持命令規定の導入、インカメラ手続の整備）、損害額の立証容易化規定等の導入
平成17年	退職者処罰規定、国外犯処罰規定、二次取得者処罰規定、両罰規定（法人処罰規定[146]）の導入、罰則の強化
平成18年	罰則の強化
平成21年	領得行為に対する刑事罰規定等の導入、罰則の強化
平成23年	刑事訴訟手続の整備
平成27年	推定規定、流通規制、海外重課を含む罰則の強化、非親告罪化、未遂罪等の導入

年改正、平成17年改正、平成18年改正、平成21年改正、平成23年改正、そして平成27年改正が行われ、そのつど、営業秘密の保護強化が図られている。これは、営業秘密の重要性が社会に認識されるとともに、技術の発達により、営業秘密の漏洩・流出リスクが増大していることによるものである。

　不正競争防止法上の「営業秘密」とは、①秘密として管理されていること（秘密管理性）、②事業活動に有用な情報であること（有用性）、③公然と知られていないこと（非公知性）の3要件を満たす技術上または営業上の情報を指す。この3つの要件のすべてを充足することが、不正競争防止法により営業秘密の保護を求める条件となる。

(2)　「秘密管理性」要件

(ア)　法律上の要件

「秘密として管理されている」（秘密管理性）とは、従業員、外部者から、

145　法改正の背景として、世界規模での競争激化やIT化の進展等に伴い、営業秘密流出による競争力低下の懸念の増大があった。

146　ある個人の犯罪行為が事業主の業務に関して行われた場合に、当該個人だけでなく事業主も処罰する規定のこと。

認識可能な程度に客観的に秘密の管理状態を維持していることを意味する。[147]
秘密管理性は、違法な不正行為に対する差止め等を認めるための営業秘密の
客観的要件として定められた要件である。

東京地判平成11・7・23判時1694号138頁〔美術工芸品事件〕は、顧客情報
を社内の専用コンピュータ内にデータベース化して格納し、①役員・従業員
に毎月変更される個別のパスワードを与え、パスワードを使用しない限り顧
客情報を取り出すことができず、必要最小限度の顧客情報しか画面に表示さ
れないシステムを採用したこと、②顧客情報の出力・印字には、依頼書への
記入や役員の押印といった一定の手続を経たうえで、情報管理室の限定され
た人数の操作担当者に作業依頼するよう定められていたこと、③印字された
顧客名簿の処分、保存は厳格になされ、持ち出しについては社長の決裁が必
要であったこと、④就業規則において、従業員の秘密保持義務が規定されて
いたこと、という管理状況に照らし、秘密として管理していたと認定してい
る（同旨、東京地判平成12・10・31判時1768号107頁〔放射線器具販売等顧客情報
事件〕）。

上記裁判例のように、コンピュータ内のデータも、適切なアクセス制限が
なされており、当該データに接する者が、秘密情報であることを理解しうる
状況下で管理されていれば、秘密管理性の要件を満たすことになる。サーバ
におかれた情報も、同様に解してよいと思われる。ただし、一定のアクセス
制限が設けられていても、対価を支払う者は誰でもアクセスができるといっ
た場合には、「秘密として」管理されているということができず、そのよう
な情報は「限定提供データ」としての保護が可能かどうか検討されるべきこ
ととなる。

　(イ)　「秘密管理性」が認められるためには具体的に何をどうすればよいか
　　(A)　営業秘密管理指針
経済産業省「営業秘密管理指針」[148]（以下、便宜上、平成27年1月の全面改訂前

147　通商産業省知的財産政策室監『営業秘密──逐条解説改正不正競争防止法』（有斐閣・1990
　　年）55頁。

第4章　技術や情報を守るための対策

の営業秘密管理指針を「旧指針」、全面改訂後の指針を「新指針」という）は、平成14年7月に政府が発表した知的財産戦略大綱において、「企業が営業秘密に関する管理強化のための戦略的なプログラムを策定できるよう、参考となるべき指針」を作成する旨が盛り込まれたことを受けて、平成15年1月に策定された。旧指針は、秘密管理方法に関し、営業秘密と認められ得るための管理方法と、漏洩リスクを最小化するための高度な管理方法とを分けて、それぞれについて具体的な管理方法を列挙していたが、新指針では、事業者にとってわかりやすい内容とするため、前者のみの水準を示すものとした。後者については、別途策定された「秘密情報の保護ハンドブック」[149]に示されている。

　新指針は、「秘密管理性要件が満たされるためには、営業秘密保有企業の秘密管理意思が秘密管理措置によって従業員等に対して明確に示され、当該秘密管理意思に対する従業員等の認識可能性が確保される必要がある」としたうえで、秘密管理措置は、①対象情報（営業秘密）の一般情報（営業秘密ではない情報）からの合理的区分と、②当該対象情報について営業秘密であることを明らかにする措置とで構成されるとする。[150]①の合理的区分とは、企業の秘密管理意思の対象（従業員にとっての認識の対象）を従業員に対して相当程度明確にする観点から、営業秘密が、情報の性質、選択された媒体、機密性の高低、情報量等に応じて、一般情報と合理的に区分されることをいい、②の措置としては、主として、媒体の選択や当該媒体への表示、当該媒体に接触する者の限定、ないし、営業秘密たる情報の種類・類型のリスト化、秘密保持契約（あるいは誓約書）などにおいて守秘義務を明らかにする等が想定されるとする。

148　経済産業省「営業秘密管理指針」（平成15年1月30日・平成31年1月23日最終改訂）〈http://www.meti.go.jp/policy/economy/chizai/chiteki/guideline/h31ts.pdf〉。

149　経済産業省「秘密情報の保護ハンドブック〜企業価値向上に向けて〜」（平成28年2月）〈http://www.meti.go.jp/policy/economy/chizai/chiteki/pdf/handbook/full.pdf〉。

150　新指針7頁15行以下。

190

⒝ 新指針に基づく管理体制のチェック

　新指針は、秘密管理性の要件をわかりやすくかつ簡潔に解説することを目的としており、細かい法律知識に乏しい多忙な中小企業の経営者でも十分に理解可能な指針を提示している。情報資産を重要な経営資源とするものの、これまで自社の営業秘密管理に力を注いでこなかった経営者は、同指針の要求する最低水準をクリアしているかどうかチェックすべきといえよう。

　手順としては、まず、会社が保有する情報の中で秘匿すべき情報（技術情報、営業情報を含む）を抽出し、それがどのような媒体に化体しているかを確認したうえで、媒体ごとに新指針のあげる管理方法のうちいずれか1つを実践できているかどうかチェックしていくことになる。どの管理方法を選択すべきかは個々の事業者の判断に委ねられているが、当該情報が企業にとってどれだけ重要かという「重要性」の視点、当該管理方法が管理コストや業務効率にどれだけ影響を与えるかという「効率性」の視点、当該管理方法が漏洩リスク回避のためにどれだけ資するかという「実効性」の視点から考えて、最も好ましい方法（複数も可）を採用することが望ましいと思われる。また、何を秘匿すべき情報とするかの決定権者をあらかじめ決めておく（必要に応じて「情報セキュリティ委員会」等の組織を設ける）こと、および、秘匿すべき情報とその管理方法が決定したら、それを関係者に周知徹底することも不可欠である。

　新指針は、情報に接する従業員の、企業が秘密管理する情報であるということの認識可能性を基準とするとしているが[151]、他方で、企業が秘密管理に向けた合理的な努力をする必要があることも指摘している[152]。無論、企業規模や対象となる情報の内容・性質によってその要求される程度は異なりうるが、不正競争防止法の条文が「秘密として管理」することを要求しているからには、秘密の保持に向けた積極的な措置が必要である。経営者が当該情報を重要であると考えているだけでは秘密管理性は肯定されない[153]。

151　新指針6頁1行以下。
152　新指針6頁脚注6。

191

第4章　技術や情報を守るための対策

〔図表15〕　新指針による媒体別の典型的な管理方法

媒体	典型的な管理方法	追加的な措置
紙媒体	○ファイルの利用等により一般情報からの合理的な区分を行ったうえで、当該文書に「マル秘」など秘密であることを表示する ○個別の文書やファイルに秘密表示をする代わりに、施錠可能なキャビネットや金庫等に保管する	○紙媒体のコピーやスキャン・撮影の禁止、 ○コピー部数の管理（余部のシュレッダーによる廃棄）、 ○配布コピーの回収、 ○キャビネットの施錠、 ○自宅持ち帰りの禁止
電子媒体	○電子ファイル名・フォルダ名へのマル秘の付記 ○営業秘密たる電子ファイルを開いた場合に端末画面上にマル秘である旨が表示されるように、当該電子ファイルの電子データ上にマル秘を付記（ドキュメントファイルのヘッダーにマル秘を付記等） ○営業秘密たる電子ファイルそのものまたは当該電子ファイルを含むフォルダの閲覧に要するパスワードの設定 ○記録媒体そのものに表示を付すことができない場合には、記録媒体を保管するケース（CDケース等）や箱（部品等の収納ダンボール箱）に、マル秘表示の貼付	○人事異動・退職ごとのパスワード変更、 ○メーラーの設定変更による私用メールへの転送制限、 ○物理的にUSBやスマートフォンを接続できないようにする
物件に営業秘密が化体している場合	○扉に「関係者以外立入禁止」の貼り紙を貼る ○警備員をおいたり、入館IDカードが必要なゲートを設置したりして、工場内への部外者の立ち入りを制限する ○写真撮影禁止の貼り紙をする ○営業秘密に該当する物件を営業秘密リストとして列挙し、当該リストを営業秘密物件に接触しうる従業員内で閲覧・共有化する	

192

| 媒体が利用されない場合 | ○原則として、下記のような形で、その内容を紙その他の媒体に可視化することが必要となる。（媒体としての管理は上述に従う）
—営業秘密のカテゴリーをリストにする
—営業秘密を具体的に文書等に記載する
○営業秘密の範囲が従業員にとって明らかな場合は、内容そのものが可視化されていなくとも、当該情報の範囲・カテゴリーを口頭ないし書面で伝達することでも可 | |

　また、新指針が指摘するとおり[154]、従業員が体得した無形のノウハウや従業員が職務として記憶した顧客情報等を会社の営業秘密（財産）として確保しておくためには、従業員の退職後の職業選択の自由等との関係から、原則として、その内容自体ないしそのカテゴリーをリスト化したもの（たとえば、「化合物 X の製造工程 Y において成分 Z を混入する際の諸条件（加熱温度、加熱速度、雰囲気ガスの成分割合等を含む）」といったカテゴリーを箇条書きにしてリスト化することが考えられる）を紙その他の媒体に可視化しておくことが必要となると考えるべきである。どんなに秘密管理を徹底しているつもりでも、従業員が、個々の情報が企業の営業秘密であることを理解できていないようでは、秘密が守れないばかりか、秘密管理性の要件も満たしていないとされるおそれがある。

　なお、上記の〔図表15〕は、新指針が例示する媒体別の管理方法である。

(C)　重要な情報にはより高度な管理方法をとるべきである

　新指針は、あくまで「秘密管理性」を満たすために最低限必要な水準を提示するのみである[155]。

　自社の競争力の源泉となるような重要な情報は、漏洩リスクを最小化するために、新指針が追加的な措置として提示している方法（〔図表15〕右欄参

153　新指針 6 頁10行以下。
154　新指針12頁19行以下。
155　新指針 2 頁 1 行以下。

第4章　技術や情報を守るための対策

照）や、「秘密情報の保護ハンドブック」が示す管理方法を実践することも検討すべきである。

旧指針は、秘密管理方法として、①秘密指定、アクセス権者の指定、②物理的・技術的管理、③人的管理[156]、④営業秘密侵害に備えた証拠確保等に関する管理[157]、⑤組織的管理[158]をあげていたが、新指針は、このうち④および⑤を明示的には要求していない。漏洩リスクを最小化する観点からは、中小企業に比べると人的関係が希薄になりがちな大企業においては特に、他の管理方法に加えて、部門ごとに責任者をおいたり内部監査等を実施するなどの⑤の組織的管理を補充的に実施することが有意義なことも多い。

また、③の人的管理については、従前の裁判例では、守秘義務を規定する就業規則や退職時の秘密保持誓約書と、物理的な管理がなされていたことの双方を根拠として秘密管理性を肯定しているものも多く、また、人的管理が不十分であったことを秘密管理性を否定する根拠の1つとする裁判例もある。[159]

情報漏洩の最たる例は、元従業員や従業員による漏洩である。[160] そして、営

156　誰がどのような営業秘密を扱っているかを把握したうえで、誰にどのような義務を負わせるかを明確にするとともに、自社における営業秘密の取扱いに関するルール等を周知徹底させるために、日常的に教育・研修等を行うこと、また、従業者、退職者、派遣従業者、転入者、取引先等、対象に応じた適切な管理を行うことを指す。

157　具体的には、営業秘密が記載・記録されている書面、記録媒体等を、閲覧・複製・持ち出しした者を台帳に記録する、営業秘密を取り扱っている従業者等のコンピュータの利用状況や通信の記録を保存するといった方法がある。

158　組織的な管理体制を構築する際に目安となる事項として、①管理方針等（基本方針、規程等）の整備、②責任者の存在とその権限の明確化、③営業秘密侵害を防止するための教育および管理方針等の周知・徹底、④日常的なモニタリングの実施、⑤内部監査の実施、⑥事後対応体制の整備の6項目があげられている。ISMS認証基準Ver.2.0附属書「詳細管理策」では、「4．組織のセキュリティ」に相当する。

159　たとえば、東京地判平成25・6・26（平成24年(ワ)第29488号）裁判所ウェブサイト〔プログラム不正アクセス事件〕は、「本件プログラムには、本件URLを入力することでアクセスすることが可能な状態であったこと、秘密保持契約を締結するなど、被告に何らの義務を課することもなく、本件URLは既に同年1月16日には被告に対して開示されていたこと、原告は同年5月31日付け内容証明郵便において被告に対しアクセスを禁止する旨を通知したものの、その後も、本件プログラムへのアクセスに関し、特段の措置を講じていなかったことが認められるから……秘密として管理されていたものということはできない」とする。

194

業秘密管理に関する社内規則を制定することは有意義であるが、それだけで
は、従業員に営業秘密管理に対する意識を植え付けるには不十分である。し
たがって、情報漏洩を未然に防ぐ見地からは、営業秘密に関する社内規則の
策定と従業員への定期的な研修・教育および採用時、退職時等の秘密保持に[161][162]
関する誓約書の提出を中心とする人的管理が、極めて重要である。[163]

　従業員への研修・教育においては、誰がどのような営業秘密を扱っている
かを把握したうえで、誰にどのような義務を負わせるかを明確にするととも
に、自社における営業秘密の取扱いに関するルール等を周知徹底させるため
に、自社の営業秘密およびその秘密管理の重要性、漏洩した場合のリスク
（会社の損害）および法的責任（不正競争防止法違反による民事・刑事責任、懲
戒処分等）、秘密管理組織の概要、並びに適用される秘密管理ルールを理解
させるべく、教育・研修等を行うといったことが考えられる。研修・教育を
通じて、従業員に、従業員が業務上取り扱っている情報が会社に帰属する情
報であることの意識を植え付けることができ、それが、従業員が退職した後
の情報漏洩防止につながることにもなる。

　　(D)　秘密情報の保護ハンドブック

　経済産業省は、営業秘密として法的保護を受けられる水準を超えて、秘密

---

[160]　三菱 UFJ リサーチ＆コンサルティング「人材を通じた技術流出に関する調査研究報告書（別
冊）『営業秘密の管理実態に関するアンケート』調査結果」（平成25年 3 月）〈http://www.meti.
go.jp/policy/economy/chizai/chiteki/pdf/H2503chousa.pdf〉52頁、経済産業省知的財産政策室
「営業秘密の保護活用について」（平成29年 6 月）〈http://www.meti.go.jp/policy/economy/chiz
ai/chiteki/pdf/1706tradesec.pdf〉 2 頁参照。

[161]　社内規則（就業規則、営業秘密管理規程等）の内容については、前掲（注149）「秘密情報の
保護ハンドブック」添付の「各種契約書等の参考例」等が参考になる。また、退職者に退職後競
業避止義務を課す場合の留意点や運用の実態については、三菱 UFJ リサーチ＆コンサルティン
グ・前掲報告書（注160）等が参考になる。

[162]　中小企業における比較的簡単な教育の例としては、「企業秘密に関する社員心得第○箇条」な
どのように、企業秘密の管理上重要な事項を箇条書きでまとめ（たとえば、第 1 条：余分なコピ
ーを行わない、第 2 条：移動中は仕事の話はしない、等々）、それを月 1 回の朝礼で読み合わせ
する、などの対応が考えられる。

[163]　ひな形については、前掲（注149）「秘密情報の保護ハンドブック」155頁別紙「各種契約書等
の参考例」 9 頁以下等が参考になる。

第4章　技術や情報を守るための対策

　情報の漏洩を未然に防止するための対策を講じようとする企業の参考に資するよう、さまざまな対策例を集めて紹介する「秘密情報の保護ハンドブック」[164]を公表し、各社の事業規模や取り扱う情報の性質などに応じて取捨選択し、情報漏洩の防止に取り組んでいただきたいとしている。同ハンドブックは、場所・状況・環境に潜む「機会」が犯罪を誘発するという犯罪学の考え方なども参考としながら、秘密情報の漏洩要因となる事情を考慮し、以下の5つの「対策の目的」を設定したうえで、それぞれに係る対策を提示している。

〔参考〕秘密情報の保護ハンドブック図表3(1) 5つの対策の目的

【5つの「対策の目的」】

(1)　接近の制御

　秘密情報を閲覧・利用等することができる者（アクセス権者）の範囲を適切に設定した上で、施錠管理・入退室制限等といった区域制限（ゾーニング）等により自らが権限を有しない秘密情報に現実にアクセスできないようにすることで、アクセス権限を有しない者を対象情報に近づけないようにすることを目的としています。

　なお、「接近の制御」に係る対策のポイントは、まず、アクセス権を有する者が、本当にその情報について知るべき者かという観点から適切に限定されることであり「接近の制御」に係る対策を講ずる前提として、まずは社内の規程等により、アクセス権設定に係るルールを策定することが必要となります。

(2)　持出し困難化

　秘密情報が記載された会議資料等の回収、事業者が保有するノートPCの固定、記録媒体の複製制限、従業員の私物USBメモリ等の携帯メモリの持込み・利用を制限すること等によって、当該秘密情報を無断で複製したり持ち出すことを物理的、技術的に阻止することを目的としています。

(3)　視認性の確保

　職場のレイアウトの工夫、資料・ファイルの通し番号管理、録画機能付き防

164　かかる見地から、「秘密情報の保護ハンドブック」では「営業秘密」ではなく、「秘密情報」という言葉が用いられている。

犯カメラの設置、入退室の記録、PC のログ確認等により、秘密情報に正当に又は不当に接触する者の行動が記録されたり、他人に目撃されたり、事後的に検知されたりしやすい環境を整えることによって、秘密情報の漏えいを行ったとしても見つかってしまう可能性が高い状態であると認識するような状況を作り出すことを目的としています。また、ここでの対策は、従業員等の行為の正当性（身の潔白）を証明する手段としても有効です。

さらに、現実に監視するというだけでなく、例えば、職場の整理整頓や従業員等に文書管理責任を分担させて情報管理に関する当事者意識を持たせたりすることで、職場を管理の行き届いた状態にすることにより心理的に漏えいしにくい状況をつくることも含まれます。

なお、情報漏えい行為の状況などを記録する対策等は、情報漏えいが生じた場合の行為者に対する責任追及の際に必要となる証拠の確保手段としての意義もあります。

(4) 秘密情報に対する認識向上（不正行為者の言い逃れの排除）

秘密情報の取扱い方法等に関するルールの周知、秘密情報の記録された媒体へ秘密情報である旨の表示を行うこと等により、従業員等の秘密情報に対する認識を向上させることを目的としています。これにより、同時に、不正に情報漏えいを行う者が「秘密情報であることを知らなかった」、「社外に持ち出してはいけない資料だと知らなかった」、「自身が秘密を保持する義務を負っている情報だとは思わなかった」といった言い逃れができないようになります。

(5) 信頼関係の維持・向上等

従業員等に情報漏えいとその結果に関する事例を周知することで、秘密情報の管理に関する意識を向上させます。また、働きやすい職場環境の整備や適正な評価等によって企業への帰属意識を醸成したり、仕事へのモチベーションを向上させます。これらの取組みによって、職場のモラルや従業員等との信頼関係を維持・向上することを目的とします。

従業員等との信頼関係を維持・向上するための取組みは、企業の生産性向上や効率的な経営の実現などの観点からも重要なポイントであるため、企業においては既に創意工夫を凝らしながら様々な取組みが実施されているところですが、これらの取組みが、情報漏えい対策としても有効であると考えられます。

出典：秘密情報の保護ハンドブック18〜20頁。

第4章 技術や情報を守るための対策

(3) 「有用性」要件

「事業活動に有用であること」（有用性）とは、技術に関する情報または営業活動において使用・利用される情報であって、企業が財・サービスの生産・販売、研究開発等の事業活動を行っていくうえで有用性のあるものを指す[165]。有用性の要件は、当該情報を保護することに一定の社会的な意義と必要性が認められる情報に限って保護の対象とし、経済・社会の発展のために役立つ情報を不正行為から保護することにより情報の開発インセンティブを確保するために定められた。したがって、企業の反社会的な行為などの公序良俗に反する内容の情報は、「有用性」が認められない一方で、たとえば過去に失敗した研究データ等のネガティブ・インフォメーションについては、当該情報を利用して研究開発費用を節約できる等の有用性が認められるため、「有用性」が認められる。

東京地判平成14・2・14（平成12年(ワ)第9499号）裁判所ウェブサイト〔公共土木工事情報事件〕は、「不正競争防止法は、このように秘密として管理されている情報のうちで、財やサービスの生産、販売、研究開発に役立つなど事業活動にとって有用なものに限り保護の対象としているが、この趣旨は、事業者の有する秘密であればどのようなものでも保護されるというのではなく、保護されることに一定の社会的意義と必要性のあるものに保護の対象を限定するということである」とし、公共土木工事の積算システムのコンピュータソフトウェアを販売する会社が自己の営業秘密であると主張した埼玉県庁土木部に属する者のみが知り得る非公開の情報（公共工事設計単価等の情報）について、法の趣旨に照らし、営業秘密として保護されるべき要件を欠くと判示している。

(4) 「非公知性」要件

「公然と知られていない」（非公知性）とは、保有者の管理下以外では一般的に入手できない状態にあることを指す[166]。営業秘密は不特定の者がその情報

165　通商産業省知的財産政策室監・前掲書（注147）57頁。
166　通商産業省知的財産政策室監・前掲書（注147）60頁。

を共有していないことにより、独自の価値を有するものであること、および、一般に知りうるところとなった情報について保有者に排他的な権利を認めることとすれば社会的に著しい混乱を招くおそれが大きいことから定められた要件である。第三者が製品を分析することによりその情報内容が広く知られるに至ったときは、非公知性を失う。このような可能性がある情報（ノウハウ）は特許出願等により排他性のある権利とすることが必要である。もっとも、大阪地判平成15・2・27（平成13年(ワ)第10308号、平成14年(ワ)第2833号）裁判所ウェブサイト〔セラミックコンデンサー設計図事件〕は、「リバースエンジニアリングによって本件電子データと同じ情報を得るのは困難であるものと考えられ、また、仮にリバースエンジニアリングによって本件電子データに近い情報を得ようとすれば、専門家により、多額の費用をかけ、長期間にわたって分析することが必要であるものと推認される」として、公知になったとはいえないと判断した。なお、市場で正当に購入した製品をリバース・エンジニアリングすることは、法律上有効な契約で禁止されない限り、営業秘密に関する不正な行為には該当しないと解されている。この点は、深層学習の場合、ソフトウェアや学習成果を解読しなくても、学習成果を抽出して利用する「蒸留」という手法の存在が指摘されており、その場合も不正競争防止法上は、合法的なリバース・エンジニアリングといわざるを得ないと指摘する見解がある。[167]

　市場に流通する製品に組み込まれたAIが保有するソフトウェアや学習成果等は、原則として非公知性の要件を満たすことは難しいが、リバース・エンジニアリングによっても、多額の費用と長い時間をかけなければ分析できないように暗号化や難読化がかけられているような場合には、営業秘密として保護される余地があると解される。[168]もっとも、ソフトウェアや学習成果等を暗号化や難読化したとしても、それを乗り越えて分析・解析されてしまった場合には、もはや公知性の要件を満たさないことになる。

---

[167] 奥邨弘司「人工知能における学習成果の営業秘密としての保護」土肥一史先生古稀記念『知的財産法のモルゲンロート』（中央経済社・2017年）211頁。

第4章　技術や情報を守るための対策

　なお、各要件の有無は、損害賠償請求については、不正行為が行われた日、差止請求については事実審の口頭弁論終結の日を基準とする。

(5)　営業秘密侵害行為の各類型（民事）

　営業秘密に係る不正競争行為（民事）は、以下の３つに分類される。

① 　保有者から不正な手段で取得し、その後転々流通する過程で起こる場合（不正取得類型。不正競争２条１項４号〜６号）

② 　保有者からは正当に示された営業秘密を不正に使用・開示し、その後転々流通する過程で起こる場合（信義則違反類型。同項７号〜９号）

③ 　①および②の不正使用行為により生じた物が転々流通する過程で起こる場合（営業秘密侵害品譲渡等類型。同項10号）

(ア)　営業秘密の不正取得／使用／開示行為（４号）

　不正競争防止法２条１項４号は、不正な手段を用いて営業秘密を取得する不正取得行為および不正取得行為によって取得した営業秘密を使用もしくは開示する行為を規律する。

　条文にあげられている「窃盗、詐欺、強迫」は例示であり、また、「その他の不正の手段」には、窃盗罪や詐欺罪等の刑罰法規に該当するような行為だけではなく、社会通念上、これと同等の違法性を有すると判断される公序良俗に反する手段を用いる場合も含まれる。

(イ)　不正取得行為の悪意者の不正取得／使用／開示行為（５号）

　不正取得行為が介在したことを知りながら、または重過失によってこれを知らずに、営業秘密を取得し、または取得した営業秘密を使用しもしくは開示する行為を規律する。不正取得行為が「介在したこと」とは、自己に至る取引系列のいずれかの段階に不正取得行為があることをいい、したがって、不正取得した本人から直接取得する場合だけではなく、途中に第三者を介し

168　奥邨・前掲（注167）221頁は、人工知能搭載製品を市場で流通させる場合、秘密管理性の要件との関係だけからいえば、人工知能コンピュータを収納する容器を密封などするだけでも必要最低限をクリアできる可能性はあるが、非公知性の要件との関係まで考えると、ソフトウェアや学習成果は、暗号化・難読化されるべきである旨を指摘する。

Ⅳ 不正競争防止法による保護と対策

〔図表16〕 営業秘密侵害行為類型（民事）

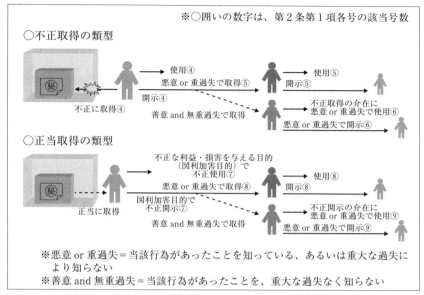

出典：経済産業省知的財産政策室編「不正競争防止法逐条解説〔平成30年11月29日施行版〕」83頁。

て間接的に取得する場合も含む。

(ウ) 不正取得行為の事後的悪意者の不正使用／開示行為（6号）

不正取得行為の介在につき善意無重過失であった者が、悪意重過失となった後に、その取得した営業秘密を使用もしくは開示する行為を規律する。

(エ) 保有営業秘密の不正使用／開示行為（7号）

営業秘密の保有者から、雇用契約等に基づき営業秘密を示された者が、図利加害目的で当該営業秘密を使用もしくは開示する行為を規律する。

(オ) 不正開示行為の悪意者の不正取得／使用／開示行為（8号）

不正競争防止法2条1項7号の場合に図利加害目的で営業秘密を開示する行為または秘密を守る法律上の義務に違反して営業秘密を開示する行為（不正開示行為）であることもしくは不正開示行為が介在したことを知りながら、

201

第4章　技術や情報を守るための対策

または重過失によってこれを知らずに、営業秘密を取得し、または取得した営業秘密を使用し、もしくは開示する行為を規律する。

　(カ)　不正開示行為の事後的悪意者の不正使用／開示行為（9号）

　不正開示行為であったこともしくは不正開示行為の介在につき善意無重過失であった者が、悪意重過失となった後にその取得した営業秘密を使用もしくは開示する行為を規律する。

　(キ)　営業秘密侵害品の譲渡等の行為（10号）

　技術上の秘密を不正に使用して生産された物を譲渡し、引き渡し、譲渡もしくは引渡しのために展示し、輸出し、輸入し、または電気通信回線を通じて提供する行為（ただし、その物を譲り受けた時に、当該物が不正使用行為により生産された物であることについて善意無重過失である場合を除く）を規律する。

(6)　救済手段（民事）

　不正競争防止法では、民事救済措置として、営業秘密の不正な取得・使用・開示行為等を、類型ごとに「不正競争行為」として列挙し、不正競争行為によって不利益を被った事業者に、差止め（同法3条）、損害賠償（同法4条）、（裁判所の裁量による）信用回復措置（同法14条）[169]の各請求を認めている。

　(ア)　差止請求

　不正競争によって営業上の利益を侵害され、または侵害されるおそれがある者は、営業上の利益を侵害する者または侵害するおそれがある者に対し、侵害の停止または予防を請求することができる。

　差止請求には、①現に反復継続中の侵害行為の禁止を求める狭義の差止請求（不正競争3条1項）、②将来の侵害行為の禁止を求める予防請求（同項）、③侵害組成物（侵害生成物を含む）の廃棄、侵害行為に供した設備の除却その他侵害の停止または予防に必要な行為を求める除去請求権（同条2項）の3種類がある。

---

[169]　新聞への謝罪広告の掲載の請求が一般的である。

差止請求を求める場合、原則的には差止めを求める本案訴訟を提起することになるが、訴訟を提起してから判決が確定するまでの間に侵害行為が継続されることにより著しい損害が発生するなどの事情が存在する場合には、製造行為等の禁止を求める仮処分申立てを行うことができる。仮処分は、一般に、訴訟を提起しまたは提起しようとする場合において、判決が確定するまでの時間的経過や相手方の執行を免れようとする行為に対して暫定的な命令により判決の実効性を確保するという効果がある。仮処分を命じる場合、通常、債権者（被害者）に担保金を積むことが裁判所から要請される。担保金の額は事案によって異なり、また、明確な基準があるわけではない。

　㈄　損害賠償請求

　故意または過失により不正競争を行って他人の営業上の利益を侵害した者は、これによって生じた損害を賠償する義務を負う。

　多くの不正競争行為の場合、不正競争による営業の利益の侵害ないしそのおそれが認定されれば、過失の存在が認定されることが多い。もっとも、損害（販売数量の減少等に伴う売上げ減少など）と不正競争行為の因果関係を被害者（原告）が立証するのは一般的に困難であり、そこで、かかる立証負担を軽減する見地から損害推定規定（不正競争5条）が設けられている。

　㈅　侵害行為・損害額の立証容易化に関する規定

　一般に、民事訴訟においては、原告が、自己の請求が認容されるべきことを積極的に主張、立証する責任を負っており、不正競争防止法に基づく請求についても原則は変わらないが、被害者救済の見地から、同法は、被害者たる原告が被疑侵害者たる被告による侵害行為、および、自らが被った損害の額の立証を容易化するための規定をおいている（同法6条、5条の2）。

　㈇　被疑侵害者の責任を否定する規定

　　㈎　消滅時効・除斥期間

　差止請求権は、侵害者がその侵害行為を継続する場合において、被害者がその侵害行為に係る事実と侵害者を知った時から請求権を3年間行使しないとき、時効によって消滅する。また、その行為の開始の時から20年を経過し

第4章　技術や情報を守るための対策

たときも同様に消滅する（不正競争15条）。なお、20年という期間（除斥期間）は、時効と異なり、中断することはなく、また、裁判所は当事者の援用がなくとも権利が消滅したものとして扱うことができる。

　損害賠償請求権については、被害者が損害および加害者を知った時から3年間行使しないときは、時効によって消滅する。不法行為の時から20年を経過したときも、同様に消滅する（民724条）。さらに、上記不正競争防止法15条の規定により差止請求権が消滅した後に加害者が当該営業秘密を使用する行為によって生じた損害については、請求することができない（同法4条ただし書）。

(B)　取引による取得

　取引によって営業秘密を取得した者（ただし、取得時に不正開示行為であることまたは不正取得行為もしくは不正開示行為が介在したことを知らず、かつ、知らないことにつき重大な過失がない者に限る）は、その取引によって取得した権原の範囲内であれば、当該営業秘密を使用しまたは開示することができる（不正競争19条1項6号）。対価を支払ってノウハウを取得した第三者に不測の損害を与え、取引の安全が害されることを防止するための規定である。「権原の範囲内」とは、営業秘密を取得した際の取引において定められた条件（使用、開示の時期、目的、態様に関するもの）の範囲内を意味すると解されている。

(7)　営業秘密侵害行為の各類型（刑事）

　不正競争防止法は、営業秘密に係る不正競争行為（民事）の中で、特に違法性が高いと認められる行為類型について、刑事罰が規定されている（同法21条）。

(ア)　行為類型（不正競争21条1項）

(A)　不正取得罪（1号）

　図利加害目的で、詐欺等行為または管理侵害行為により営業秘密を取得する行為を定める。

(B)　**不正取得後不正使用・開示罪（2号）**

詐欺等行為または管理侵害行為により取得した営業秘密を、図利加害目的で、使用または開示する行為を定める。

(C)　**領得罪（3号）**

営業秘密を保有者から示された者が、図利加害目的で、その営業秘密の管理に係る任務に背いて、以下のいずれかの方法で営業秘密を領得する行為を定める。

① 　営業秘密が記載され、または記録された文書、図面または記録媒体（営業秘密記録媒体等）または営業秘密が化体された物件を横領すること

② 　営業秘密記録媒体等の記載もしくは記録について、または営業秘密が化体された物件について、その複製を作成すること

③ 　営業秘密記録媒体等の記載または記録であって、消去すべきものを消去せず、かつ、当該記載または記録を消去したように仮装すること

(D)　**領得後不正使用・開示罪（4号）**

営業秘密を保有者から示された者で、その営業秘密の管理に係る任務に背いて、上記(C)の①から③までに掲げる方法により領得した営業秘密を、図利加害目的で、その営業秘密の管理に係る任務に背いて、使用または開示する行為を定める。

(E)　**在職者不正使用・開示罪（5号）**

営業秘密を示された役員または従業員が、図利加害目的で、その営業秘密の管理に係る任務に背いて、使用または開示する行為を定める。

(F)　**退職者不正使用・開示罪（6号）**

営業秘密を示された役員または従業員であった者が、図利加害目的で、在職中に、その営業秘密に係る任務に背いてその営業秘密の開示の申込みをし、またはその営業秘密の使用もしくは開示について請託を受けて、その営業秘密を退職後に使用または開示する行為を定める。

(G)　**二次取得者不正使用・開示罪（7号）**

図利加害目的で、上記(B)、(D)ないし(F)までの不正使用・開示罪または同条

第4章　技術や情報を守るための対策

〔図表17〕　営業秘密侵害罪の各類型

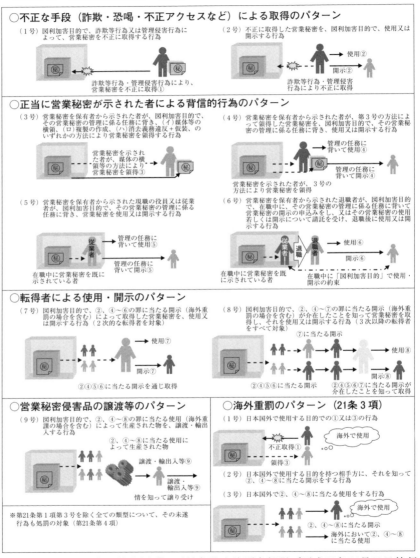

経済産業省知的財産政策室編「不正競争防止法逐条解説〔平成30年11月29日施行版〕」223頁（一部改変）。

Ⅳ　不正競争防止法による保護と対策

３項２号の罪にあたる開示に該当する開示によって営業秘密を取得した者が、当該営業秘密を使用または開示する行為を定める。

㈢　三次取得者不正使用・開示罪（８号）

図利加害目的で、上記(B)、(D)ないし(G)までの不正使用・開示罪に該当する開示または同条３項２号の罪にあたる開示が介在したことを知って営業秘密を取得した者が、当該営業秘密を使用または開示する行為を定める。

⑴　営業秘密侵害品譲渡罪（９号）

図利利害目的で、上記(B)、(D)ないし(H)までの不正使用・開示罪に該当する使用または同条３項３号の罪にあたる使用によって生産された物であることを知って取得した者が、当該物を譲渡し、引き渡し、譲渡もしくは引渡しのために展示し、輸出し、輸入し、または電気通信回線を通じて提供する行為を定める。

以上の各犯罪類型を〔図表17〕に整理する。

⑷　公訴時効

刑事の公訴時効の期間は７年である（刑訴250条２項４号、不正競争22条３項）。

2．平成30年改正法によるデータの保護

IoT や AI の普及に伴い、ビッグデータをはじめとする「データ」の利活用の活性化が期待されている。そこで、安心してデータの利活用ができる環境を整備するために、データの保護強化を目的とした不正競争防止法の改正法が平成30年５月23日に成立し、同月30日に公布された。

多種多様なデータがつながることにより新たな付加価値を創出していく産業社会「Connected Industries」の実現には、データを囲い込ませず積極的に市場に流通させ、そのデータの適切な利活用を促すことが重要である。そのためには、データ提供者が安心してデータを提供でき、データ利用者が安心してデータを利活用できる、適切な流通環境の整備が不可欠である。かかる認識の下、「未来投資戦略2017」（平成29年６月閣議決定）および「知的財

第4章　技術や情報を守るための対策

産推進計画2017」（平成29年5月知的財産戦略本部決定）において、不正競争防止法改正を視野に入れた検討を進めるべきとの提言がなされた。そして、平成30年1月、産業構造審議会知的財産分科会「不正競争防止小委員会」は、「データ利活用促進に向けた検討中間報告」をとりまとめ、改正法案が同年5月、通常国会で成立した。

　法改正は、①データ保護に関する新たな「不正競争行為」の導入と、②技術的な制限手段の保護の強化に分かれ、施行日は、①が令和元年7月1日、②が平成30年11月29日である。

⑴　データ保護に関する新たな「不正競争行為」の導入

㋐　概　要

　価値のあるデータであっても、①特許法や著作権法の保護対象とはならない、または、②他者との共有を前提とするため不正競争防止法の「営業秘密」に該当しない場合、その不正な流通をくい止めることは困難である。そこで、不正競争防止法に、一定の価値あるデータの不正取得行為や不正使用行為等、悪質性の高い行為に対する民事措置（差止請求権、損害賠償額の推定等）が規定された。

　「限定提供データ」に係る「不正競争」については、産業構造審議会不正競争防止小委員会において具体例を盛り込んだわかりやすいガイドラインを策定すべきとの指摘等を踏まえた「限定提供データに関する指針」（以下、便宜上、「指針」という）が策定され、平成31年1月23日、公表されている。

170　経済産業省「第四次産業革命に向けた横断的制度研究会報告書」（平成28年9月15日）〈http://www.meti.go.jp/press/2016/09/20160915001/20160915001-3.pdf〉は、「新たな情報財の利活用の促進と知的財産の保護について、適切なバランスの取れた柔軟な知的財産制度を構築することが必要である。特に、第四次産業革命という観点からは、日本企業間の連携をどのように進め、そこからどのようにイノベーションを創出するかが極めて重要である」、経済産業省〈https://www.meti.go.jp/press/2016/09/20160915001/20160915001.pdf〉では、「AIやIoTが実装される第四次産業革命の広がる社会においては、企業間で情報や関連技術を互いに共有することで、新たなビジネスの創出や競争力の強化が図られます。そのため、知的財産の協調利用を促進するとともに、産業財産権システムやデータベース等に関する知的財産保護の在り方の検討を行います。加えて、データの収集・分析や関連技術の研究開発のための投資インセンティブを確保するには、フリーライドを防止するなど適切な権利保護を行う必要があります」と指摘する。

(イ) 保護の対象となる一定の価値あるデータ（令和元年7月1日施行）

平成30年改正不正競争防止法では、保護の対象となる一定の価値あるデータとして、「限定提供データ」という概念が導入されている。「限定提供データ」とは、「業として特定の者に提供する情報として電磁的方法（電子的方法、磁気的方法その他人の知覚によっては認識することができない方法）により相当量蓄積され、管理されている技術上又は営業上の情報であって、秘密として管理されているものを除くもの」を指す（同法2条7項）。

すなわち、「限定提供データ」とは、①「業として特定の者に提供する」（限定提供性）、②「電磁的方法……により相当量蓄積され」（相当蓄積性）、③「電磁的方法により……管理されている」（電磁的管理性）、④技術上または営業上の情報を指す。以下、指針に即して、それぞれの内容を解説する。

① 限定提供性

「限定提供データ」は、ビッグデータ等を念頭に、商品として広く提供されるデータや、コンソーシアム内で共用されるデータなど、事業者等が取引等を通じて第三者に提供する情報を想定しており、相手方を特定・限定せずに無償で広く提供されているデータは対象とならない。[171]

② 相当蓄積性

「限定提供データ」は業として提供されるデータであり、「相当量」は、

〔図表18〕「限定提供データ」のイメージ

複数の企業間で提供・共有されることで、新たな事業の創出につながったり、サービスや製品の付加価値を高めるなど、その利活用が期待されているデータを想定。

経済産業省「不正競争防止法（平成30年改正）の概要」（一部改変）。

171　指針8頁。

第4章　技術や情報を守るための対策

個々のデータの性質に応じて判断されることとなるが、社会通念上、電磁的方法により蓄積されることによって価値を有するものが該当する。その判断にあたっては、当該データが電磁的方法により蓄積されることで生み出される付加価値、利活用の可能性、取引価格、収集・解析にあたって投じられた労力・時間・費用等が勘案されるものと考えられる[172]。

③　電磁的管理性

電磁的管理性が満たされるためには、特定の者に対してのみ提供するものとして管理するという保有者の意思を第三者が認識できるようにされている必要があり、また、管理措置の具体的な内容・管理の程度は、企業の規模・業態、データの性質やその他の事情によって異なるが、第三者が一般的にかつ容易に認識できる管理である必要がある[173]。指針は、具体的な措置としては、データ保有者と、当該保有者から提供を受けた者（特定の者）以外の者がデータにアクセスできないようにする措置、つまりアクセスを制限する技術が施されていることが必要であるとし、また、「アクセス制限は、通常、ユーザーの認証により行われ、構成要素として、ID・パスワード（Something You Know）、IC カード・特定の端末機器・トークン（Something You Have）、生体情報（Something You Are）などが用いられる」ほか、「専用回線による伝送も同様にアクセスを制限する技術に該当するものと考えられる」とする。

④　「技術上又は営業上の情報」

「技術上又は営業上の情報」には、利活用されている（または利活用が期待される）情報が広く該当する。具体的には、「技術上の情報」として、地図データ、機械の稼働データ、AI 技術を利用したソフトウェアの開発（学習）用のデータセット（学習用データセット）や当該学習から得られる学習済みモデル等の情報が、「営業上の情報」として、消費動向データ、市場調査データ等の情報があげられる[174]。

172　指針9頁。
173　指針10頁。

210

Ⅳ　不正競争防止法による保護と対策

　なお、平成30年改正不正競争防止法（令和元年7月1日施行）は、「無
償で公衆に利用可能となっている情報（オープンなデータ）と同一」の
情報については、「限定適用データ」に係る規制が適用されないとしてい
る（同法19条1項8号ロ）。また、違法な情報や、これと同視し得る公
序良俗に反する有害な情報については、保護の対象となる「技術又は営
業上の情報」には該当しない。[175]

　たとえば、自動走向車両向けに提供される新次元地図データや、PSOシ
ステムで収集された商品ごとの売上データ、あるいは、化学物質などの素材
の技術情報を要約したデータなどで、暗号化処理などがされて特定の第三者
（契約の相手方）に提供されるデータは、「限定提供データ」に該当しうるこ
ととなる。

　一方、業として特定の者に提供する情報として電磁的方法により蓄積され
た技術上または営業上の情報であっても、「相当量蓄積」されているとはい
えない情報や、「業として特定の者に提供する情報として電磁的方法により
相当量蓄積され」た技術上または営業上の情報であっても、秘密として管理
されているといえる情報は、「限定提供データ」としてではなく、「営業秘
密」としての保護が検討されるべきこととなる（不正競争2条7項かっこ書に
おいて、「秘密として管理されているもの」が「限定提供データ」から除外されて
いる）。なお、営業秘密に係る一定の不正競争行為は、「限定提供データ」の
場合と異なり、民事的な救済だけでなく、刑事罰も科されうる（同法21条、
22条。上記1(7)）。

　(ウ)　禁止される行為類型

　平成30年改正前は、価値の高いデータであっても、特許法や著作権法の対
象とはならず、不正競争防止法上の営業秘密にも該当しない場合には、不正
な流通を差し止めることは困難であった。平成30年改正法では、悪質性の高
いデータの不正取引を不正競争防止法上の「不正競争行為」と位置づけて、

174　指針12頁。
175　指針12頁。

211

第4章 技術や情報を守るための対策

〔図表19〕 データの不正取得等に対する差止め

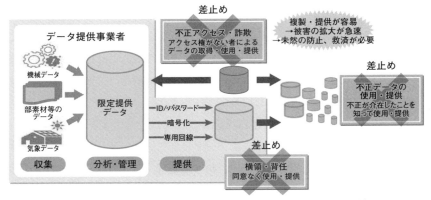

経済産業省「不正競争防止法等の一部を改正する法律案の概要」（一部改変）。

〔図表20〕 データ不正取得規制対象行為

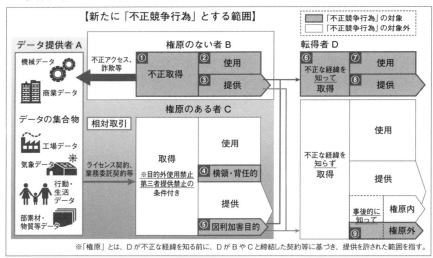

※筆者注：「提供」行為は、法文上は「開示」として規定されている。

産業構造審議会知的財産分科会不正競争防止小委員会「データ利活用促進に向けた検討中間報告」8頁（一部改変）。

212

民事措置（差止請求権、損害賠償請求等）の対象とした。悪質性の高い行為として規制の対象となるのは、以下の4つの行為類型である（不正競争2条1項11号〜16号、19条8号イ）。

① 権原のない者が、不正の手段により限定提供データを「取得」し、または不正取得行為により取得した限定提供データを「使用」「開示」する行為

② データ提供者からデータを示された者（権原のある者）が、不正の利益を得る目的またはデータ保有者に損害を加える目的（図利加害目的）で、当該データの管理に係る任務に違反して（横領・背任的に）データを「使用」し、または「開示」する行為

③ 取得する限定提供データについて不正行為が介在したことを知っている者（転得者）が、当該データを「取得」し、またはその取得したデータを「使用」「開示」する行為

④ 取得時に不正行為が介在したことを知らずに取得した者（転得者）が、その後、不正行為の介在を知った場合に、取引によって取得した権原の範囲を超えて「開示」する行為

規制対象となる、〔図表20〕の①から⑨の行為（なお、図表中の「提供」行為は法文上は「開示」と規定されている。また、④の「横領・背任的」には「図利加害目的」があることも含まれる）を例示すると、〔図表21〕のとおりとなる。なお、データの不正使用により生じた成果物（AIの学習済みモデルなど）は、規制の対象とはされていない。

〔図表21〕〔図表20〕の規制対象行為の例示

〔図表20〕の番号	該当例
① 不正取得	正規会員のID・パスワードを当該会員の許諾なく用いてデータ提供事業者のサーバに侵入し、正規会員のみに提供されているデータを自分のパソコンにコピーする行為
② 使用	特定の者のみに提供されているデータを、それ以外の者が、データ提供事業者の従業員を強迫して、パスワードとともに、メールで送付さ

213

第4章　技術や情報を守るための対策

	せたうえ、当該データを自社のプログラム開発に使用する行為
③ 提供(開示)	不正アクセス行為によりデータ提供事業者のサーバから取得したデータを、データブローカーに販売する行為
④ 横領・ 背任的	データ提供者が商品として提供しているデータについて、もっぱら提供者のための分析を委託されてデータ提供を受けていたにもかかわらず、その委託契約において目的外の使用が禁じられていることを認識しながら、無断で当該データを目的外に使用して、他社向けのソフトウェアを開発し、不正の利益を得る行為
⑤ 図利加害 目的	コンソーシアムやプラットフォーマー等のデータ提供者が会員にデータを提供する場合において、第三者への提供が禁止されているデータであることが書面による契約で明確にされていることを認識しながら、当該会員が金銭を得る目的で、当該データをデータブローカーに横流し販売し、不正の利益を得る行為
⑥ 不正な経緯を 知って取得	不正アクセス行為によって取得されたデータであることを知りながら、当該行為を行ったハッカーからそのデータを受け取る行為
⑦　使用	⑥の後、自社のプログラム開発に当該データを使用する行為
⑧ 提供(開示)	転売禁止のデータを、料金を払って購入した者に対し、当該者に別途便宜を図ることを提案し、その見返りとして、無償で当該データの提供を受けた後、当該データをデータブローカーに転売する行為
⑨ 事後的に 知って	データ流通事業者が、データを仕入れた後において、そのデータの提供元が、不正取得行為を行ったという事実を知ったにもかかわらず、その後も、自社の事業として、当該データの転売を継続する行為（ただし、悪意に転じる前に、その提供元と結んだ契約において、○年間の提供が認められていた場合、悪意に転じた後も、契約期間○年間の終了までの間は、その提供行為は「不正競争行為」には該当しない）

(エ)　救済措置

　上述したデータに係る「不正競争行為」により営業上の不利益を被った者は、不正競争防止法上の民事救済（差止請求、損害賠償請求、信用回復措置）が得られることになる。なお、刑事措置については、今後の状況を踏まえて、引き続き検討すべきこととされ、平成30年改正法への導入は見送られている。

(オ)　国会の付帯決議

214

平成30年改正法については、参議院経済産業委員会の審議において附帯決議がなされ、施行後3年をめどとして見直しを行うこと、わが国企業が不利益を被らないよう諸外国におけるデータ保護制度との整合性の確保に努めること、データ取引の萎縮を避けるため、ガイドラインにおいて限定提供データに係る不正競争行為の明確化を図ること、特に中小企業者に対して丁寧な説明に努めること等が指摘されている。

3．平成30年改正による技術的制限手段の保護強化

不正競争防止法における技術的制限手段の保護に関する規律は、平成11年改正により導入された。「技術的制限手段」とは、音楽、映像、ゲームソフト等のデジタルコンテンツについて、無断視聴や無断コピーを制限するための技術的手段のことであり、同法は、かかる技術的制限手段を妨害する装置やプログラムの提供行為を不正競争行為と位置づけ、技術的制限手段の保護を図っている。従前は、技術的制限手段の保護対象がコンテンツに限定されていたものが、平成30年改正により、データ全般に保護対象が拡大された。また、不正競争行為について、従前は、技術的制限手段を解除する装置やプログラムの提供行為に限定されていたものが、平成30年改正により、技術的制限手段を無効化するサービスの提供行為や技術的制限手段を無効化する情報の提供行為も規制の対象となった。[176]

---

[176] 著作権法では、著作権等を侵害する行為の防止または抑止をする手段として技術的保護手段が規定されている（著作2条1項20号）。また、私的使用を目的とする複製であっても、技術的保護手段の回避により可能となった複製を行うことは権利制限の例外とされる（同法30条1項2号）。さらに、技術的保護手段の回避のための専用機能を有する装置・プログラムを公衆に譲渡等を行い、または、公衆の求めに応じて業として技術的保護手段の回避を行った場合には、刑事罰が科せられる（同法120条の2）。もっとも、著作権法における「技術的保護手段」とは、「電磁的方法により、著作権等を侵害する行為の防止又は抑止をする手段であって、機器が特定の反応をする信号を、音若しくは影像とともに、記録媒体に記録し、又は送信する方式」に限定されており、一定のコピーコントロールがこれに該当するが、アクセスコントロールは該当しない。すなわち、技術的保護手段を回避するだけでは違法ではなく、信号の除去・改変を行って複製することにより初めて違法となる（中山・前掲書（注106）292頁）。それらの技術的保護手段に対する回避行為等は、不正競争防止法により規制されることになる。

第 4 章　技術や情報を守るための対策

(1)　技術的制限手段による保護対象に「データ」が追加

　平成30年改正以前の不正競争防止法の保護対象は、影像、音、プログラム
に限られていたところ、それに加えて、電子計算機による処理（プログラム
の実行の用に供するものに限定）に供するためのデータが追加された（不正競
争 2 条 8 項）。また、「技術的制限手段」として、電子計算機による処理を制
限するために施される技術的な手段の追加を行い、当該技術的制限手段を無
効化する装置等の提供行為を「不正競争行為」と位置づけた（同条 1 項17
号・18号）。そこで、たとえば、機器の制御や不具合の解析などのために用
いられるデータ（暗号化されたもの）につき、当該データの暗号を無効化す
るツールの提供行為などが新たに規制の対象となった。

(2)　技術的制限手段の対象の明確化

　技術的制限手段について、いわゆるアクティベーション方式（ユーザが体
験版ソフトウェア等をダウンロードする際に、当該ソフトウェアが未認証の状態
であれば、使用期間や機能にロックがかかるところ、その後、ユーザが課金の支
払い等を行い、正規のユーザとして認証された後に、電子メール等で送信されて
くるシリアル番号等を決まった方式で入力することで、製品版として認証がなさ
れ、ソフトウェアの使用が可能となる方式）による技術的制限手段が含まれる
ことが明確化された（不正競争 2 条 1 項17号・18号、同条 8 項）。

(3)　技術的制限手段を無効化するサービスの提供行為

　技術的制限手段を無効化するサービスを提供する行為につき、無効化装置
等の提供と同等とみなされるサービス提供行為が「不正競争行為」と位置づ
けられた（不正競争 2 条 1 項17号・18号）。具体的には、〔図表22〕のサービス
が規制の対象になり得る[177]。なお、試験・研究目的で行われる無効化サービス
等の提供については「不正競争行為」から除外されている（同法19条 9 号）。

---

[177]　産業構造審議会知的財産分科会不正競争防止小委員会「データ利活用促進に向けた検討（中
間報告）」（平成30年 1 月）〈http://www.meti.go.jp/report/whitepaper/data/pdf/20180124001_
01.pdf〉.

IV　不正競争防止法による保護と対策

〔図表22〕　不正競争行為として規制を受けるサービス

類　型	該当例
①改造サービス	ユーザからゲーム機（装置）を預かり、海賊版ゲームの実行を可能とする装置（技術的制限手段の無効化を可能とする装置）に改造し、返還するサービス
②訪問型サービス	①の装置の改造について、ユーザの元へ訪問して行う装置の改造や、インターネットのリモートアクセスによるプログラムの実装等、装置自体の引き渡しを伴わない形態のサービス
③店舗型サービス	店舗等において、技術的制限手段を無効化した機器を利用し、客に影像等のコンテンツの視聴等を可能とするサービス
④無効化代行サービス	ユーザの代わりに、試用版ソフトウェアに施された技術的制限手段を装置等を用いて無効化し、正規版と同等のソフトウェアとして使用できる状態にするサービス

⑷　技術的制限手段を無効化する情報の提供行為

　無効化装置等の提供等と同様に、技術的制限手段の無効化に直接寄与するような技術的制限手段を無効化するための符号（不正に生成または入手されたシリアルコード等）を提供する行為が新たに「不正競争行為」と位置づけられた（不正競争2条1項17号・18号）。たとえば、正規のソフトウェアライセンスを有することの認証プロセスにおいて用いられるシリアルコードにつき、正規のソフトウェア利用許諾者となりすますための不正なシリアルコードを、ネットオークションで販売する行為が、新たに規制の対象となる。なお、試験・研究目的で符号を譲渡する行為や、中古プログラム等とともに符号を譲渡する行為（自分が正規に購入したプログラム等を、自分の機器からそのプログラムを消去したうえで、正規のプログラム等の購入時に付与された符号と一緒に譲渡する行為）等は、不正競争行為の対象外とされている（同法19条9号）。

217

第4章　技術や情報を守るための対策

Ⅴ　独占禁止法による保護と対策

1．ビッグデータに関する独占禁止法による保護と対策

(1)　議論の状況

　IoT、AI、ビッグデータの活用といった第4次産業革命が広がりをみせつつある中、新たなビジネスモデルが次々と現出している。公正取引委員会は、これらの分野においては、特定の企業が一定の情報を独占することが支配的な地位につながり、企業の行動が公正な競争を阻害することもあり得ると考えられるとして、平成28年、IT・デジタル関連分野における独占禁止法違反被疑行為に係る情報提供窓口を審査局に設置した[178]。さらに、公正取引委員会の競争政策研究センターは、平成29年6月、「データと競争政策に関する検討会報告書[179]」を公表し、データに関連する取引市場において、独占禁止法の規制がどのように適用されるのかを明らかにしている。

　また、経済産業省産業構造審議会・新産業構造部会が[180]、平成29年5月30日に発表した「新産業構造ビジョン」においても、「デジタル市場で急成長を遂げた GAFA（Google、Apple、Facebook、Amazon）のようなプラットフォーマーは、……その競争優位が固定され、支配的地位となっている可能性が懸念される」と指摘されている。

　さらに、経済産業省、公正取引委員会および総務省は、平成30年12月18日、「プラットフォーマー型ビジネスの台頭に対応したルール整備の基本原則」

178　公正取引委員会ウェブサイト「平成29年　年頭所感」（平成29年1月）〈https://www.jftc.go.jp/houdou/kouenkai/nentouh29.html〉。

179　公正取引委員会競争政策研究センター「データと競争政策に関する検討会報告書」（平成29年6月6日）〈https://www.jftc.go.jp/cprc/conference/index_files/170606data01.pdf〉。

180　経済産業省は、「日本再興戦略2016」や「新産業構造ビジョン中間整理」で示された第4次産業革命に対応するため、「競争政策」、「データ利活用・保護」、「知的財産」という3つの業界横断的な制度のあり方等について、「第四次産業革命に向けた横断的制度研究会」において検討を行い、平成28年9月15日、報告書をとりまとめている（前掲（注170））。

218

を公表した。同基本原則では、「デジタル・プラットフォーマーの取引環境を整備するための制度や執行の在り方の検討を、関係省庁連携の下、早急に進める」とし、具体的には、プラットフォーム・ビジネスに対応できていない既存の業法について、見直しの要否を含めた制度面の整備について検討を進めることや、データやイノベーションを考慮した企業結合審査、サービスの対価として自らに関連するデータを提供する消費者との関係での優越的地位の濫用規制の適用等、デジタル市場における公正かつ自由な競争を確保するための独占禁止法の運用や関連する制度のあり方を検討すること等がルール整備の施策として掲げられている。

海外においても、OECD 競争委員会が2016年11月に作成した「BIG DATA: BRINGING COMPETITION POLICY TO THE DIGITAL ERA」は、ビッグデータが市場支配力と競争優位性をもたらし得ることを指摘しつつ、競争法に対してどのような意味をもつかが検討されている[181]。また、ドイツおよびフランスの競争当局は、2016年5月、ビッグデータの収集と活用の拡大に関する競争法上の問題点についての共同分析を行い、デジタル産業等におけるデータ収集に起因する競争当局の課題等をまとめた「Competition Law and Data」を公表している[182]。

(2) 問題状況

ビッグデータなどの大量のデータに係る取引が独占禁止法上問題となりうるのは、次の理由による。

まず、データが特定の事業者に集積される一方で、それ以外の事業者にとっては入手が困難となる結果、当該データが効率化等のうえで重要な地位を占める商品の市場において競争が制限されることとなったり、あるいは、競争の観点から不当な手段を用いてデータが利活用される結果、データに関連する市場において競争が制限されることがありうる[183]。一般に、製品、技術、

---

181 〈http://www.oecd.org/competition/big-data-bringing-competition-policy-to-the-digital-era.htm〉.

182 〈http://www.autoritedelaconcurrence.fr/doc/reportcompetitionlawanddatafinal.pdf〉.

第4章　技術や情報を守るための対策

仕様等を利用する者が増えることにより、製品、技術、仕様等の利用価値が高まる効果を「ネットワーク効果」という[184]。いったん大規模に達した規格があれば、獲得した需要者の規模が事後の需要者を招くという効果が生じ、その場合には、よりすぐれた代替的システムを投入しても十分な需要者を獲得できない可能性があることが指摘されている[185]。ビッグデータについても、①プラットフォーマーが多数のユーザを抱えることでより多くのデータが収集でき、それによりサービスの品質を向上させ、さらにユーザを獲得できるというループ、②データにより広告のターゲット精度を向上させて、収益機会を得ることができ、その収益に由来する投資によりサービスの品質を高め、ユーザを獲得でき、さらに広告のターゲット精度を高めるというループが存在する一方で、新規参入を困難にするおそれがあることが指摘されている。また、産業データについては、データの「囲い込み」のおそれがあるとの指摘もなされている。具体的には、「新規参入者が同様のデータを収集することは、経済的には現実的ではない」、「利用者がサービスを停止することが困難なため不利益を甘受する可能性がある」、「データのポータビリティが確保されないと市場支配力が維持されやすくなる」などの問題点が指摘されている[186]。また、別の問題として、デジタル・カルテルの問題が指摘されている。

---

[183]　経済産業省第四次産業革命に向けた横断的制度研究会・前掲報告書（注170）では、決済手段の拘束や共通通貨の禁止については、独占禁止法に違反する可能性や競争環境に悪影響を与える可能性が指摘されている。また、秘密保持契約があることにより、任意の調査で得られる情報には限界が生じているとの指摘がされている。そして、「プラットフォーマーによる取引について既存の法令の枠内で取り組む一方で、第四次産業革命の下では、既存の独占禁止法等の法令や、競争法理論では対応できない状況が生じ得ることを踏まえ、産業振興の観点から独占禁止法にとらわれない新たな制度の導入等について、今後広く検討する」としている。

[184]　ネットワーク効果には、電話やファクシミリのように接続可能な製品を使う者が多いこと自体によってユーザにとっての便益が増えるという「直接的ネットワーク効果」と、ユーザの増加が補完材・役務市場に及ぼす効果を通じて生じる「間接的ネットワーク効果」という2種類がある。

[185]　川濱昇「技術標準と独占禁止法」京都大学法学論叢146巻3・4号（2000年）115頁以下。

[186]　公正取引委員会競争政策研究センター・前掲報告書（注179）13～14頁参照。

■ Ⅴ　独占禁止法による保護と対策

⑶　独占禁止法上問題となりうる行為

以下では、上記の問題状況を踏まえ、前掲「データと競争政策に関する検討会報告書[187]」の整理に基づき、大量データに係る取扱い等に関して独占禁止法上の問題点を整理する。

㋐　データの収集に関する行為

事業者がさまざまなデータを収集し、活用することは、通常は、それ自体が独占禁止法上問題となることはない。しかし、不当な手段でデータ収集が行われたり、データ収集が競争者間の協調行為を促進したりするなど、競争に悪影響を与える場合には、例外的に同法上問題となることがある。

(A)　単独の事業者による収集

(a)　取引先企業からのデータの収集

業務提携等の一方の当事者が、他方の当事者に対し、データや技術を帰属させるといった何らかの名目で一方的にデータを提供させる行為は、データに希少性が認められるときは、①当該一方当事者（＝データの提供を受ける当事者）の関連する市場における有力な地位を強化することにつながり得る場合、または、②当該他方当事者（＝データを提供する当事者）の研究開発意欲を損ない、新たな技術の開発を阻害し得る場合があり、これらの場合において公正競争阻害性を有するときには、不公正な取引方法である「拘束条件付取引」（一般指定12号）に該当する。また、当事者間の一方が優越的な地位にあることが認められる場合、何らかの名目で一方的にデータを提供させる行為が「優越的地位の濫用」（独禁2条9項5号ハ）に該当する場合もありうる[188]。

187　公正取引委員会競争政策研究センター・前掲報告書（注179）参照。

188　具体的な判断基準について、公正取引委員会競争政策研究センター・前掲報告書（注179）37頁は、「取引の一方の当事者（甲）が他方の当事者（乙）に対して優越した地位にあるか否かは、乙にとって甲との取引の継続が困難になることが事業経営上大きな支障を来すため、甲が乙にとって著しく不利益な要請等を行っても、乙がこれを受け入れざるを得ないような場合であるかについて、乙の甲に対する取引依存度、甲の市場における地位、乙にとっての取引先変更の可能性、その他甲と取引することの必要性を示す具体的事実を総合的に考慮する」としている。

221

第4章　技術や情報を守るための対策

　　（b）　プラットフォームを運営する事業者によるデータの収集

　プラットフォームを運営する事業者が当該プラットフォームを通じて提供するサービスについて市場支配力を有する一方で、プラットフォーム利用者は他の類似サービスへの切替えが困難となっている場合、当該サービスに関する取引条件を利用者にとって不利益に変更するような行為等は、①公正な競争秩序に悪影響を及ぼすおそれを生じさせる、または、②このようにして収集したデータを利活用することで事業活動を行っている市場において市場支配力を形成、維持、強化することができる可能性があり、「私的独占」、「優越的地位の濫用」その他独占禁止法の適用により規制の対象となることがあり得る。

　　（B）　**複数の事業者による収集**

　共同収集するデータにより競争関係にある他の参加者が今後販売する商品の内容、価格、数量を相互に把握することが可能となり、これにより競争者間における協調的行為の促進を生じさせる場合には、「不当な取引制限」の問題になり得る。[189] また、データを重要な投入財として利用する商品の市場において、競争関係にある事業者の大部分が、各参加事業者が単独でも行い得るにもかかわらず、データを共同で収集するとともに、参加者それぞれにおけるデータ収集を制限し、これによって、当該商品の市場における競争を実質的に制限する場合も、独占禁止法上問題となり得る。[190]

---

[189]　データの共同収集が複数の事業者ではなく事業者団体で行われる場合には、独占禁止法8条の、また、共同出資会社が設立される場合は同法10条の問題となりうる。

[190]　この場合の具体的な判断基準について、公正取引委員会競争政策研究センター・前掲報告書（注179）40頁は、「①参加者の数、市場シェア等、②収集されるデータの性質（収集されるデータを用いた研究開発におけるデータの重要性、当該データを用いた商品への投入財としてのデータの重要性等）、③共同化の必要性、④対象範囲、期間等が総合的に勘案されることとなり、①については数又はシェアが低いほど、②については重要性が低いほど、③については必要性が高いほど、④については範囲が狭く、期間が短いほど、独占禁止法上問題となる可能性が低くなると考えられる」としている。

㈩　収集されたデータへのアクセスに関する行為

　　　(A)　単独の事業者によるアクセス拒絶

　自ら収集し、集積したデータについて開示するか否か、また、開示する場合に、開示の範囲等をどのように設定するかの決定については、基本的には事業者の自由である。もっとも、特定の企業が、ある市場において市場支配力を有しており、当該市場における事業活動を通じて収集するデータが、当該市場または他の市場における事業活動において不可欠な役割を果たし、かつ、代替的なデータを取得することも技術的または経済的に困難な場合であって、たとえば、次の①、②のようなときには、他者によるデータへのアクセスを合理的な理由なく制限することは、「正常な競争手段の範囲を逸脱する人為性を有する」排除または「独占禁止法上不当な目的を達成するための手段として取引を拒絶」する行為と評価でき、一定の取引分野における競争を実質的に制限するまたは公正競争阻害性を有する場合には、独占禁止法上の「私的独占」、「その他の取引拒絶」（一般指定2項）の問題となりうる。

　①　データを利用した商品の市場における競争者を排除する目的以外には合理的な目的が想定されないにもかかわらず、正当な理由なく、従来可能であったデータへのアクセスを拒絶する場合

　②　競争者（または顧客）に対してデータにアクセスさせる義務があると認められる場合において、データを利用した商品の市場における競争者を排除することとなるにもかかわらず、正当な理由なく、当該競争者（または顧客）に対してデータへのアクセスを拒絶する場合

　　　(B)　共同行為によるアクセス拒絶等

　シェアの合計が相当程度高い複数の事業者が共同収集したデータについて、ある特定の事業者に対し共同収集への参加を制限し、かつ、合理的な条件の下でのアクセスを認めないことは、当該第三者において他の手段を見出すことができずその事業活動が困難となり、市場から排除されるおそれがあるときには、例外的に独占禁止法上問題となる場合がある。

第4章　技術や情報を守るための対策

　　(ウ)　データへのアクセスに関連するその他の不当な行為

　データの提供とその解析など他のサービスを抱き合わせで販売するといった行為や自らとのみデータの取引をすることを義務づけたり、あるいは、機械学習技術などの要素技術を有償または無償で提供する条件として、当該提供者以外の者（産業データに係る機器の所有者を含む）によるデータの収集や利用を制約したりするなどによりデータを不当に利用しようとする場合、「拘束条件付取引」、あるいは、「排他条件付取引」などの不公正な取引方法に該当する可能性がある。なお、データの分析に関し、共同開発が行われる場合には、必要に応じて、「共同研究開発に関する独占禁止法上の指針」を参照し、独占禁止法違反の可能性がないかどうか確認を行うことが考えられる。[191]

　　(エ)　デジタル・カルテル

　デジタル・カルテルは、従来型のカルテルのように、企業同士が協定を結ぶとか合意する（暗黙も含む）といったものではなく、競合他社がアルゴリズムを共有することによって、機械が勝手に物やサービスの価格を高止まりさせるような状況が生みだすことを指す。[192]価格の決定をアルゴリズムに委ねていて、競合企業同士の意思の疎通が伴わないために、どこまで違法性が問えるかが問題とされている。この点、経済産業省の「第四次産業革命に向け

---

[191]　公正取引委員会「共同研究開発に関する独占禁止法上の指針」（平成5年4月20日・最終改定平成29年6月16日）〈https://www.jftc.go.jp/dk/guideline/unyoukijun/kyodokenkyu.html〉。たとえば、同指針（第2−2−(1)ア［6］、同イ）は、「他の参加者から開示された技術等を共同研究開発のテーマ以外に流用することを制限すること」は原則として不公正な取引方法に該当しないとしつつ、以下の事項は不公正な取引方法に該当するおそれがあるとしていることに注意する必要がある。
　　①　技術等の流用防止のために必要な範囲を超えて、共同研究開発に際して他の参加者から開示された技術等を共同研究開発以外のテーマに使用することを制限すること
　　②　共同研究開発の実施のために必要な範囲を超えて、共同研究開発の目的とする技術と同種の技術を他から導入することを制限すること
[192]　「デジタル・カルテル」とは、国際的に確立した定義はないものの、同じ価格アルゴリズムを企業間で共有したり、利潤を最大化する人工知能を利用して、その人工知能が価格に関する共謀を達成するといった行為を指すことが多い（公正取引委員会競争政策研究センター・前掲報告書（注179）57頁）。

た競争政策の在り方に関する研究会報告書」は、「第四次産業革命の下では、技術革新によって企業の競争力の源泉がデータにシフトしており、データがサービス等の競争力に与える影響が一層顕著になっている」として、データの活用モデルの分類いかんを問わず、競争者や取引相手との関係で起こり得る行為の1つとしてデジタル・カルテルをあげ、「競合関係にある複数の事業者が、AIによって最適な価格を自動的に決定するような仕組みを導入した場合、当該人工知能の働きによって市場から価格競争が排除されうる」と指摘している。アルゴリズムの内容いかんによっては、未必の故意（意思の疎通）があるとして、違法性を問いうる可能性もあると思われる。

　㈺　企業結合

　従来は問題にならなかった企業統合でも、たとえば、自動車メーカーと自動運転の人工知能を開発する会社や走行データを集める会社が統合した場合、データの「囲い込み」にあたる可能性があるため、大量のデータの集積を伴う企業結合については、AI技術や商品における競争の低下、データ市場における競争減殺効果という観点から、独占禁止法の審査の対象になりうる。

2．知的財産権と独占禁止法

　ビッグデータあるいはAI生成物等が著作権や特許等として保護される場合には、それらの知的財産権の行使と独占禁止法の規律とをどのように調整するかが問題となる。知的財産権の行使（知的財産権の保護する技術の利用に係る制限）は、すなわち独占権の行使であり、一見すると、独占を禁止する独占禁止法と抵触するようにも思われるからである。

　まず、技術の利用に係る制限行為のうち、権利の行使とはみられない行為には、独占禁止法が適用される。[193]

　また、技術に権利を有する者が、他の者にその技術を利用させないように

---

[193]　公正取引委員会「知的財産の利用に関する独占禁止法上の指針」（平成19年9月28日・最終改正平成28年1月21日）〈https://www.jftc.go.jp/dk/guideline/unyoukijun/chitekizaisan_files/chitekizaisangl.pdf〉（以下、「知的財産ガイドライン」という）。

第4章　技術や情報を守るための対策

する行為および利用できる範囲を限定する行為は、外形上、権利の行使とみられるが、これらの行為についても、行為の目的、態様、競争に与える影響の大きさも勘案したうえで、事業者に創意工夫を発揮させ、技術の活用を図るという、知的財産制度の趣旨を逸脱し、または同制度の目的に反すると認められる場合は、独占禁止法上許容される「権利の行使と認められる行為[194]」とは評価できず、同法が適用される。

　知的財産ガイドラインが規定する事項は多岐に及んでいるが、一例を示すと、同ガイドラインは、ライセンサーがライセンシーに対し、ライセンス技術またはその競争技術に関し、ライセンシーが自らまたは第三者と共同して研究開発を行うことを禁止するなど、ライセンシーの自由な研究開発活動を制限する行為は、原則として不公正な取引方法に該当するとしつつ、当該技術がノウハウとして保護・管理される場合に、ノウハウの漏洩・流用の防止に必要な範囲でライセンシーが第三者と共同して研究開発を行うことを制限する行為は、一般には公正競争阻害性が認められず、不公正な取引方法に該当しないとしている（第4―5―(7)）。また、ライセンサーがライセンシーに対し、ライセンサーの競争品を製造・販売することまたはライセンサーの競争者から競争技術のライセンスを受けることを制限する行為は、ライセンシーによる技術の効率的な利用や円滑な技術取引を妨げ、競争者の取引の機会を排除する効果をもつから、公正競争阻害性を有する場合には、不公正な取引方法に該当するとしつつ、当該技術がノウハウに係るものであるため、当該制限以外に当該技術の漏洩または流用を防止するための手段がない場合には、秘密性を保持するために必要な範囲でこのような制限を課すことは公正競争阻害性を有さないと認められることが多いと考えられ、このことは、契約終了後の制限であっても短期間であれば同様であるとしている（第4―4―(4)）。さらに、改良技術についてライセンサーに非独占的な通常実施権を許諾したり（グラントバック）、相当な対価で譲渡すること（アサインバック）

194　独占禁止法21条は、「この法律の規定は、著作権法、特許法、実用新案法、意匠法又は商標法による権利の行使と認められる行為にはこれを適用しない」と規定している。

をあらかじめ定めておくことは、直ちに公正競争を阻害するとはいえないものの、独占的実施権を許諾させたり、無償で権利を帰属させたりすることは、ライセンシーによる研究開発活動を不当に制約する可能性があるため、原則として不公正な取引方法に該当するとしている（第4 — 5 —(8)(9)）。

Ⅵ　その他

1．新規事業と規制等

　IoT、AI 等の新しい技術を用いた事業は、それまで想定されていないような新しい形態のビジネスモデルが設計される場合が多々みられる。その場合、当該ビジネスモデルについて各種業法の規制が及ぶか否かが不明確な場合が存在する。

　また、新しい形態のビジネスモデルは、社会的な必要性が認められるにもかかわらず、法令が当該ビジネスモデルを想定せずに制定されているため、形式的に法令を適用するとかかる規制が及んでしまう事態が生じる場合がある。

　このように、新しい技術を用いた事業について、規制等により当該事業の実現が阻害される可能性がある場合に、それを乗り越える方策として、①新規事業等の法令の適合性を確認する制度、②新規事業等が必ずしも法令に適合するとは限らない場合に、例外的に新規事業等の実施を認める制度が設けられている。これらの制度は、主として、産業競争力強化法、生産性向上特別措置法および国家戦略特別区域法において設けられている。

2．制度の概要

(1)　新規事業等の法令の適合性を確認する制度

　新規事業等の法令の適合性を確認する制度としては、法令適用事前確認手続（いわゆる日本版ノーアクションレター制度）およびいわゆるグレーゾーン解消制度がある。

227

第4章　技術や情報を守るための対策

　日本版ノーアクションレター制度は、平成13年に閣議決定により導入されたもので、民間企業等がある行為を行うに際し、法令に抵触するかどうかについての予見可能性を高めるため、当該行為について特定の法令の規定との関係を事前に照会できるようにするとともに、行政の公正性を確保し、透明性の向上を図るため、当該照会内容と行政機関の回答を公表する制度である[195]。日本版ノーアクションレター制度は、府省ごとに「細則」を定め、これに基づいて運用されている。

　グレーゾーン解消制度は、事業者が新たな事業を実施しようとする際に、現行の規制の適用範囲が不明確な分野において、具体的な事業計画に即し、あらかじめ規制の適用の有無を確認することができる制度で、産業競争力強化法に基づくものである。平成30年7月9日、産業競争力強化法等の一部を改正する法律の一部が施行され、グレーゾーン解消制度の拡充が図られている。

(2)　新規事業等の実施を認める制度

　新規事業等が必ずしも法令に適合するとは限らない場合に、例外的に新規事業等の実施を認める制度としては、第1に、産業競争力強化法に基づく新事業特例制度がある。同制度は、ある事業が一定の規制に抵触する場合であっても、規制が求める安全性等を確保する措置を事業者が実施することを条件として、事業者単位で規制の特例措置を講ずる制度である。なお、グレーゾーン解消制度を利用した結果、新規事業等が違法であるとの判断を受けた際に、かかる判断を前提に新事業特例制度を利用するというように、新事業特例制度を用いる際、グレーゾーン解消制度の利用が先行することもある[196]。

　第2に、いわゆる規制のサンドボックス制度がある。規制のサンドボックス制度とは、イノベーション促進のために、一時的に規制の適用を停止する

195　総務省「行政機関による法令適用事前確認手続の導入について」（平成13年3月27日閣議決定・最終改正平成19年6月22日）〈http://www.soumu.go.jp/menu_sinsei/hourei_tekiyou/jyoukou/houteki.html〉参照。

196　さらに進んで、事業者としても新規事業等が違法であると考えている場合に、あえてグレーゾーン解消制度を利用して違法であるとの回答を得たうえで、新事業特例制度の利用や法改正の要望につなげるために利用された例もある。

など、新たなビジネスの実験場を提供するしくみのことをいい、イギリスなどで「規制の砂場（Regulatory Sandbox）」として始められた制度である[197]。日本においては、生産性向上特別措置法に基づくプロジェクト型サンドボックス制度とよばれる制度が設けられている。これは、企業からの提案に応じて、当該企業に限定して一定の革新的な技術やビジネスモデルの実証を認めるものである。かかる規制のサンドボックス制度は、新事業等により生ずるリスクの程度等について十分な資料がない場合であっても、参加者等の同意等一定の要件の下で「まずやってみる」ことを認めるものであり、画期的な制度であるといえる。

　また、プロジェクト単位ではなく、一定の地域に限定して規制を緩和するという制度も構想されている。具体的には、国家戦略特別区域法を改正し、自動走行およびドローン等の最先端の実証のため、一定の地域に限定して、事前規制や手続を抜本的に見直す制度（いわゆる地域限定型サンドボックス制度）が検討されている。平成30年3月13日、地域限定型サンドボックス制度を実現するための国家戦略特別区域法の一部を改正する法律案が閣議決定され、国会において審議されており、今後の動向が注目される（令和元年5月31日現在）。

3．グレーゾーン解消制度

(1) 産業競争力強化法の概要

　産業競争力強化法は、日本経済を再興すべく、国内産業を中長期にわたる低迷から脱却させ、持続的発展の軌道に乗せるため、産業競争力の強化を図ることを目的としている（同法1条）。

　産業競争力強化法が定める施策等は多岐にわたるが、本項では、グレーゾーン解消制度と新事業特例制度を扱う。

　なお、平成30年7月改正前の産業競争力強化法においては、平成25年度か

197　第33回国家戦略特別区域諮問会議配布資料2-1「国家戦略特別区域法の一部を改正する法律案の概要」〈https://www.kantei.go.jp/jp/singi/tiiki/kokusentoc/dai33/shiryou2_1.pdf〉参照。

第4章　技術や情報を守るための対策

ら5年間の期間が「集中実施期間」と定義され、産業競争力の強化に関する実行計画に基づく施策の推進や、同法で規定された各種の支援措置の適用を受けるための事業計画の申請期限は、集中実施期間内（平成30年3月31日まで）とされていた（改正前産業競争力強化法4条2項）。かかる期間の経過を受け、後述するグレーゾーン解消制度等の拡充等を内容とする産業競争力強化法等の一部を改正する法律が制定され、平成30年7月9日、施行された。

(2) グレーゾーン解消制度および新事業特例制度

(ア) グレーゾーン解消制度の概要

グレーゾーン解消制度は、事業者が新たな事業を実施しようとする際に、現行の法令の適用範囲が不明確な分野において、具体的な事業計画に即し、あらかじめ法令の適用の有無を確認することができる制度である。[198]新たな事業を実施しようとする者は、事業所管大臣を経由して規制所管大臣に対し照会を行い、規制所管大臣からの回答について事業所管大臣を経由して通知を受けることで、照会の対象である、法令に基づく規制がその事業者の具体的な事業計画に適用されるか否かを確認することができる（産業競争力強化法7条）。[199]

照会から回答の一連の手続の概要は〔図表23〕のとおりである。

〔図表23〕　グレーゾーン解消制度・照会手続

出典：経済産業省産業構造課「産業競争力強化法に基づく企業単位の規制改革度について」4頁。

198　前述のとおり、新規事業等の法令の適合性を確認する制度としては、グレーゾーン解消制度のほかに日本版ノーアクションレター制度もあるものの、グレーゾーン解消制度の拡充等に伴い、日本版ノーアクションレター制度よりもグレーゾーン解消制度の利用が中心になるものと思われるため、本項ではグレーゾーン解消制度を中心に扱う。

199　経済産業省『産業競争力強化法逐条解説』（経済産業調査会・2014年）77頁。

230

Ⅵ　その他

（イ）　グレーゾーン解消制度における照会[200]

グレーゾーン解消制度における照会に際して提出する照会書には、新事業活動の目標、新事業活動の内容・実施時期、解釈および適用の有無の確認を求める法令の条項等を記載する必要がある。

（ウ）　照会に対する回答[201]

事業者からの照会書の提出を受けた主務大臣は、自らが規制を所管している場合には、照会書に記載されている新事業活動やこれに関連する事業活動が法令の趣旨に合致しているか否かを確認し、照会書の提出を受けてから原則として1カ月以内に、当該法令の解釈または新事業活動等に関する法令の適用関係およびその理由について回答しなければならない（産業競争力強化法施行規則6条3項）[202]。

なお、事業者からの照会書の提出を受けた主務大臣が、当該規制を自ら所管していない場合には、規制について規定している法令を所管する関係行政機関の長に、法令の適用関係について確認を求めることになる。

（エ）　主要な改正

グレーゾーン解消制度は、事業者が、そもそも新規事業がどの規制に関係するかわからないような場合には活用が難しいという問題があった。そこで、改正により、主務大臣が、事業者からの相談に応じ、必要な情報の提供および助言をするものとされた（産業競争力強化法8条）。

また、改正前産業競争力強化法は、照会に対する主務大臣の回答義務について、単に「回答するものとする」と規定していたため（同法9条2項・3項）、理由の開示義務がなく、回答趣旨が不明であっても問合せができず、

200　経済産業省・前掲書（注199）87頁。

201　経済産業省・前掲書（注199）88頁。

202　ただし、期間内の回答ができない場合には、1カ月を超えない期間ごとに、回答できない旨およびその理由を通知することとされている（産業競争力強化法施行規則6条4項）。なお、実態としては、グレーゾーン解消制度を利用するための事前協議に2、3カ月要することも多く、また、上述の回答期間の延長がなされることも多いことから、事前協議を含めると半年程度を要することもあることには留意すべきである。

231

第4章　技術や情報を守るための対策

新事業の実施に支障が生じるという問題があった。そこで、平成30年改正により、上記規定は「理由を付して回答する」と改められ、理由の開示義務が認められた。また、回答の内容は公表することとされた（産業競争力強化法7条2項・3項）。

(3)　新事業特例制度

(ア)　新事業特例制度の概要

　新事業特例制度は、規制が求める安全性等を確保する措置を、事業者が実施することを条件として、事業者単位で規制の特例措置を講ずる制度である。新たな事業を実施しようとする者は、事業所管大臣に対し、新たな規制の特例措置の整備（新たな規制の特例措置を法令改正等により規定すること）を求めたうえで（産業競争力強化法6条）、「新事業活動計画」の認定を受けること等により、新たな規制の特例措置の適用を受けることが可能となる（同法9条）。

　国は、新たな規制の特例措置を整備した後も、その適用状況等を踏まえ、規制のあり方について検討することとされており、検討の結果に基づき、全国一律での規制の撤廃や緩和のために必要な措置を講ずることとされている（産業競争力強化法13条）。

〔図表24〕　新事業特例制度の手続の概要

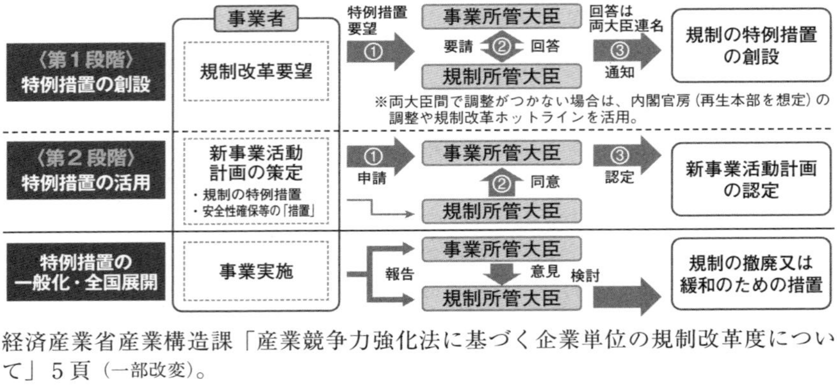

経済産業省産業構造課「産業競争力強化法に基づく企業単位の規制改革度について」5頁（一部改変）。

新事業特例制度の申請にあたっては、２段階の申請が必要になる。すなわち、第１段階として、特例措置の整備を求めて申請を行い、特例の創設が認められた場合には、第２段階として新事業計画を策定し、当該計画の申請を行うことになる。

新事業特例制度の一連の手続の概要は〔図表24〕のとおりである。

　㈑　規制の特例措置の要望

新事業特例制度は、規制の特例措置の整備を求める事業者からの要望を受け付けた主務大臣が、産業競争力の強化を図る観点から、規制について規定する法令を所管する関係行政機関の長に対して、規制の特例措置の整備を要請するスキームとされている。事業者の事業活動を所管する主務大臣を法律上位置づけることで、事業者の事業を所管する官庁が、事業者のサポーター役となることが期待されている[204]。

新事業活動を実施しようとする者は、新たな規制の特例措置の整備を求める際には、主務大臣に要望書を提出しなければならない（産業競争力強化法施行規則５条１項）。

　㈒　主務大臣による検討[205]

事業者からの要望書の提出を受けた主務大臣は、新たな規制の特例措置を講ずることが必要と認めるときは、主務大臣が要望書の提出を受けてから原則として１カ月以内に当該求めを行った者に通知することとされている。また、同様の事業活動を予定している者も当該規制の特例措置を活用できるよう、講ずることとする新たな規制の特例措置の内容を公表することとされている。

203　経済産業省・前掲書（注199）77頁。

204　経済産業省・前掲書（注199）80頁。なお、平成30年改正により、主務大臣が、事業者からの相談に応じ、必要な情報の提供および助言をするものとされたこと（同法８条）は、グレーゾーン解消制度と同様である。

205　経済産業省・前掲書（注199）82頁。

233

第 4 章　技術や情報を守るための対策

　なお、事業者からの要望書の提出を受けた主務大臣が、当該規制を自ら所管していない場合には、当該主務大臣は、産業競争力の強化の観点から、新たな規制の特例措置を講ずる必要があるかを判断することになる。判断の結果、新たな規制の特例措置を講ずることが必要と認めるときは、当該法律等を所管する関係行政機関の長に対し、新たな規制の特例措置の整備を要請するとともに、その旨を、当該求めをした者に通知することとされている。主務大臣から新たな規制の特例措置を整備するよう要請を受けた関係行政機関の長は、規制の目的・趣旨等に鑑み、代替措置等の実施により、規制の特例措置の適用を受けて事業活動を実施することで生ずるおそれのある弊害を防止することが可能か否かを判断し、問題がないと判断される場合には、新たな規制の特例措置を講ずることされている（産業競争力強化法 6 条 3 項）。この場合も、同様に 1 カ月の期間制限がある。

　㈜　新事業活動の認定

　産業競争力強化法 6 条の規定により新たな規制の特例措置が講じられた場合には、新事業活動計画を策定し、主務大臣の認定を受けることにより、新たな規制の特例措置の適用を受けて新事業活動を実施することが可能となる。

　新事業活動計画の認定の申請をする際には、申請書に以下の内容を記載して主務大臣に提出する必要がある。

・新事業活動の目標
・新事業活動の内容・実施時期
・新事業活動の実施に必要な資金の額およびその調達方法
・規制の特例措置の適用を受けて新事業活動を実施する場合には、当該規制の特例措置の内容

　主務大臣は、新事業活動計画の認定に際して、当該新事業活動が法律の趣旨に合致しているかについて判断するとともに、当該計画に係る新事業活動の実施確実性および事業の適法性の観点から審査を行い、これに適合すると判断する者であると認めるときは、その認定を行う（産業競争力強化法 9 条 4 項）。

234

Ⅵ　その他

(オ)　規制改革の推進

　主務大臣および関係行政機関の長は、新事業活動およびこれに関連する事業活動に関する規制について規定する法律および法律に基づく命令の規定に基づく規制のあり方について、規制の特例措置の整備および適用の状況、諸外国における規制の状況、技術の進歩の状況その他の事情を踏まえて検討を加え、その結果に基づき、規制の撤廃または緩和のために必要な法制上の措置その他の措置を講じなければならない（産業競争力強化法14条1項）。

4．プロジェクト型サンドボックス制度

(1)　生産性向上特別措置法の概要

　生産性向上特別措置法は、近年の情報技術の分野における急速な技術革新の進展により産業構造および国際的な競争条件が著しく変化する中で、わが国産業の生産性の向上を短期間に実現するための措置が早急にとられなければ、わが国産業の国際競争力が大きく低下するおそれがあることに鑑み、新技術等実証の促進、革新的データ産業活用の促進その他の革新的事業活動による短期間での生産性の向上に関する施策を集中的かつ一体的に講ずること等により、わが国産業の国際競争力の維持および強化を図り、もって国民生活の向上および国民経済の健全な発展に寄与することを目的として制定された（同法1条）。なお、同法は平成30年6月6日に施行されており、施行から3年の時限法である（同法附則2条）。

　生産性向上特別措置法に定める施策は、大別して、①規制のサンドボックス制度、②データの共有・連携のためのIoT投資の減税およびデータ提供等、③中小企業の生産性向上のための設備投資の促進があるが、本項では①を中心に扱う。

(2)　プロジェクト型サンドボックス制度の概要

　プロジェクト型サンドボックス制度は、期間や参加者を限定すること等により、既存の規制の適用を受けることなく、新しい技術等の実証を行うことができる環境を整えることで、迅速な実証を可能とするとともに、実証で得

235

第4章 技術や情報を守るための対策

〔図表25〕 プロジェクト型サンドボックス制度の概要

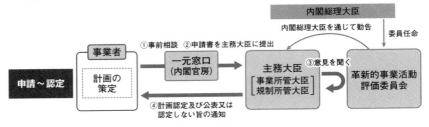

注）②から③までに1か月以内、意見受領後から④まで1か月以内

注）規制の見直しは規制所管官庁が実施

られた情報・資料を活用できるようにして、規制改革を推進するものである。これまでにない革新的なアイデアについて、期間や参加者を限定し、参加者の同意を得ること等により「まずやってみる」ことを許容し、情報・資料を収集・分析することで、迅速な実証と社会実装の実現を図ることを基本理念とするものである。[208]

制度の概要は〔図表25〕のとおりである。[209] 事業者は、窓口である内閣官房

---

206 IoTの進展により流通量が爆発的に増えているデータについて、産業における競争力強化や社会課題解決に向けた利活用を促進するため、協調領域におけるデータの収集・活用等を行う民間事業者の取組みを、セキュリティ確保等を要件として主務大臣が認定し支援する制度である。具体的な支援内容としては、IoT投資への減税および金融上の支援並びに公的データの提供要請（具体的に提供要請ができる公的データとしては、道路の工事情報、交通事故に関連するデータ、医療費のデータといったものが考えられるであろう）が予定されている。IoT技術の導入支援として注目に値するものではあるが、本項では以上の概要を述べるにとどめる。

207 中小企業が先端設備等を導入するに際して減税や補助金の交付等の支援をすること等を内容とする。

208 日本経済再生本部新技術等社会実装推進チーム「新技術等実証の総合的かつ効果的な推進を図るための基本的な方針」（2018年6月15日）〈https://www.kantei.go.jp/jp/singi/keizaisaisei/pdf/underlyinglaw/basicpolicy.pdf〉1頁。

236

に事前相談のうえ、主務大臣に対して新技術等実証の申請を行う。主務大臣は、革新的事業活動評価委員会の意見を聴いたうえで、計画を認定する。これを受けて事業者は実証を実施し、実証の内容を主務大臣に報告する。報告を受けた主務大臣は、規制の見直し等の検討を行う。

かかる制度を利用しうる「新技術等実証」は、新技術等の実用化の可能性について行う実証であり、新技術を実用化するための規制のあり方を含めた課題についての分析およびその結果の検討を行うものである必要がある（生産性向上特別措置法2条2項）。そして、「新技術等」に該当するには「著しい新規性」が要求されているが、これは、当該分野において通常用いられている技術や手法と比して新規性を有し、実用化や事業化の議論が生じている技術や手法のことであり、たとえば、AI、IoT、ビッグデータおよびブロックチェーンなどに関連した技術や手法は、これに該当するとされている[210]。

(3) 計画の提出

新技術等実証を実施しようとする事業者は、その実施しようとする新技術実証に関する計画（新技術等実証計画）を提出する必要がある（生産性向上特別措置法11条1項）。

新技術等実証を実施しようとする際に、現行の規制が当該実証を実施することを制限または禁止する内容を定めている場合には、新技術等実証の実施に先立って、主務大臣に対し、当該規制に係る新たな特例措置の整備を求めることができる（同法9条）。

なお、新技術等実証の実施にあたり、新技術等関係規定の解釈および適用の有無について確認を求めることができ、確認の申請を受けた当該規制所管大臣は、原則1カ月以内に求めをした者に対して回答することとされている（同法10条）。

(4) 計画の認定、モニタリング、フォローアップ等

事業者から、一元的窓口を経由して新技術等実証計画の申請を受けた主務

209　経済産業省「規制の壁を越えて新事業創出プロジェクト型『規制のサンドボックス』」4頁。
210　日本経済再生本部新技術等社会実装推進チーム・前掲（注208）2頁。

大臣は、新技術等実証計画の提出を受けた日から原則として１カ月以内に、革新的事業活動評価委員会に送付し、意見を聴くこととされている。そのうえで、主務大臣が計画を認定すると判断した場合は、革新的事業活動評価委員会からの意見が述べられた日から原則として１カ月以内に、申請した事業者に対して認定証を交付するとともに、革新的事業活動評価委員会に通知する。

認定新技術等実証実施者は、認定計画の実施状況について、実証中の定期的な報告および実証終了後の報告に加えて、実証中にトラブルが生じた場合には速やかに、主務大臣に報告しなければならない。

新技術等実証計画に基づく新技術等実証の終了後は、当該新技術等実証計画に規定された新技術等関係規定を所管する大臣は、規制の特例措置の整備および適用の状況、諸外国における同様の規制の状況、技術の進歩の状況等を踏まえて検討を加え、その結果に基づき、規制の撤廃または緩和のために必要な法制上の措置その他の措置を講ずる（生産性向上特別措置法20条）。

5．地域限定型サンドボックス制度

(1)　国家戦略特別区域法の概要

国家戦略特別区域法は、経済社会の構造改革を重点的に推進することにより、産業の国際競争力を強化するとともに、国際的な経済活動の拠点の形成を促進する観点から、国が定めた国家戦略特別区域（以下、「特区」という）において、規制改革等の施策を総合的かつ集中的に推進することを目的として定められた法律である（同法１条）。

特区は、国・自治体・民間事業者の三者で構成される国家戦略特別区域会議を経て、内閣総理大臣を議長とする国家戦略特別区域諮問会議において決定される。令和元年５月31日時点において、10区域が特区として指定されている。特区においては、国家戦略特別区域会議が、国家戦略特別区域基本方針および区域方針に即して、規制の特例措置の適用を受ける特定事業等の事項を定めた区域計画を作成する（同法８条１項）。かかる区域計画は、内閣総

理大臣の認定を得ることで実行が可能になる（同条7項）。

特区において認められる特定事業は、都市再生、観光、医療、近未来技術等いくつかの分野に分類できるが、たとえば、近未来技術の分野においては、自動車の自動走行や小型無人機（ドローン）による配送等の事業が行われているほか、電波法上の免許が必要な「特定実験試験局制度」について特区内では免許の申請から発給について原則「即日」で行う、といった措置もとられている。

(2) 国家戦略特別区域法の改正と地域限定型規制のサンドボックス制度

平成29年9月22日、「国家戦略特別区域法及び構造改革特別区域法の一部を改正する法律」が施行され、自動運転やドローン等の技術の実証を行う事業活動を集中的に推進するため、国および関係地方公共団体は、道路交通法、航空法、電波法等の法令の規定に基づく手続に関する情報の提供、相談、助言等の援助を行うものとされた（国家戦略特別区域法37条の7）。また、当該改正時の附則において、自動車の自動運転、小型無人機の遠隔操作または自動操縦等の高度な産業技術の有効性の実証を行う事業活動が積極的に行われるよう、1年以内をめどとして、必要な措置を講ずることとされた（同法附則2条2項）。

そして、平成30年3月13日、地域限定型規制のサンドボックス制度を定めた国家戦略特別区域法の一部を改正する法律案が閣議決定された。これは、①自動運転について道路運送車両法および道路交通法の特例を設け、保安基準の一部を適用しないものとし、また、道路使用許可があったものとみなす、②無人航空機（ドローン）について航空法の特例を設け、飛行空域の許可・飛行方法の承認があったものとみなす、③電波利用について電波法の特例を設け、実験等無線局として無線局の免許を速やかに与える、というものである（国家戦略特別区域法の一部を改正する法律案25条の2ないし6）。令和元年5月31日時点では当該法案は国会において審議中であるが、これが可決されれば、地域限定で、自動運転、ドローン、IoTに不可欠な電波法の分野において画期的な規制緩和がなされることになるため、注目に値する。

事項索引

【アルファベット】

AI 関連発明の記載要件　141

AI 関連発明の新規性・進歩性判断　139

AI 関連発明の発明該当性判断　138

AI 生成物　43／46／88／187／225

AI による新装学習　181

GAFA　218

GDPR　32／37

JIS 法（産業標準化法）　69

PoC 段階　89

POS（Point of sales）　136

PSE マーク　70

【ア】

アセスメント段階　89

新しいタイプの商標　126／158

ありふれた表現　171／173

アルゴリズム　169

依拠性　177

意匠　49

「意匠に係る物品」　146

「意匠に係る物品の説明」　146

位置の商標　158

一般データ保護規則　32／37

イベントドリブン（イベント駆動）型プログラミング　170

インタフェース　148

引用発明における AI 部分についての実施可能性　140

引用発明における AI 部分の適用可能性　140

ウェアラブルデバイス　136／145

営業秘密　52／187

営業秘密管理指針　189

営業秘密侵害行為の各類型（刑事）204

営業秘密侵害行為の各類型（民事）200

遠隔操作　148／151

遠隔操作アプリケーション　148

オープンソース　166

音の商標　158

オブジェクトプログラム　166

音声インタフェース　150

【カ】

開発段階　89

学習済みパラメータ　42／46／87／187

学習済みモデル　42／87／133

学習済みモデルに関する発明の発明
　　該当性　129

学習用データセット　41／45／87／
　　187

学習用プログラム　42／87／187

課徴金納付命令　60

家庭用品　75

家庭用品品質表示法　69

画面デザインの意匠　142

画面デザインの保護例　143／145

カルテル　56

関係データベース　176

機械学習　19

企業結合　59／225

企業秘密　186

記載要件　127／136

技術的制限手段　54／215

規制のサンドボックス制度　228

教師あり学習　19

教師なし学習　19

享受を目的としない利用　182

空間的なデザイン　153

空間デザインの保護　152

ゲーム画面の著作物　171

欠陥　64

限定提供性　209

限定提供データ　53／54／189／208／
　　211

限定提供データに関する指針　208

権利制限規定　40

権利制限規定に関する3つの「層」
　　180

考案　46

工業標準化法　→ JIS法

拘束条件付取引　221／224

個人情報　32

国家戦略特別区域法　227

【サ】

サブコンビネーションの発明　134

産業競争力強化法　227

色彩のみの商標　158

下請法　61

自他商品識別機能　159

実施可能要件　136

実体的要件　155

実用新案技術評価書の請求　156

実用新案技術評価書の提示義務
　　156

指定役務　48

指定商品　48

私的独占　56／222／223

柔軟な権利制限規定　165

柔軟な権利制限規定の整備　179

出所混同を生ずるおそれがある商標
　　159

241

商標　47

商品等表示　163

情報解析サービス　181

情報の選択　174／175／176

所在検索サービス　181

新規性　127／133

新事業特例制度　229

進歩性　127／135

推論プログラム　42／87／187

数理モデル　138／140

生産性向上特別措置法　227

製造物　65

製造物責任法　63

センシング　151

センシング機能　148

相当蓄積性　209

ソーシャルネットワークゲーム
　171

阻害要因　140

ソフトウェア開発契約　89

ソフトウェア関連発明　126

【タ】

地域限定型サンドボックス制度
　229

中古ゲームソフト販売事件　171

直接感得　172／176

著作権　40

著作権法上の「プログラム」　165

著作物　39／164

著作物性　164／175

追加学習段階　89

ディープラーニング　18／138

データ共用型　112

データ構造　131

データ創出型　112

データ提供型　112

データの「囲い込み」　220／225

データベース　165／174

データベース著作物　41／165

「デザイン経営」宣言　152

デジタル・カルテル　224

デバイス形状等の保護例　143

デバイスの形状　141

電気用品安全法　69

電子計算機における著作物の利用に
　付随する利用等　183

電子計算機による情報処理及びその
　結果の提供に付随する警備利用等
　184

電磁的管理性　210

電波　69

電波法　69

同一または類似の引用商標　159

動機付け　135

動機付けの欠如　140

統計情報　33

導入検証契約　89

匿名加工情報　36

トレードドレス　158

【ナ】

生データ　41／45／86

日本版ノーアクションレター　227

ニューラルネットワーク　138

ニューラルネットワークモデル
　140

入力データ　41／45／88

ネットワーク効果　220

【ハ】

ハードウェア資源　131

排除措置命令　59

排他条件付取引　224

発明　43

発明該当性　127／128

販売時点情報管理　136

非公知性　53／198

ビッグデータ　136

秘密管理性　53／188

秘密情報　186

秘密情報の保護ハンドブック　190
　／194／195

秘密保持契約　89

剽窃の有無の検証　181

複製権　175

不公正な取引方法　56／57／221

不当な取引制限　56／222

部分意匠　146

不法行為法による救済　178

プラットファーマー　220

プラットフォーマー型ビジネス
　218

ブランドイメージ　158

ブランド戦略　158

ブランド発信手段　159／160

フリーライブラリ　166／168

プログラマ　166／169

プログラム　42／45／165

プログラムに準ずるデータ構造
　131

プログラムに準ずるもの　131／174

プログラムの著作物　42／165

プログラムの著作物性　167／171

プログラム発明　126

プログラムモジュール　166／168

プロジェクト型サンドボックス制度
　229

分割出願　132

編集著作物　165

翻案権侵害　165／175

翻案の基準　172

243

本質的特徴　172／176

本質的な特徴の共通性（同一性の維持）　172

【マ】

未完成の AI 関連発明　141

明確性要件　136／137

【ヤ】

優越的地位の濫用　58／61／221

ユーザインタフェース　167／169

有用性　53／198

要配慮個人情報　34

【ラ】

ライフサイクルの短い考案　154

立体的形状　158

立体的形状のみからなる商標　159／162／164

リバース・エンジニアリング　166／199

利用規約　121

リレーショナルデータベース　175

倫理　21

類否の判断　144／159

論文剽窃検証サービス　184

論理付け　135／140

●執筆者一覧●

弁護士・弁理士・ニューヨーク州弁護士　服部　誠（はっとり・まこと）

　1998年に弁護士登録後、先端技術にかかわる特許権、著作権、不正競争防止法等に関する訴訟、意見書作成、依頼者からの相談等を数多く担当している。経済産業省出向時には、営業秘密にかかる不正競争防止法の改正作業に携わった経験を有する。

　1998年　阿部・井窪・片山法律事務所入所／2001年　経済産業省知的財産政策室勤務（期限付任官）／2002年-2004年　ペンシルバニア大学ロースクール、マックス・プランク知的財産研究所客員研究員／2007年-2018年　慶應義塾大学理工学部（修士課程）非常勤講師／2016年-　神戸大学大学院法学研究科客員教授

〈主要著書〉

『逐条解説不正競争防止法平成13年改正版』（共著・有斐閣・2002年）、『その論文は著作権侵害？』（中山書店・2010年）、『契約書作成の実務と書式』（共著・有斐閣・2014年）、『営業秘密管理実務マニュアル』（共著・民事法研究会・2017年）、『知的財産権訴訟要論不正競業・商標編〔第4版〕』（共著・一般社団法人発明推進協会・2018年）ほか多数

第3章Ⅲ・Ⅳ、第4章Ⅳ・Ⅴ担当

弁理士　中村　佳正（なかむら・よしまさ）

　大手電機メーカーの研究開発部門にてデータ圧縮・画像処理・ユーザインタフェース技術等の研究開発に従事した後、複数企業の知的財産部門および国内特許法律事務所にて、電気・通信・情報分野の国内外出願、中間処理、無効審判、鑑定、審決取消訴訟、特許権侵害訴訟を担当。手掛ける出願案件は、多角的な権利保護の観点から特許出願に限られず、意匠登録出願、商標

登録出願にも及ぶ。特許権侵害にかかわる主な訴訟代理事件として、知財高判平成22・3・24平成20年(ネ)第10085号特許権侵害差止等請求控訴事件（原審：東京地判・平成19年(ワ)第2352号）、東京地判平成26・6・6平成23年(ワ)第29178号損害賠償等請求事件、知財高判平成31・3・20平成30年(ネ)第10060号損害賠償等請求控訴事件（原審：東京地判・平成29年(ワ)第14142号）等。

2013年　阿部・井窪・片山法律事務所入所

第4章Ⅱ・Ⅲ担当

弁護士　柴山　吉報（しばやま・きっぽう）

　AI技術を利用したソフトウェアの開発等を行うベンチャー企業の法務を担当し、AIのモデル開発およびデータの取引等の分野においてビジネススキームの検討および契約書の作成等の業務を行うほか、システム開発に関する紛争への対応、知的財産戦略に関するアドバイス等の多数の経験を有する。

　2011年　大阪大学法学部卒業／2012年　司法試験予備試験合格／2013年東京大学法科大学院卒業／2014年　阿部・井窪・片山法律事務所入所

〈主要著書〉

『損害賠償額算定解説事例集』（共著・新日本法規）、『金融機関の法務対策5000講　Ⅴ巻（回収・担保権の実行・私的整理・法的整理　編）』（共著・きんざい）ほか

第1章、第2章、第3章Ⅴ・Ⅵ、第4章Ⅵ担当

弁護士　大西　ひとみ（おおにし・ひとみ）

　特許権、商標権、営業秘密に関する訴訟のほか、労働事件、一般民事事件など幅広く訴訟案件を担当しており、またさまざまな業種・規模の企業からの相談に対応している。情報管理体制など社内コンプライアンス体制の構築を継続的に支援することも多い。

2012年　司法試験予備試験合格／2013年　東京大学法学部卒業／2014年
阿部・井窪・片山法律事務所入所

〈主要著書〉

『会社法書式集』（分担執筆・商事法務・2017年）、『知的財産権訴訟要論不正
競業・商標編〔第4版〕』（分担執筆・一般社団法人発明推進協会・2018年）
ほか

第3章Ⅰ・Ⅱ、第4章Ⅰ担当

〔著者事務所所在地〕

阿部・井窪・片山法律事務所

〒104-0028　東京都中央区八重洲2丁目8番7号　福岡ビル

TEL：03-3273-2600（法律部門代表）

TEL：03-3273-2611（知的財産部門代表）

URL：http://www.aiklaw.co.jp

第4次産業革命と法律実務
――クラウド・IoT・ビッグデータ・AI に関する論点と保護対策――

2019年7月14日　第1刷発行

定価　本体3,300円＋税

著　　者	阿部・井窪・片山法律事務所	
	弁護士　服部　誠　　弁理士　中村佳正	
	弁護士　柴山吉報　　弁護士　大西ひとみ	
発　　行	株式会社　民事法研究会	
印　　刷	株式会社　太平印刷社	

発 行 所　株式会社　民事法研究会

　　　　　〒150-0013　東京都渋谷区恵比寿 3-7-16

　　　　　〔営業〕　TEL 03(5798)7257　FAX 03(5798)7258

　　　　　〔編集〕　TEL 03(5798)7277　FAX 03(5798)7278

　　　　　http://www.minjiho.com/　　info@minjiho.com

落丁・乱丁はおとりかえします。　　　ISBN978-4-86556-292-7 C2032　¥3300E

カバーデザイン　関野美香

■好評の初版を、最新の法改正や実務の傾向等を踏まえて改訂！■

エンターテインメント法務Q&A〔第2版〕

―権利・契約・トラブル対応・関係法律・海外取引―

エンターテインメント・ロイヤーズ・ネットワーク　編

A5判・398頁・定価　本体 4,200円＋税

▷▷▷▷▷▷▷▷▷▷▷▷▷▷▷▷▷▷ **本書の特色と狙い** ◁◁◁◁◁◁◁◁◁◁◁◁◁◁◁◁◁◁

- ▶第2版では、Vチューバーの起用と契約、SNS上の権利侵害やエンタメ業界の労働問題など関心の高い8個の設問を新設！
- ▶映像・出版・スポーツ・ゲームからインターネット、イベント、プロダクション等をめぐる実務対応を解説！
- ▶権利の保護対象・契約等利用形態、事故・トラブル対応から関係法律の知識、海外取引における留意点等を72の設問に集約し、平易に解説した実践的手引書！
- ▶エンターテインメントにかかわる事件の最前線で活躍し、日頃から研鑽を重ねている弁護士による丁寧な解説！
- ▶弁護士等法律実務家、エンタメ業界関係者の必読書！

❖❖❖❖❖❖❖❖❖❖❖❖❖❖❖❖ **本書の主要内容** ❖❖❖❖❖❖❖❖❖❖❖❖❖❖❖❖

第1章　著作権（26問）

Q1　テレビ番組の企画／Q2　テレビ番組表／Q3　ゆるキャラ／Q4　ゲームのキャラクター／Q5　登場人物の衣装／Q6　テレビ番組と映り込み／Q7　写真と写り込み／Q8　観客参加型作品／Q9　映画の場面の商品化／Q10　プロジェクション・マッピング／Q11　体操／Q12　対談／Q13　コミケ／Q14　漫画／Q15　ゲーム実況／Q16　オンラインゲームとチート・裏技／Q17　盗作／Q18　書籍掲載の写真や絵画等の接写／Q19　サンプリング楽曲／Q20　AI、動物による創作物／Q21　ネタバレ／Q22　スポーツ中継の視聴／Q23　伝統芸能／Q24　SNS画像の報道利用／Q25　著作者人格権／Q26　戦時加算

第2章　パブリシティ権・人格権（11問）

Q27　アーティストの芸名・バンド名／Q28　死後の肖像権・パブリシティ権／Q29　やってみた動画／Q30　応援風景の利用／Q31　物のパブリシティ権／Q32　建築物の番組利用／Q33　建築物の広告利用／Q34　事実の利用／Q35　芸能人とプライバシー権、人格権／Q36　データ利用／Q37　位置情報

第3章　契約（14問）

Q38　映画制作契約／Q39　広告制作契約／Q40　コンテン

ツ制作契約／Q41　商品化契約／Q42　映画投資契約／Q43　テレビドラマ・舞台の出演契約／Q44　CM出演契約／Q45　Vチューバーのプロモーション活用／Q46　スポンサー契約／Q47　出版依頼契約／Q48　電子書籍／Q49　JASRAC規定／Q50　パブリックライセンス／Q51　恋愛禁止条項

第4章　トラブル対応（7問）

Q52　スポーツ中継の無断使用／Q53　違法配信対策／Q54　スポーツ仲裁／Q55　映画著作権と倒産／Q56　リーチサイト／Q57　SNS上の権利侵害／Q58　コンサート開催中の事故

第5章　関係法律（11問）

Q59　コンテンツ制作と下請法／Q60　労働基準法／Q61　プラットフォーマー／Q62　コンプガチャ／Q63　資金決済法／Q64　映り込みと商標／Q65　他社商標の掲載／Q66　eスポーツ／Q67　チケット転売／Q68　営業秘密／Q69　スポーツバー

第6章　海外取引（3問）

Q70　海外プロダクションとの映画の共同制作／Q71　外国の放送の利用／Q72　番組海外提供

発行 🈷 民事法研究会

〒150-0013　東京都渋谷区恵比寿3-7-16
（営業）TEL. 03-5798-7257　FAX. 03-5798-7258
http://www.minjiho.com/　info@minjiho.com

キャッシュレス社会と通貨の未来

キャッシュレスの未来を考える会　編
小河俊紀・中川郁夫・中村敬一・由井　敬・吉元利行

Ａ５判・251頁・本体2,000円＋税

▶政府が「キャッシュレス・ビジョン」を発表し、今後到来するであろうキャッシュレス取引が日常となる社会の姿を、わが国の実情をしっかり見つめつつ予測した注目の書！

▶統計数値を用いて検証した日本のキャッシュレス決済の実情、キャッシュレス取引を支える法制度（個人情報保護法、割賦販売法、貸金業法等）のしくみ、著者自ら現地で取材した海外の最先端事情などが、この一冊で理解できる！

▶キャッシュレスはただ便利なだけではない。そのデジタルな側面は、取引を介して人と人、人と企業とを新たにつなぐ新しい社会への入口！

▶ビジネスマンはもとより、企業・法律関係者にとっても、実情を理解し、今後の実務に備えるために有益な書！

■主な内容■

第１部　通貨の未来
　第１章　〈空想未来小説〉通貨の未来2100年／第２章　人類の未来計画と、第四次産業革命／第３章　"現金社会日本"の歴史をひも解く／第４章　第１部のまとめ

第２部　キャッシュレス社会の実情と課題
　第１章　日本のキャッシュレス事情と課題
　第２章　キャッシュレス時代のセキュリティ
　第３章　キャッシュレス時代の個人情報・信用情報
　第４章　海外のキャッシュレス事情

第３部　デジタル視点で考えるキャッシュレス社会の未来
　第１章　デジタルがもたらす変革／第２章　取引のデジタル化／第３章　デジタル化が意味するもの／第４章　キャッシュレスから広がる中国の経済システムの変革／第５章　Amazon Go にみるキャッシュレスの未来／第６章　キャッシュレス社会の展望

第４部　近未来提言　リアルとネットを複合する地域活性化

発行　民事法研究会

〒150-0013　東京都渋谷区恵比寿 3-7-16
（営業）TEL.03-5798-7257　FAX.03-5798-7258
http://www.minjiho.com/　info@minjiho.com

▶次代の決済法制を論じるための必読文献！

キャッシュレス決済と法規整

―横断的・包括的な電子決済法制の制定に向けて―

千葉惠美子　編

A5判上製・468頁・定価　本体 8,600円＋税

▷▷▷▷▷▷▷▷▷▷▷▷▷▷▷▷▷▷▷▷　本書の特色と狙い　◁◁◁◁◁◁◁◁◁◁◁◁◁◁◁◁◁◁◁◁

▶キャッシュレス化が進むリテール決済を法的に分析し、従来、消費者法と決済法に
分断して検討されてきた法制度について、横断的・包括的に規律するための立法政
策のあり方を検討！

○執筆者（執筆順）

千葉惠美子（大阪大学）／森下哲朗（上智大学）／永井隆光（弁護士）／板倉陽一郎（弁護士・理化学研
究所・国立情報学研究所）／深川裕佳（東洋大学）／白石大（早稲田大学）／都筑満雄（南山大学）／川
地宏行（明治大学）／徐熙錫（韓国釜山大学）／楊東（中国人民大学）／陳哲立（中国人民大学）／林育
廷（東呉大学）／玉垣正一郎（名古屋大学・弁護士）／伊藤栄寿（上智大学）／林秀弥（名古屋大学）／
松尾健一（大阪大学）／横溝大（名古屋大学）／嶋拓哉（北海道大学）

◆◆◆◆◆◆◆◆◆◆◆◆◆◆◆◆◆◆◆◆◆◆　本書の主要内容　◆◆◆◆◆◆◆◆◆◆◆◆◆◆◆◆◆◆◆◆◆◆

第1部　総　論
第1章　キャッシュレス決済の横断的検討の必要性と検討の視点
第2章　キャッシュレス化と決済法制
第3章　改正割賦販売法と今後の立法政策上の課題
第4章　個人情報保護の観点からみたキャッシュレス決済

第2編　比較法の観点からのアプローチ：EU法
第5章　フランスにおける振込・振替をめぐる法状況
第6章　フランスにおけるクレジットカード決済をめぐる法状況
第7章　電子マネーのルールを通してみるフランスのキャッシュレス決済の法状況と性質
第8章　ドイツ民法における決済サービス規定の改正と判例学説

第3編　比較法の観点からのアプローチ：東アジア法
第9章　韓国の電子決済法制の動向──フィンテックと規制緩和の観点から──
第10章　中国における電子決済の進展と法規制の動向
第11章　台湾・中国におけるモバイル決済をめぐる法規整の現状と課題
第12章　シンガポール決済法制の動向──決済サービス法案および利用者保護ガイドラインを中心として──

第4編　キャッシュレス決済の市場および取引の構造──決済取引とプラットフォームビジネスという観点から──
第13章　クレジットカード決済システムの構造
第14章　決済サービス・プラットフォームと市場の多面性
第15章　「強力な顧客認証手段」とクレジットカードの不正利用に係る損失の負担──当事者のインセンティブの観点から──
第16章　プラットフォームビジネスという観点からみたキャッシュレス決済の取引構造──ネットワーク責任論からプラットフォーム契約構造論への転換──

第5編　キャッシュレス決済とグローバル化
第17章　国境を越えるリテール決済について──抵触法的考察──
第18章　抵触法の観点からみたペーパーレス証券決済

発行　民事法研究会

〒150-0013　東京都渋谷区恵比寿3-7-16
（営業）TEL. 03-5798-7257　FAX. 03-5798-7258
http://www.minjiho.com/　info@minjiho.com

最新実務に役立つ実践的手引書

初動対応、手続の手法から、実務の前提となる理論を要領よく解説し、書式・記載例を満載！

私的整理の理論・実務と書式
―法的整理への移行、労務、登記、税務まで―

藤原総一郎　監修　山崎良太・稲生隆浩　編著　　　　　（Ａ５判・455頁・定価　本体5300円＋税）

多重代表訴訟、株主による組織再編等の差止請求等平成26年会社法改正ほか最新の法令・実務に対応！

会社訴訟・仮処分の理論と実務〔増補第3版〕

新谷　勝　著　　　　　　　　　　　　　　（Ａ５判上製・766頁・定価　本体7400円＋税）

企業活動における戦略的視点から運営・支配、株主管理における株式活用の手法を具体的事例を基に解説！

戦略的株式活用の手法と実践

Ｒ＆Ｇ横浜法律事務所　編　　　　　　　　　　（Ａ５判・366頁・定価　本体4000円＋税）

非訟事件手続法、会社法に対応させ、書式を含めて全面的に見直し、最新の実務・運用を反映した最新版！

書式　会社非訟の実務〔全訂版〕
―申立てから手続終了までの書式と理論―

森・濱田松本法律事務所＝弁護士法人淀屋橋・山上合同　編（Ａ５判・404頁・定価　本体4200円＋税）

法改正や技術の進歩により新規の労働問題が生じている分野の事例を追録・充実させ大幅な改訂！

Ｑ＆Ａ現代型問題社員対策の手引〔第5版〕
―職場の悩ましい問題への対応指針を明示―

高井・岡芹法律事務所　編　　　　　　　　　　（Ａ５判・366頁・定価　本体4000円＋税）

事例ごとの適正な懲戒処分が一目でわかる！　巻末には関連書式・事例別判例一覧を掲載！

懲戒処分の実務必携Ｑ＆Ａ
―トラブルを防ぐ有効・適正な処分指針―

三上安雄・増田陳彦・内田靖人・荒川正嗣・吉永大樹　著　（Ａ５判・359頁・定価　本体3800円＋税）

発行　民事法研究会

〒150-0013　東京都渋谷区恵比寿3-7-16
（営業）TEL 03-5798-7257　FAX 03-5798-7258
http://www.minjiho.com/　　info@minjiho.com

最新実務に役立つ実践的手引書

改正入国管理法をはじめ「働き方改革」による各種関連法の改正にも完全対応し、大幅改訂！

外国人雇用の実務必携Q&A〔第2版〕
―基礎知識から相談対応まで―

本間邦弘・坂田早苗・大原慶子・渡 匡・西川豪康・福島継志 著 （A5判・331頁・定価 本体3600円＋税）

契約類型別に裁判例を分類・分析し、「事案の特徴」「判決文」「判決の特徴と意義」の順で懇切・丁寧に解説！

判例 消費者契約法の解説
―契約類型別の論点・争点の検証と実務指針―

升田 純 著 （A5判・373頁・定価 本体4000円＋税）

民法（債権法）・民事執行法・商法等の改正を収録するとともに、船舶執行関連の法改正にも対応させ改訂！

書式 不動産執行の実務〔全訂11版〕
―申立てから配当までの書式と理論―

園部 厚 著 （A5判・689頁・定価 本体6100円＋税）

宗教法人法・墓埋法・労働関係法・情報法・税法、その他日常業務に関連する書式例132件を収録！

宗教法人実務書式集

宗教法人実務研究会 編 （A5判・345頁・定価 本体4000円＋税）

遺産承継業務、法定相続情報証明制度、改正相続法を含めた実務全般に関する必須知識をQ&A形式で解説！

相続実務必携

静岡県司法書士会あかし運営委員会 編 （A5判・326頁・定価 本体3500円＋税）

抽象的な医師法の条文に、沿革・趣旨を踏まえ、医師法施行令・同規則・判例・行政解釈を盛り込んで詳解！

医 師 法―逐条解説と判例・通達―

平沼直人 著 （A5判・249頁・定価 本体3500円＋税）

発行 民事法研究会

〒150-0013 東京都渋谷区恵比寿3-7-16
（営業）TEL 03-5798-7257　FAX 03-5798-7258
http://www.minjiho.com/　info@minjiho.com

不正の発見、内部調査・事実認定、社内方針の決定、マスコミ対応まで、不祥事対応の決定版！

ゼミナール
企業不正と日本版司法取引への実務対応
―国際カルテルへの対応まで―

弁護士　山口幹生・弁護士　入江源太　著

A 5 判・329頁・定価　本体 3,800円＋税

▷▷▷▷▷▷▷▷▷▷▷▷▷▷▷▷▷ **本書の特色と狙い** ◁◁◁◁◁◁◁◁◁◁◁◁◁◁◁◁◁

▶司法取引での捜査機関への協力者の利益確保の留意点、虚偽供述による「引っ張り込み」の危険と防止措置がわかる！

▶内部調査チームの人選編成、ヒアリング、証拠の収集保全、弁護士の選任・相談・費用負担、取締役会の運営、強制捜査での対応、渉外訴訟等での他部署との連携など、具体的な留意点を網羅！新たな課徴金減免制度（改正独禁法）にも対応！

▶日本版司法取引の趣旨や制度を正しく理解し、重大な不正・不祥事が万が一起きた際の早期の調査・対応、捜査機関への申告など健全化に向けた取り組みを具体的に解説！

▶企業の法務担当者だけでなく、役職員が知りたいことを、対話形式（ゼミナール形式）で解説！　経営者にも必読の書！

❉❉❉❉❉❉❉❉❉❉❉❉❉❉❉❉❉❉ **本書の主要内容** ❉❉❉❉❉❉❉❉❉❉❉❉❉❉❉❉❉❉

第1章　入門編
　　〈日本版司法取引（合意制度）の概要と企業活動への影響〉
第2章　制度編
　　Ⅰ　日本版司法取引（合意制度）のしくみ
　　Ⅱ　日本版司法取引（合意制度）の解説
　　Ⅲ　日本版司法取引（合意制度）の運用上の重要ポイント
第3章　実務対応編
　　Ⅰ　事例ア（内部型・上司 vs. 部下）
　　Ⅱ　事例イ（内部型・上司 vs. 部下プラス会社 vs. 役職員）
　　Ⅲ　事例ウ（外部型・会社 vs. 役職員）
第4章　番外編――域外適用編
　　〈あなたの会社に国際紛争案件がやってきたら？〉
事後対応事例編
　　（分析表1　失敗事例）　（分析表2　成功事例）
資料編

発行　民事法研究会

〒150-0013　東京都渋谷区恵比寿3-7-16
（営業）TEL. 03-5798-7257　FAX. 03-5798-7258
http://www.minjiho.com/　　info@minjiho.com